高等职业教育财经商贸类专业基础课系列教材

商标法务管理与实务

战晓玮　主编

清华大学出版社
北京

内 容 简 介

本书共分为十一章，即商标概述、商标注册申请和审核、商标权取得、商标权经营、商标权终止、商标管理、商标侵权行为的认定和法律责任、商标侵权的抗辩、驰名商标的认定和保护、其他商业标志的法律保护、商标权的国际保护。各章节将相关法律知识、业务流程、案例分析、课后思考融合在一起，精选商标法领域有代表性和影响力的案例，内容生动，兼具理论性和实用性。

本书可作为高职院校知识产权管理专业的教材，也可作为高职院校财经商贸类专业教学用书，并可供商标流程管理从业人员参考。

本书封面贴有清华大学出版社防伪标签，无标签者不得销售。
版权所有，侵权必究。举报：010-62782989，beiqinquan@tup.tsinghua.edu.cn。

图书在版编目(CIP)数据

商标法务管理与实务 / 战晓玮主编. -- 北京：清华大学出版社，2024.10. -- (高等职业教育财经商贸类专业基础课系列教材). -- ISBN 978-7-302-67440-5

Ⅰ. D923.43

中国国家版本馆 CIP 数据核字第 20244MM472 号

责任编辑：刘士平
封面设计：张鑫洋
责任校对：刘　静
责任印制：沈　露

出版发行：清华大学出版社
　　　　网　　址：https://www.tup.com.cn，https://www.wqxuetang.com
　　　　地　　址：北京清华大学学研大厦 A 座　　邮　　编：100084
　　　　社 总 机：010-83470000　　　　　　　　邮　　购：010-62786544
　　　　投稿与读者服务：010-62776969，c-service@tup.tsinghua.edu.cn
　　　　质 量 反 馈：010-62772015，zhiliang@tup.tsinghua.edu.cn
　　　　课 件 下 载：https://www.tup.com.cn，010-83470410
印 装 者：三河市龙大印装有限公司
经　　销：全国新华书店
开　　本：185mm×260mm　　　　印　张：11　　　　字　数：247 千字
版　　次：2024 年 10 月第 1 版　　　　　　　　　印　次：2024 年 10 月第 1 次印刷
定　　价：39.00 元

产品编号：103851-01

前　　言

"商标法务管理与实务"是高职院校知识产权管理专业的核心课程。知识产权管理专业作为高职类的新兴专业，具有很大的发展空间和潜力，同时也面临很多的挑战，如适用于高职学生的商标法领域教材颇少。本书是为满足商标业务管理岗位任职要求而开发的教材，立足教学与实践相融合的目标，以2019年修正的《中华人民共和国商标法》为基础，引导学生领会商标法务管理的精神实质，促进其相关法律意识的形成，为其顺利走上商标业务管理岗位奠定坚实、完备的知识基础。本书内容的选取与时俱进，紧扣法律法规现行规定，体现商标事务管理工作的政策性、严肃性、及时性和规范性；语言精简易懂，初步实现了教学内容与实际工作岗位的无缝对接。

本书精选了商标概述、商标注册申请和审核、商标权取得、商标权经营、商标权终止、商标管理、商标侵权行为的认定和法律责任、商标侵权的抗辩、驰名商标的认定和保护、其他商业标志的法律保护、商标权的国际保护内容。本书设有"教学目标""典型案例""本章思考题""实训"等栏目，便于学生边学边用。本书侧重对商标法基本概念、基本原理和主要制度的准确讲解，以求以尽量少的篇幅透彻把握商标法基础原理。同时，商标法又是一门实用性非常强的学科，本书设置了"典型案例"栏目，对商标法中的一些实践问题展开分析，精选商标法领域有代表性和影响力的案例，将商标法中的知识点与具体案例相结合，使得教材内容生动形象，兼具理论性和实用性。

本书可作为普通高等（职业）院校的知识产权管理、工商企业管理等专业的商标法课程的教材或教学参考书，也可作为知识产权代理企业在职人员的参考读物。

本书为校企合作教材，由战晓玮（辽宁经济职业技术学院）担任主编、桂星光（辽宁中科品创科技项目代理服务有限公司）参与本书案例的提供和编写。行业专家对本书体例及法律事务部分提出了中肯的建设性意见和建议。全书最后由战晓玮总纂定稿。

在本书编写过程中，我们参考了一些专著与教材，得到了有关部门、领导和专家的大力支持，在此一并感谢！由于编者水平有限，书中疏漏和不妥之处在所难免，恳请广大读者批评指正。

编者
2024年4月

目　　录

第一章　商标概述 ·· 1
　　第一节　商标的概念和功能 ·· 2
　　第二节　商标的类型 ·· 5
　　第三节　商标与其他商业标记 ··· 10
　　第四节　商标法概述 ·· 13

第二章　商标注册申请和审核 ··· 16
　　第一节　商标注册申请的要求 ··· 17
　　第二节　商标注册的条件 ·· 20
　　第三节　商标的注册申请 ·· 24
　　第四节　商标注册的审查和核准 ·· 27

第三章　商标权取得 ··· 31
　　第一节　商标权的概念与特征 ··· 32
　　第二节　商标权的取得方式 ·· 35
　　第三节　商标权的保护期限 ·· 36

第四章　商标权经营 ··· 39
　　第一节　商标权使用 ·· 40
　　第二节　商标权使用许可 ·· 40
　　第三节　商标权转让 ·· 45
　　第四节　商标权质押和其他财产性权利 ································ 49

第五章　商标权终止 ··· 52
　　第一节　商标权注销 ·· 53
　　第二节　商标权撤销 ·· 55
　　第三节　商标权无效 ·· 59

第六章　商标管理 ·· 65
　　第一节　商标管理机关 ··· 66
　　第二节　商标使用管理 ··· 68
　　第三节　商标代理的管理和商标印制管理 ···························· 74

第七章　商标侵权行为的认定和法律责任 …… 78
　　第一节　商标侵权行为的认定 …… 79
　　第二节　商标侵权行为的类型 …… 83
　　第三节　商标侵权的法律责任 …… 93

第八章　商标侵权的抗辩 …… 102
　　第一节　商标正当使用 …… 103
　　第二节　商标先用权 …… 106
　　第三节　商标权用尽和平行进口 …… 110

第九章　驰名商标的认定和保护 …… 112
　　第一节　驰名商标制度概述 …… 113
　　第二节　驰名商标的认定 …… 116
　　第三节　驰名商标的保护 …… 122

第十章　其他商业标志的法律保护 …… 129
　　第一节　未注册商标的法律保护 …… 130
　　第二节　地理标志的法律保护 …… 133
　　第三节　商号的法律保护 …… 139
　　第四节　奥林匹克标志的法律保护 …… 143
　　第五节　域名的法律保护 …… 146

第十一章　商标权的国际保护 …… 149
　　第一节　关于商标的国际公约 …… 150
　　第二节　商标权的国际获得与保护 …… 153

附录一　2013年和2019年《商标法》对照表 …… 159

附录二　《类似商品和服务区分表——基于尼斯分类第十二版(2023文本)》精简版 …… 162

参考文献 …… 167

第一章

商标概述

教学目标

(1) 掌握商标的概念、商标的类型，以及商标与其他商业标记。
(2) 熟悉商标的功能。
(3) 了解商标法律制度的沿革。

第一节　商标的概念和功能

商标是商标权的客体，是商标法律制度的支点，是商标法律制度设计与构造的出发点。

一、商标的概念和特征

（一）商标的概念

商标就是商品的标志。"商标"为外来词，英文表述为 trademark 或 brand。在中国，人们俗称其为"牌子"。《中华人民共和国商标法》（以下简称《商标法》）[①]第 8 条规定，任何能够将自然人、法人或者其他组织的商品与他人的商品区别开的标志，包括文字、图形、字母、数字、三维标志、颜色组合和声音等，以及上述要素的组合，均可以作为商标申请注册。这实际上是对商标作出的一个定义，即商标是指在商品或者服务之上，用于区别商品或服务提供者的一种具有显著特征的标识。在我国，这种标识可以由文字、图形、字母、数字、三维标志、颜色组合和声音等，以及上述各种要素的组合构成。我国《商标法》规定的商标实际上是一种狭义的商业标记的概念，主要指注册商标和非注册但使用的商标。除此之外，广义的商业标记还包括商品包装、装潢等能够传递商品或服务提供者信息的其他标记。而我们通常所说的商标标识则是指商标的有形载体和实体表现，亦指商标的物理构成。

由此，关于商标的定义，可以分析如下。
(1) 商标的所有者或使用者只能是商品的生产者、经营者或者服务提供者。
(2) 商标是商品或服务上的使用标记。
(3) 商标是标明商品或服务来源并区别同类商品或服务的标志。
(4) 商标的构成要素可以是文字、图形、字母、数字、三维标志、颜色组合和声音，也可以是这些要素的组合。

（二）商标的特征

1. 商标是一种识别性的符号

商标是一种识别性的符号。它和著作权客体——作品以及专利权客体——发明创造均不相同。作品和发明创造均属于创造性智力成果，本身即可直接提供美感、功能等，直接提高商品价值。商标的作用和价值似乎是间接的，它一般并不直接提高商品或服务本身的

---

① 下文所称《商标法》，除标明时间的以外，均指我国现行的 2019 年修正的《商标法》。

价值,而是通过识别商品或服务以降低交易成本而体现出自身的价值。

2. 商标是一种可感知的标志

商标必须有可感知的标志,只有有形象具体、可感知的标志,厂商才能够传递抽象的商品或服务信息,消费者才能够识别商品或服务。我国《商标法》规定的商标标志的范围是逐渐拓宽的,1982年和1993年《商标法》规定的商标标志仅仅包括"文字、图形或者其组合",2001年《商标法》将商标标志的范围扩大为"包括文字、图形、字母、数字、三维标志和颜色组合,以及上述要素的组合"的"可视性标志",2013年《商标法》进一步将商标标志的范围扩大为"包括文字、图形、字母、数字、三维标志、颜色组合和声音等,以及上述要素的组合"的"标志"。至于其中的"等"是否包括之前没有明确列举的气味、全息图等商标标志,留有解释的余地。

3. 商标是商品或服务的标志

商标是经营者用来表彰其特定商品或服务的标志,不同于表彰企业的商号、奥林匹克运动的奥运标志等标志。正是由于商标的这一特征,消费者才能够根据商标识别该商标所表彰的商品或服务。商标应当与商品或服务紧密相连,它不能脱离商品或服务而存在。单独的商标标志在符合《中华人民共和国著作权法》(以下简称《著作权法》)独创性的要求时充其量只能作为一件作品而存在,但却并不构成商标。就商标标志本身来说,如果与其意义和指示物相隔离,那么商标标志就不配称为享有商标权的商标。不过这里的"不能脱离"并非商标标志实际上与商品或服务相联系,或贴在商品上。商标标志只要被用来传达有关商品或服务的信息就属于商标,就符合这里的"不能脱离"标准,如用商标做广告等。

二、商标的起源和发展

商标作为商品的标记,是随着商品经济的发展而产生的。在自然经济条件下,人们生产的目的主要是自给自足,因此谈不上商品交换时,也就不可能出现商品的标记。随着社会生产力的提高,人们有了剩余财产,商品交换就产生可能,商品经济开始出现。为了商业中交换的需要,人们开始在商品上使用标记。最初的标记,一般表现为生产者在其产品上标注一些不同的字母、符号或者姓名,以区分不同的制造者。

我国是世界上较早使用商标的国家。汉唐时期,首都长安作为世界贸易的交易中心,往来商贸繁荣,商品经济十分发达,不少商家在商品上做上自己特有的标记以示区分,商标的使用功能和特征在这一时期开始显现。

到了宋代,我国就有了形式上非常完备的"商标"。北宋时期,山东济南刘家功夫针铺使用"白兔"作为商品的商标(见图1-1)。该商标的图案是一个持药杵的兔子,图形两侧有"认门前白兔儿为记"的文字说明,上面印有"济南刘家功夫针铺"的字样,下侧刻有意为"收买上等钢条,造功夫细针,不误宅院使用,转卖兴贩,别有加饶,请记白"的广告语。

图 1-1 白兔商标

明清时期是我国商标发展的一个重要的阶段,我国真正意义上的商标制度建立于晚清1840年鸦片战争以后。清政府被迫打开国门,与帝国主义列强签订了不少保护外国商标权的条款。清政府于 1904 年颁布的《商标注册试办章程》是我国历史上第一部商标法。《商标注册试办章程》实行注册原则和申请在先原则,规定注册有效期为 20 年,对假冒商标采取不告不理原则,对涉外商标纠纷实行"领事裁判权"。但此章程实际上并未真正实施过。我国明清时期,无论商标的数量还是社会影响都较过去有很大发展,形成了一大批有影响力的、至今还在使用的商标,如"同仁堂""张小泉""鼎丰"等。

中华人民共和国成立初期,受国内政治、外交、经济等多方面因素的影响,商标发展十分缓慢。直到 20 世纪 80 年代,我国商标才开始崛起,随着改革开放和市场化经济的发展,以及国外品牌的大举进入,我国企业意识到拥有企业商标的重要性,在竞争中陆续产生了"海尔""长虹""康佳""联想""华为"等驰名商标。

进入 21 世纪,伴随着国际商品业务的繁荣,商标在国际商贸活动中扮演着越来越重要的角色,成为国际市场竞争的无形资本。为了打造出具有世界影响力的自主品牌,我国企业开始走向世界,一批具有国际影响力的民族品牌凭借过硬的商品质量和企业实力,得到国际社会的认可和赞誉。至此,我国商标的发展进入了一个崭新的历史时期。

三、商标的功能

商标的功能是指商标在商品生产、交换或提供服务的过程中所具有的价值和发挥的作用。商标的功能主要有以下几个方面。

(一) 识别来源功能

识别商品或服务来源的功能,是商标最基本的功能。在现代社会里,商标的这一功能尤为重要。因为市场上有许多相同的商品和服务,这些商品和服务来自不同的厂商和经营者,各厂家的生产条件、制作工艺、产品和服务质量及管理水平参差不齐,价格也会有所不同。企业要想在激烈的市场竞争中吸引消费者的目光,使他们能够选择自己的商品,就必须在其商品上有一个醒目的商标,让消费者容易识别。通过不同的商标,消费者可以判断出商品或服务出自不同的企业,从而识别商品或服务的来源,作出令自己满意的选择。

(二) 品质保障功能

同一种商品、同一项服务因生产者和提供者不同,其质量也会不同。由于商标代表着不同的商品生产者和服务提供者,因此,商标也表明了其所代表的商品质量的好坏。商品质量是决定商品信誉和商标信誉的关键,因此消费者可通过商标选择质量稳定可靠的商品。而对生产经营者而言,必须不断提高其产品质量和服务质量,以维护其商标的信誉,保证其生产的商品与提供的服务具有相同的质量标准,以吸引消费者购买自己的商品。

(三) 广告宣传功能

在市场竞争中,利用商标进行广告宣传可迅速为企业打开商品的销路。由于生活节奏的加快,人们的消费活动逐步以广告和商标为依据,通过商标了解商品或服务的来源和质量。因此,商标被称为商品的无声推销员。借助商标进行宣传,也是商品生产者或服务提供者提高其商品或服务知名度的较好途径。广告宣传,使商标成为家喻户晓的标志,让消费者可以记住商标,并通过商标记住商品,同时熟悉该产品并了解市场信息,从而发挥引导和刺激消费的作用。

(四)文化传承功能

企业的发展也需要深厚的文化底蕴。一个企业商标的构成、表现形式及宣传方式也在向社会传递着该企业的文化。有一些百年老字号传承的不仅仅是一个商标,更是一种文化,其包含世代传承的品质、技艺或服务,以及鲜明的文化背景和深厚的文化底蕴。

第二节 商标的类型

按照不同的划分标准,商标可分为不同的类型。根据各分类标准划分出来的商标种类并不是一成不变的,随着市场经济的发展和完善还会出现新的商标种类。另外,一个商标可能同时隶属于不同的商标种类。了解商标的类型有助于设计和使用商标,同时,对企业实施商标策略有积极的意义。

一、商品商标和服务商标

按商标的使用对象来分,商标可以分为商品商标和服务商标。

(一)商品商标

用于区分商品的商标称为商品商标,它是数量最多、用途最广的商标。商品商标是一种传统的商标类型,它的作用主要是区分不同企业生产的同类商品,如手机上使用的"华为""OPPO"(见图1-2)等商标。

图1-2 华为、OPPO商标

(二)服务商标

用于区分服务企业的服务场所、服务用品、服务规格等内容,并与其他服务企业加以区别的标记,称为服务商标,又称服务标记。这里讲的服务企业包括旅馆、饭店、航空公司、出租汽车公司、保险公司、旅行社(见图1-3)等,涉及面很广。对于服务商标,并不是所有国家都给予其注册保护。在我国,1993年修正后的《商标法》增加了对服务商标保护的规定。

图1-3 中国太平保险、携程旅行商标

（三）商品商标和服务商标的区别

1. 两者的使用对象不同

商品商标是指将商品生产者或经销者的商品同他人的商品区别开来的一种标志，具有区别商品不同出处的功能，表明商品的质量和特点；服务商标是作为将服务提供者的服务同他人的服务区别开来的一种标志，具有区别服务不同出处的功能，表明服务的质量和特点。

2. 两者使用的领域不同

商品商标可适用于所有的商品领域，凡是生产经营商品的行业都可使用商品商标；服务商标只适用于服务行业，如交通运输业、旅游业、餐饮业、金融业、保险业、建筑业、娱乐业等，其适用领域受到一定范围的限制。

3. 两者的注册原则不同

对商品商标，在实行自愿注册原则的前提下，部分特殊商品要实行强制注册，如烟草制品；服务商标则全部为自愿注册，不存在强制注册的问题。

4. 两者使用的方式不同

商品商标可直接附着在商品上进行出售或广告宣传；服务商标不能依附在商品上，它只能通过服务行为来显示或者通过广告宣传等方式来使用。

5. 两者出现的时间不同

商品商标出现得较早，我国历史上第一部保护商品商标的法律是1904年清政府颁布的《商标注册试办章程》；服务商标出现较晚，我国第一部保护服务商标的法律是1993年修正的《商标法》。

二、平面商标和立体商标

商标标志依据是由二维还是三维标志构成的，可分为平面商标和立体商标。

（一）平面商标

平面商标是指商品的标记均呈现在一个水平面上的商标。具体可分为文字商标、图形商标、颜色组合商标以及上述标记的任意组合商标等。

1. 文字商标

文字商标是指商标的构成要素为纯文字，不含其他图形成分的商标。除商品的通用名称和法律明文规定不得使用的文字外，申请人可以自由选择文字作为商标。文字分为汉字、少数民族文字、数字和外国文字等。两个以上的字母和两位以上的数字也可以作为商标使用。我国的文字商标以汉字为主，出口商品上使用的商标多为外国文字。

2. 图形商标

图形商标是指由纯图形要素构成的商标，包括抽象的，如没有任何意义的图形；也包括具体的，如山川、河流和动物等。其使用在我国要早于文字商标和组合商标。图形商标的优点是外观形象、生动，易于识别和记忆，而且不受语言的限制，不论是用何种语言的国家和地区的人们，只要会识别图形，就能了解商标的含义。

3. 颜色组合商标

颜色组合商标是指由不同颜色为要素组成的商标。我国《商标法》第8条在界定颜色商标的构成要素时,使用了"颜色组合"一词,表明目前我国针对颜色商标的商标立法只承认颜色组合商标,即颜色商标中,只有颜色组合商标能够在我国获得商标注册。

4. 组合商标

组合商标是指由文字、图形或颜色组合而成的商标。组合商标兼具文字商标、图形商标和颜色商标的优点,在实际经济生活中被大量采用。组合商标中,文字、图形以及颜色相互协调、密切联系,形成一个和谐的整体,使得商标既便于称呼,又非常形象,便于跨国界传播。

(二)立体商标

立体商标是指以商品外形或长、宽、高三维标志为构成要素的商标。在实际生活中,像酒瓶、饮料瓶、香水瓶等容器及产品的独特外包装等具有立体标志的物品可以申请立体商标,如酒鬼酒陶瓶(见图1-4)、麦当劳的金色拱门、派克金笔的专业笔托造型、劳斯莱斯汽车的飞天女神车标等。为了防止不适当的注册,我国《商标法》对用三维标志申请注册的商标进行了一些限制。《商标法》第12条规定,以三维标志申请注册商标的,仅由商品自身的性质产生的形状、为获得技术效果而需有的商品形状或者使商品具有实质性价值的形状,不得注册。

图1-4 酒鬼酒陶瓶立体商标

三、声音商标和气味商标

(一)声音商标

声音商标是指以音符编成的一组音乐或以某种特殊声音作为商品或服务的标记。它可以是自然界中真实的声音,也可以是人工合成的声音。声音商标是不能凭视觉辨认的,只有通过听觉才能感知,因此声音商标又称"非形状商标"。我国2013年修正的《商标法》删除了注册商标"可视性"的要件,首次规定声音可以作为商标申请注册。2016年5月14日,"中国国际广播电台广播节目开始曲"商标注册申请注册公告完成正式发证,成为我国首例注册成功的声音商标。目前,人们耳熟能详的腾讯QQ"滴滴滴滴滴滴"的经典提示音,酷狗音乐软件启动时的"Hello,KUGOU"的声音等,都已经注册为商标。

(二)气味商标

气味商标是指以某种特殊气味作为区别不同商品和不同服务项目的商标,因其不能通过视觉感知,又称"非形状商标"。例如,国外一面包房的主人,将本店烤制面包的独特香味作为气味商标申请注册。气味商标只在个别国家被承认。美国在20世纪90年代初,将一种用在缝线上的特殊香味作为气味商标予以保护。澳大利亚1995年的《商标法》也明确规定气味商标可以获得保护。我国《商标法》没有对气味商标作出规定。

四、集体商标和证明商标

(一)集体商标

集体商标是指以团体、协会或者其他组织名义注册,供该组织成员在商事活动中使用,

图 1-5 "沙县小吃同业公会及图形"集体商标

以表明使用者在该组织中的成员资格的标志。和一般商标相比，使用同一集体商标的经营者或服务提供者属于同一组织；集体商标所有权属于集体组织，而组织的成员享有使用权；集体商标不得许可非集体成员使用；集体商标权利人准许其组织成员使用集体商标时，不需要签订商标许可合同。

注册集体商标是我国地理标志保护的重要形式。例如，沙县小吃同业公会 1998 年注册了"沙县小吃"服务商标，2006 年注册了"沙县小吃同业公会及图形"集体商标（见图 1-5），审定服务项目为餐馆、饭馆、流动饮食供给、咖啡馆、鸡尾酒会服务等。我国比较常见的集体商标还有"佛山陶瓷""山西老陈醋""镇江香醋""五常大米""西湖龙井茶""舟山带鱼""绍兴黄酒""金华火腿""安溪铁观音"等。

（二）证明商标

证明商标是指由对某种商品或者服务具有监督能力的组织所控制，而由该组织以外的单位或者个人使用于其商品或者服务，用以证明该商品或者服务的原产地、原料、制造方法、质量或者其他特定品质的标志。与一般商标相比，证明商标并不识别具体商品的来源，而仅仅表明使用该证明商标的商品或服务达到了某种标准；证明商标不具有专有性；证明商标的注册人自己不能使用该标志，但负有对使用该证明商标的产品或服务质量进行鉴定、评定及监督控制的义务，证明商标的权利人不得拒绝符合其条件的使用者使用其证明商标。

注册证明商标也是我国地理标志保护的重要形式。"绿色食品"商标（见图 1-6）是典型的证明商标，该商标由中国绿色食品发展中心注册。需要使用"绿色食品"商标的经营者，要向中国绿色食品发展中心提出使用申请，由该中心对经营者拟使用"绿色食品"商标的商品进行检测、审核和认证，经鉴定符合"绿色食品"要求的，准予使用"绿色食品"商标。

图 1-6 "绿色食品"证明商标

（三）证明商标和集体商标的关系

证明商标和集体商标既有联系也有区别，两者都是由多个生产经营者或服务提供者共同使用的商标。两者的区别表现如下：

（1）功能不同。集体商标表明商品或服务来自同一组织，而证明商标则表明商品或服务的质量达到一定的标准。

（2）对申请人的要求不同。这两种商标的申请人都必须是依法成立、具有法人资格的组织，但证明商标的申请人还必须对商品或服务的特定品质具有检测和监督能力。

（3）使用范围不同。集体商标只要是该集体成员均可使用，该组织以外的成员不得使用。证明商标则应当显示开放性，只要商品或服务达到管理规则规定的特定品质就可以要求使用证明商标。

（4）商标注册人使用商标的限制不同。集体商标的注册人可以在自己经营的商品或服务上使用集体商标，而证明商标的注册人不能在其经营的商品或服务上使用该证明商标。

五、联合商标和防御商标

根据商标的使用目的划分,商标可分为联合商标和防御商标。

(一)联合商标

联合商标是指商标所有人注册的用于相同或者类似商品的一系列与主商标相近似的商标。例如,娃哈哈公司的主商标是"娃哈哈"。为了保护主商标,娃哈哈公司还注册了"娃娃哈""哈娃娃""哈哈娃"等与主商标近似的商标。

注册联合商标的目的在于保护主商标,防止他人使用或注册与主商标近似的商标,保护自己的利益,防止市场混淆,防止初始商标显著性的淡化甚至丧失。在联合商标中,除主商标外,其他商标不要求使用。同时,我国《商标法》第42条第2款规定:"转让注册商标的,商标注册人对其在同一种商品上注册的近似的商标,或者在类似商品上注册的相同或者近似的商标,应当一并转让。"据此,在发生转让时,应把联合商标作为一个整体对待,一并转让。《商标法》规定:"对容易导致混淆或者有其他不良影响的转让,商标局不予核准,书面通知申请人并说明理由。"

(二)防御商标

防御商标是指商标的所有人在与注册商标所核定使用的商品或服务类别不同的其他商品或者服务上所注册的与其注册商标相同的商标。例如,中兴通讯公司不仅在其主营业务通信产品上注册了"中兴"商标,还在其他商品或服务类别上注册了"中兴"商标。注册防御商标的目的是防止他人将其注册商标用于不同的商品或服务上。被防御的主商标一般应是驰名商标。

我国现行《商标法》未对防御商标加以规定,但对防御商标的注册和保护在商标行政管理实践中早已开始,很多企业为保护驰名商标这一无形资产,纷纷申请和注册防御商标。例如,北京方正公司为保护其商标"方正",实施了防御商标和联合商标注册战略,在34类商品和8类服务上全面注册了"方正"商标,为树立统一的"方正"品牌形象和防止他人抢注奠定了法律基础。同时,方正公司在产品出口的国家和地区也申请了商标国际注册,从而提高了方正品牌在海外市场的知名度和市场占有率。

(三)联合商标和防御商标的关系

防御商标和联合商标尽管功能相同,均为保护驰名商标不受侵害,防止他人影射,但两者存在着很大的区别,具体表现如下。

(1)防御商标与其主商标为相同的商标;联合商标则是与其注册的主商标不同却近似的若干个商标群。

(2)防御商标的注册范围一般与主商标所核定适用的范围不相同,是在其他的商品类别和服务项目上;而联合商标的注册则是在与主商标核定使用的商品相同或类似的商品上。

(3)防御商标的注册人一般为驰名商标所有人,而且申请较难获准;联合商标的注册人不一定是驰名商标所有人。

第三节 商标与其他商业标记

随着经济的发展,商业标记的种类也越来越丰富,如商品名称、商品包装和装潢、商号、地理标志及域名等,这些标记在某种程度上也起到识别商品或服务来源的作用。商标并不是商业标记的简称,它只是众多商业标记中的一种,商标与这些相关商业标记既有联系又有区别。

一、商标与商品名称

商品名称是指用以区别其他商品而使用在本商品上的称号。它分为通用名称和特有名称两种。商品的通用名称,是指对同一类商品的一般称呼,如汽车、冰箱、电视等。商品的特有名称,是指表明某种特定商品的产地、性能的名称,如两面针药物牙膏、茅台酒等。对他人的注册商标,生产者和经营者不能将其作为商品的通用名称使用。同时,商标注册人在进行广告宣传和日常使用的过程中也要防止自己的不当使用。例如,"氟利昂""吉普""阿司匹林""凡士林"等商标,因使用不当逐渐变为商品通用名称,导致商标权人丧失商标权。

商标与商品名称的区别如下。

(1)受保护的前提不同。构成商标的文字、图形或其组合应具有显著特征,便于识别,这样才有可能获得商标注册。而根据《商标法》,商品的通用名称不能作为商标申请注册,如"自行车"牌自行车等;商品的特有名称如果符合《商标法》规定条件的,可以作为商标申请注册。

(2)受保护的法律不同。商标一经注册,即受到《商标法》保护。而就商品名称而言,只有知名商品的名称才能受到《中华人民共和国反不正当竞争法》(以下简称《反不正当竞争法》)的保护。

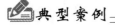

"优盘"商标被撤销案

2002年10月23日,北京华族资讯数码科技有限公司针对深圳市朗科科技股份有限公司(以下简称朗科公司)注册在第9类计算机存储器等商品上的第1509704号"优盘"商标(以下简称争议商标),向国家工商总局商标评审委员会(以下简称商评委)提出撤销申请。2003年,商评委依法予以受理。经过调查发现,"优盘"已经成为普遍使用的产品名称。在朗科公司提交的商品包装盒及促销宣传材料上,"朗科优盘"或"优盘"文字后面并没有其他连用的商品名称。朗科公司在有关宣传材料中有,"启动型优盘,第三届中国高新技术交易会明星产品,全球第一款可彻底取代软盘软驱的USB移动存储盘""优盘,新一代存储盘"等表述。可见,朗科公司是将"优盘"作为商品名称来使用的。商评委于2004年10月13日作出裁定，认为从争议商标"优盘"汉字本身的含义来看，其对于指定使用的第9类计算机存储器等商品的质量、功能、用途等特点具有直接的叙述性，缺乏商标应有的显著特征。朗科公司自身也一直将"优盘"作为商品名称加以使用，客观上进一步起到了淡化乃至消灭"优盘"文字作为商标的显著特征的作用。因此，本案中的争议商标已经成为通用名称，依法不得作为商标注册；同时，争议商标作为一种计算机外设移动存储设备的通用名称，指定使用在计算机、计算机周边设备等商品上，不具备商标应有的显著特征。因此，依据《商标法》第11条第1款第1项及第3项规定，争议商标应予撤销。

从本案可以看出，商标的显著性并非一成不变，而是会随着经营者对该商标的使用发生变化。商标的显著性可能随着使用的进行而由弱转强，亦可能由于使用不善而由强变弱，甚至变成通用名称。"优盘"商标撤销案就是典型一例，这也告诉我们，经营者对商标的使用和管理对于商标显著性的维护来说至关重要。对于具备显著性甚至具有较高知名度的商标，经营者应避免以该商标指代某一种类的商品，以防止商标显著性的退化。

二、商标与商品装潢

商品装潢是指商品的包装物或其附着物上的装饰设计。使用商品装潢的目的是宣传、美化商品，从而刺激消费者的购买欲望。商标与装潢同时用于商品或包装上，服务于同一商品。

商标与商品装潢的区别如下。

（1）功能和目的不同。商标的主要功能和目的是识别商品，表明其出处；而商品装潢的主要功能和目的是通过艺术化的文字或图形对商品进行装饰、美化和宣传，吸引消费者注意。

（2）构成要素不同。构成商标标志的要素应具有显著特征，不具有显著特征的文字或图形均不能用作商标；而组成商品装潢的文字或图形则没有显著性的要求，只要能美化商品即可。

（3）稳定性不同。商标通常较为稳定；而商品装潢则常常会随时间、季节而变化。

（4）保护依据不同。商标主要依据《商标法》进行保护；而商品装潢如果符合《著作权法》独创性的要求，则可以作为作品受到《著作权法》的保护。不仅如此，有一定影响或知名的商品装潢能够起到与商标一样的标示来源的功能，在这种情况下，为了防止他人假冒仿冒以混淆消费者，有一定影响或知名的商品装潢还能够受到《反不正当竞争法》的保护。

三、商标与商号

商号又称厂商名称、企业名称，是指用于识别在一定地域内和一定行业中的不同经营者的称谓。在实际生活中，很多企业的商号和商标是一致的，如华为技术有限公司就以"华为"作为企业的名称和商标。

商标与商号的区别如下。

（1）功能不同。商标是区别商品来源的标记；商号是辨认企业的标记。

（2）保护方式不同。商标按照《商标法》的规定注册；商号则依照《企业名称登记管理规定》进行登记和保护。

(3) 法律效力的范围不同。商标注册后,取得的商标专用权,在全国范围内有效;商号专用权仅在一国的某一地域范围内有效。

(4) 保护的法律不同。注册商标受《商标法》保护;商号受《民法典》《企业名称登记管理规定》保护。

四、商标与地理标志

我国《商标法》第16条第2款规定,地理标志是指标示某商品来源于某地区,该商品的特定质量、信誉或者其他特征,主要由该地区的自然因素或者人文因素所决定的标志。自然因素主要指的是产地内的环境、气候、水土等,人文因素主要指的是产地内的工艺、方法、配方、秘诀等。例如,我国著名的地理标志"茅台""西湖龙井""金华火腿"等,就主要由当地的自然因素和人文因素所决定。商标与地理标志的共同点在于,两者都属识别性工商业标志,功能类似。

商标与地理标志的区别如下。

(1) 识别对象不同。商标识别特定的商品或服务,也能表明其具体的生产者或经营者;地理标志识别的是来自某一地域的具有某种特征的商品的总体,不能表明具体的生产者或经营者。

(2) 构成要素不同。商标可由文字、图形或其组合构成,甚至还可以包括立体形状、声音;地理标志通常只能由文字构成。

(3) 注册主体与使用主体的关系不同。商标的注册主体与使用主体通常是相同的;地理标志的注册主体与使用主体是分离的,其注册主体通常是进行监督管理的主体,而其使用主体通常是生产相关商品的具体企业。

典型案例

弥勒香州豆制品有限公司侵犯"石屏豆腐皮"地理标志保护产品专用权案[①]

经弥勒市市场监管局查实,2021年10月,石屏县玉兰王中王豆皮有限公司(经审核注册登记的地理标志产品"石屏豆腐皮"生产企业)因自身产量不足,通过口头协定委托弥勒香州豆制品有限公司进行豆腐皮生产加工,并在产品包装上使用地理标志产品"石屏豆腐皮"名称及专用标志。此次委托共生产豆腐皮产品160箱,结算价格12.4元/千克,货值金额14 384元。弥勒香州豆制品有限公司不在石屏县范围内,不是合法的地理标志产品"石屏豆腐皮"用标企业。弥勒香州豆制品有限公司违反了《地理标志产品保护规定》第二十一条的规定,依据《中华人民共和国产品质量法》第三十一条和第五十三条的规定,责令弥勒香州豆制品有限公司改正冒用质量标志的违法行为,对其作出没收侵权商品并罚款7 000元的行政处罚;对石屏县玉兰王中王豆皮有限公司超出地理标志产品产地范围许可生产者使用地理标志违法行为予以罚款10 000元行政处罚,并依法上报国家知识产权局注销其地理标志产品专用标志使用注册登记,停止其使用地理标志产品专用标志资格。

[①] 入选云南省市场监管局公布的6起知识产权行政执法典型案例。

此案例对地理标志产业的发展有着一定的意义。当前,经营者对地理标志证明商标的法律认识普遍还不高,随着地理标志证明商标产品越来越多,地理标志证明商标侵权行为极易发生。市场监管部门通过必要的执法行动,教育、引导本地区销售地理标志产品的经营者遵守相关法规,积极申请地理标志授权许可,主动规避地理标志侵权行为,有力地促进了地理标志产业的健康发展。

五、商标与域名

域名是指在国际互联网上的一个企业或机构的名字,是在互联网上企业间相互联络的网络地址。随着互联网在全球的迅速普及,域名已成为企业通过互联网进行销售、交流和宣传等活动的基本标志。世界上许多著名公司都是以其主商标注册域名的,如微软公司的域名为 www.microsoft.com、中国国际航空公司的域名为 www.airchina.com 等。通过这个标志,人们可以找到企业和有关机构在互联网上的主页和网站。从某种意义上看,域名实际上是商标在互联网上的延伸,由此,域名又被称作"电子商标"。

与商标对比,域名的主要特点如下。

(1) 唯一性。商标的种类和构成有多种,而且一个商标也因其注册的产品不同而允许同时使用,如几个厂家可同时使用"米好"牌商标生产不同的产品;而域名的构成是单一的,在整个互联网上是唯一的,而且只有第一家注册的机构才拥有这个域名。

(2) 无地域性限制。商标在甲国注册得到法律保护并不意味着在乙国也得到保护,须重新在乙国申请注册才能得到该注册商标专用权,这是由工业产权的地域性决定的;而域名则无这样的限制,因为互联网是跨国的,不受地域制约,这也是由域名的唯一性决定的。

(3) 无相似性限制条款。注册商标要求不允许与其有相同或相似的文字、图形和组合;而域名对文字的相似性没有限制,如 www.yanshan.com、www.yansha.com,尽管这两个域名很相似,但却都是合法域名。对企业的主商标来说,可通过注册联合商标来保护;但对域名来说,因为一个组织只能注册一个域名,靠传统的注册系列商标群的手段保护自己独特的域名就很难实施。

第四节 商标法概述

一、商标法的概念

商标法是调整因商标的注册、使用、管理和保护商标专用权而发生的各种社会关系的法律规范的总称。形式意义上的商标法就是我国于1982年发布,于1993年、2001年、2013年和2019年分别修正过的《中华人民共和国商标法》,实质意义上的商标法则还包括有关的实施条例、行政规章、司法解释等。商标法的调整对象就是因商标注册、使用、管理和保护商标专用权而发生的各种社会关系。这种社会关系既包括商标注册、管理、保护等纵向社会关系,也包括商标使用、商标权处分、保护等平等主体之间的横向社会关系。

二、商标法的调整对象

商标法的调整对象是指因商标的注册、使用、管理和保护商标权所发生的各种社会关系,主要包括以下内容。

1. 商标管理关系

商标管理关系是指商标管理机关与商标注册申请人之间,在商标的注册使用和管理过程中所发生的关系,具体包括商标注册申请的核准关系、商标权的使用和转让关系、商标权的续展和保护关系、商标的印制关系等。

2. 商标使用关系

商标使用关系是指商标注册人与他人之间因注册商标的转让、使用许可和争议所发生的关系,具体包括对初步审定、予以公告的商标有异议的异议人与被异议人之间的关系,对已核准注册的商标有争议的争议人与被争议人之间的关系,因商标的转让、许可和继承而发生的转让人与受让人、许可人与被许可人、继承人与被继承人之间的关系等。

3. 商标管理机关内部的商标关系

商标管理机关内部的商标关系是指国家工商行政管理部门与地方工商行政管理部门在商标管理中所发生的关系,主要表现在商标法对它们各自的职责所作的不同划分,如国家商标局负责对申请注册的商标进行审核,地方各级市场监督管理部门负责对商标侵权行为进行查处等。

4. 商标保护关系

商标保护关系是指商标权人与侵权人之间因保护商标专用权而发生的关系,具体包括商标的行政保护、商标的司法保护、侵权人应承担的法律责任等。

商标法通过对上述关系的法律调整,实现法律所追求的目标和任务,即保护商标专用权,促使生产者和经营者保证商品和服务质量、维护商标信誉,保护消费者利益。

三、我国商标法律制度的沿革

我国商标立法是从清末民初开始的。1904年,清王朝颁布了我国历史上第一部商标法规——《商标注册试办章程》及其细则。该章程共28条,细则共23条,章程包含了现代商标立法中的一些基础内容,如实行注册原则与申请在先原则等。清王朝灭亡后,北洋政府于1923年颁布《商标法》和《商标法实施细则》。1927年成立的国民政府先是沿用北洋政府的《商标法》,到1930年颁布了自己的《商标法》,于1931年1月1日起实施。

新中国成立后,1950年7月,政务院发布了《商标注册暂行条例》,同年9月,政务院财政经济委员会发布了《商标注册暂行条例实施细则》。该条例明确提出了保护商标专用权,并对商标的取得制度、使用及期限等基本问题作出了规定。随着社会主义改造的完成,国务院于1963年制定《商标管理条例》,条例采用强制注册原则,体现了计划经济的管理色彩。此后,我国的商标立法基本停滞,直到党的十一届三中全会之后。我国商标法才开始得到逐步恢复和发展。1982年8月23日,第五届全国人大常委会第24次会议通过了《商标法》,该法于次年3月1日起施行。1983年3月10日国务院发布了《商标法实施细则》。《商标法》的发布与实施,对我国社会主义的建设起到了积极的促进作用。1993年2月22日,第七届全国人大常委会第 30 次会议通过了《关于修改〈中华人民共和国商标法〉的决定》。本次修改的主要原因是我国先后加入了《保护工业产权巴黎公约》(以下简称《巴黎公约》)和《商标国际注册马德里协定》(以下简称《马德里协定》),目的是进一步完善我国的商标制度,并与国际上通行做法相衔接。本次修改的主要内容有:将服务商标纳入商标法的保护范围,明确县级以上行政区划的地名或者公众知晓的外国地名不得作为商标,规定了对违反禁用条款或者以欺骗的手段取得注册的商标由商标局依职权撤销等。2001 年,为适应社会主义市场经济建设及加入世界贸易组织的需要,我国对《商标法》进行了第二次修正,不仅为适应加入世界贸易组织的要求,也为适应我国社会经济发展的新需要。本次修改的主要内容有:增加了集体商标、证明商标和地理标志保护的规定,增加了商标的构成要素,增加了驰名商标保护、被代理人与被代表人商标保护的规定,开始区分商标注册的绝对条件和相对条件,规定了商标裁决的司法审查等。2013 年,《商标法》进行了第三次修正,本次修正可以说完全是基于我国内在需要而进行的。本次修改的主要内容包括明确规定了诚实信用原则,进一步拓宽了商标的构成要素,驰名商标认定和使用规定进一步规范化,彻底实现了从异议到无效宣告、从实体到程序的商标注册的绝对条件和相对条件的区分,明确在商标侵权判断标准中引入混淆可能性标准,提高了商标侵权的法定赔偿额上限等。2019 年,针对商标囤积和恶意抢注,《商标法》进行了第四次修正,系统规定了对不以使用为目的的恶意商标注册申请的规制措施,并提高了商标侵权的法定赔偿额的上限等。

  本章思考题

1. 商标的概念是什么?商标在市场中能够发挥哪些功能?如何理解商标的这些功能?
2. 商标分为哪几种不同的类型?集体商标和证明商标的区别是什么?
3. 集体商标和证明商标有什么区别?
4. 立体商标的限制性规定有哪些?

1. 针对商标的分类,请分析企业如何实施商标策略。
2. 舟山水产协会为"舟山带鱼 ZHOUSHANDAIYU 及图"证明商标的注册人,核定使用商品类别为第 29 类带鱼、带鱼片。甲公司在未经许可的情况下,在其生产的带鱼产品的外包装上标注了"舟山精选带鱼段"的字样。舟山水产协会认为这种行为侵犯了其商标权。请问甲公司的这种行为是否涉嫌商标权侵权?为什么?

第二章

商标注册申请和审核

教学目标

（1）掌握商标注册的概念和原则。
（2）熟悉商标注册的条件、商标注册的审查与核准程序。
（3）了解商标注册申请方式。

第一节　商标注册申请的要求

商标注册是确定商标专用权的法律依据。各国商标法均对商标注册的申请人、应具备的条件、申请的原则作出了规定。

一、商标申请的主体

我国《商标法》第 4 条第 1 款规定："自然人、法人或者其他组织在生产经营活动中，对其商品或者服务需要取得商标专用权的，应当向商标局申请商标注册。"可见，商标注册的主体即申请人包括以下几类。

（一）自然人

《商标法》规定，自然人在我国可申请注册商标，而不必具有从事生产经营的资格。《中华人民共和国商标法实施条例》（以下简称《商标法实施条例》）第 14 条第 1 款规定："申请商标注册的，申请人应当提交其身份证明文件。商标注册申请人的名义与所提交的证明文件应当一致。"

（二）法人

申请注册商标的法人组织在我国主要包括企业法人、机关法人、事业单位法人、社会团体法人等。

（三）其他组织

其他组织是指不具备法人资格，但合法成立，具有一定组织机构和财产的组织，具体包括：私营独资企业、合伙组织、合伙型联营企业、中外合作经营企业、社会团体、依法设立并领取营业执照的法人的分支机构等。

（四）共同申请人

《商标法》第 5 条规定："两个以上的自然人、法人或者其他组织可以共同向商标局申请注册同一商标，共同享有和行使该商标专用权。"该规定为解决我国由于历史问题而遗留的商标权的争执提供了一个可供操作的方案。由于商标本身具有专有性的要求，商标共同申请通常是各方妥协的结果。对共同拥有的商标，共有方不仅应遵守财产共有的一般规定，同时针对商标的特性，还应注意一些特殊问题，如共有商标在转让、质押时，应征得每个共有人同意等。《商标法实施条例》第 16 条规定："共同申请注册同一商标或者办理其他共有商标事宜的，应当在申请书中指定一个代表人；没有指定代表人的，以申请书中顺序排列的第一人为代表人。"

（五）外国人或者外国企业

外国人或者外国企业在中国申请商标注册的，根据《商标法》第 17 条和第 18 条的规定，应当按照其所属国和中华人民共和国签订的协议或者共同参加的国际条约办理，或者按对等原则办理。外国人或者外国企业在中国申请商标注册和办理其他商标事宜的，应当委托依法设立的商标代理机构办理。

二、商标申请的原则

根据我国法律规定，商标权的获得需要申请人的主动申请，经商标注册机关审查核准后才能取得商标权并受法律保护。未注册的商标，虽然可以使用，但使用者对其不享有专用权。因此商标权的取得不同于著作权的自动产生。在我国申请商标，应了解申请的基本原则。

（一）申请在先原则

申请在先原则是指以申请日期为依据，受理在先申请人的商标注册申请，驳回在后申请人的申请。这种规定在实践中容易操作，因此实行注册制度的国家都采用申请在先的原则。我国《商标法》第 31 条规定："两个或者两个以上的商标注册申请人，在同一种商品或者类似商品上，以相同或者近似的商标申请注册的，初步审定并公告申请在先的商标；同一天申请的，初步审定并公告使用在先的商标，驳回其他人的申请，不予公告。"由此可知，我国商标的申请是以申请在先原则为主，同时以使用在先原则为补充的。

1. 申请日期的确定

以商标局收到申请文件的日期为准。即使是邮寄的，也不是以邮戳的寄出日为准，这不同于《中华人民共和国专利法》（以下简称《专利法》）中对专利申请日的确定。

2. 使用在先的确定

针对同一天申请的、初步审定并公告使用在先的商标，《商标法实施条例》第 19 条规定："两个或者两个以上的申请人，在同一种商品或者类似商品上，分别以相同或者近似的商标在同一天申请注册的，各申请人应当自收到商标局通知之日起 30 日内提交其申请注册前在先使用该商标的证据。"

（二）自愿注册原则

自愿注册原则是指商标使用人根据需要，自行决定是否申请商标注册。我国在商标权的取得上采取注册原则，即取得商标权的途径是向商标局申请注册，注册是产生商标权的唯一途径。我国实行商标权注册取得制度，但是否申请注册采取自愿注册原则，即商标使用人根据需要，自行决定是否申请商标注册。

与自愿注册原则相对应的是强制注册原则。我国现行商标法将强制注册原则作为自愿注册原则的例外，对涉及人体生命健康的商品实行强制注册。《商标法》第 6 条规定："法律、行政法规规定必须使用注册商标的商品，必须申请商标注册，未经核准注册的，不得在市场销售。"目前，我国强制注册的商品有烟草及药品等关系人类健康的制品。

三、商标申请的优先权

（一）优先权的概念

优先权是指《巴黎公约》成员国的国民，向一个缔约国首先提出申请后，可以在一定期限（发明和实用新型为 12 个月，外观设计和商标为 6 个月）内，向所有其他缔约国申请保护，并以第一次申请的日期作为其在后提出申请的日期。申请人第一次提出申请的日期为优先权日。

优先权是《巴黎公约》的一项重要原则，它主要体现在对工业产权保护的申请程序上有特别的规定，即申请人在一国第一次提出申请后，根据自己的经营情况，有充分的时间（发明和实用新型为 12 个月，外观设计和商标为 6 个月）考虑是否还需要在公约的其他成员国进行申请。因为在这段时间内，他人不能再以相同的内容在他国申请，即使有人申请，也会因优先权原则而被排除在外。优先权原则有利于保护第一次提出申请的人行使权利。

（二）优先权的规定及其条件

我国在 1985 年加入了《巴黎公约》。2001 年修正的《商标法》增加了商标申请的优先权的内容。2013 年修正的《商标法》第 25 条规定："商标注册申请人自其商标在外国第一次提出商标注册申请之日起六个月内，又在中国就相同商品以同一商标提出商标注册申请的，依照该外国同中国签订的协议或者共同参加的国际条约，或者按照相互承认优先权的原则，可以享有优先权。依照前款要求优先权的，应当在提出商标注册申请的时候提出书面声明，并且在三个月内提交第一次提出的商标注册文件的副本；未提出书面声明或者逾期未提交商标注册申请文件副本的，视为未要求优先权。"

根据《商标法》的规定，要求商标优先权应当具备实质要件和形式要件。

1. 实质要件

（1）要在规定的优先权期限内提出，即在外国第一次提出商标注册申请之日起 6 个月内，超过 6 个月就有可能丧失优先权。

（2）必须是同一商标使用在相同商品上。如果申请时是同一商标，但用于不同的商品上，或者是不同的商标使用在相同的商品上，都不能申请优先权。

（3）申请国应是《巴黎公约》成员国或者同中国签订双边协议或按照互惠原则，才能申请优先权。

2. 形式要件

（1）向中国提出商标注册申请时要提交书面声明。

（2）要在 3 个月内提交第一次提出的商标注册申请文件的副本。未提出书面声明或者逾期未提交商标注册申请文件副本的，视为未要求优先权。要求优先权的，申请人提交的第一次提出商标注册申请文件的副本应当经受理该申请的商标主管机关证明，并注明申请日期和申请号。

（三）国际展会的要求优先权声明

提出优先权的时间不能超过法定时限——商标注册申请人自其商标在外国第一次提出商标注册申请之日起 6 个月内；商标在中国政府主办的或者承认的国际展览会展出的商品上首次使用，在中国就相同商品以同一商标提出商标注册申请；提出优先权要有一定的依据，依照该外国同中国签订的协议或者共同参加的国际条约，或者按照相互承认优先权的原则，可以享有优先权；提出优先权时应当提交相应的支撑和证明材料。

在商标注册申请时，申请人提出国际展会优先权的，应当按以下要求进行商标注册申请书的填写和申报。

（1）申请人依据《商标法》第 25 条要求优先权的，选择"基于第一次申请的优先权"，并填写"申请/展出国家/地区""申请/展出日期""申请号"栏。

（2）申请人依据《商标法》第 26 条要求优先权的，选择"基于展会的优先权"，并填写"申请/展出国家/地区""申请/展出日期"栏。

（3）申请人应当同时提交优先权证明文件（包括原件和中文译文）。优先权证明文件不能同时提交的，应当选择"优先权证明文件后补"，并自申请日起 3 个月内提交。未提出书面声明或者逾期未提交优先权证明文件的，视为未要求优先权。

（4）优先权证明文件是指申请人提交的第一次提出商标注册申请文件的副本，该副本应当经受理该申请的商标主管机关证明，并注明申请日期和申请号。申请人应当提交的优先权证明文件包括：首次/基础商标注册申请文件的副本（经该国官方证明）及中文翻译首次展会展出商品上使用该商标的证据及中文翻译。

第二节　商标注册的条件

根据《商标法》的规定，申请注册的商标必须具备以下条件，才能获得核准，取得商标权。

一、符合法定的构成要素

《商标法》第 8 条规定："任何能够将自然人、法人或者其他组织的商品与他人的商品区别开的标志，包括文字、图形、字母、数字、三维标志、颜色组合和声音等，以及上述要素的组合，均可以作为商标申请注册。"根据该规定，我国商标的法定构成要素包括文字、图形、字母、数字、三维标志、颜色组合和声音。

二、具有显著性

显著性又称为识别性和区别性。因为商标是区分商品或服务来源的标志，所以必须具有显著性，这也是商标所承载的功能所要求的。一个显著性强的商标称为强商标，反之为弱商标。但是商标在使用后也会出现强商标弱化，或弱商标变强的情况。所以商标的显著性贯穿了商标权的产生、终止和保护的整个过程。

使用本商品的通用名称、图形、型号作为商标的一般不允许注册。例如，"机械"两个字，不能作为挖掘机上使用的商标；"苹果"的照片，不能作为食用苹果的商标。类似的，"碗面"牌方便面、"六分"牌水管、"扳手"牌扳手、"触感"牌绘画板、"42 寸"牌平板电视机、"18K"牌金首饰，在实际操作中都是不允许的。

直接标识、宣传商品的质量、原料、功能的词语也不允许作为商标注册。例如，申请把"永不磨损"作为注册商标，用在厨房用的刀具上；把"不差一秒"作为注册商标，用在钟表上，都是涉嫌宣传了产品的性能，因而是不允许的。而"大豆"牌食用油、"糯米"牌粽子，是将产品的主要原料作为商标,妨碍了其他同类产品的正当生产和销售,因此也不能作为注册商标。这个原则在实际操作中,往往会产生一定的争议,比如,"好吃点"商标用于食品、"永固"商标用于锁具,都是现实中存在的例子。这些都是属于缺乏显著性的商标,即使获得注册,其实也是一个弱商标,很容易在使用中被淡化。

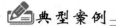

"六个核桃"商标案

2006年1月19日,河北养元智汇饮品股份有限公司向商标局申请注册第5127315号"六个核桃"商标(以下简称争议商标),核定使用商品为第32类无酒精饮料等商品上。2013年11月15日,河北智尊智圣饮料有限公司对该争议商标提出撤销注册申请。申请人认为争议商标使用在无酒精饮料等商品上,仅仅直接表示了指定使用商品的主要原料等特点,且争议商标使用时间较短,也未通过使用获得商标应有的显著特征,故请求撤销争议商标的注册。商标评审委员会经审理认为,从被申请人提交的大量销售、广告、合同发票凭证等证据可知,使用争议商标的产品的销售区域至少涉及全国13个省和直辖市,被申请人聘请了梅婷和陈鲁豫作为使用争议商标产品的形象代言人,并通过报纸、户外广告牌等方式对争议商标进行了大量宣传,争议商标经过使用获得了多项荣誉证书,并被河北省工商行政管理局认定为知名商品。上述证据可以证明争议商标通过其广泛宣传和使用已经能够起到区分商品来源的作用,取得了商标应有的显著特征,并便于识别,因此争议商标应予以维持注册。

由该案可知,如果经营者能够证明通过对标志的持续使用和广告宣传,标志已经取得了区分不同商品或服务来源的功能,则表明该标志已经通过使用获得了商标注册所要求的显著性。

三、不得与他人的在先权相冲突或恶意抢注

申请注册的商标,不仅应当有显著特征,便于识别,而且要求"不得损害他人现有的在先权利,也不得以不正当手段抢先注册他人已经使用并有一定影响的商标"。

所谓在先权,是指他人在先已经合法取得的权利,包括商号权、外观设计权版权、地理标志权、姓名权和肖像权等。在申请商标时,申请人不得使用并应避让上述已经在先存在的民事权利,通过相应的查询和检索,以保证申请的商标顺利获得注册。如果已经注册的商标与他人的在先权利相冲突,法院在处理相关纠纷时,会根据权利在先原则对他人在先的权利进行保护。

四、不得使用和注册法律禁止的标志

我国《商标法》第10条至第12条明确规定了不得作为商标注册和使用的标志,这些规定也就是商标注册不得违反的绝对禁止性理由。

(一)不得作为商标使用

根据《商标法》第10条规定,下列标志不得作为商标使用:

（1）同中华人民共和国的国家名称、国旗、国徽、国歌、军旗、军徽、军歌、勋章等相同或者近似的，以及同中央国家机关的名称、标志、所在地特定地点的名称或者标志性建筑物的名称、图形相同的；

（2）同外国的国家名称、国旗、国徽、军旗等相同或者近似的，但经该国政府同意的除外；

（3）同政府间国际组织的名称、旗帜、徽记等相同或者近似的，但经该组织同意或者不易误导公众的除外；

（4）与表明实施控制、予以保证的官方标志、检验印记相同或者近似的，但经授权的除外；

（5）同"红十字""红新月"的名称、标志相同或者近似的；

（6）带有民族歧视性的；

（7）带有欺骗性，容易使公众对商品的质量等特点或者产地产生误认的；

（8）有害于社会主义道德风尚或者有其他不良影响的。

县级以上行政区划的地名或者公众知晓的外国地名，不得作为商标。但是，地名具有其他含义或者作为集体商标、证明商标组成部分的除外；已经注册的使用地名的商标继续有效。

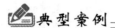 典型案例

"中国劲酒"商标行政案

2005年10月20日，劲牌公司向商标局申请在第33类果酒（酒）、开胃酒、蒸馏饮料、葡萄酒、酒（饮料）、米酒、含酒液体、酒精饮料（啤酒除外）、黄酒、食用酒精等商品上注册第4953206号"中国劲酒"商标（以下简称申请商标）。2008年2月26日，商标局予以驳回，认为申请商标内含我国国名，不得作为商标使用，不宜注册，驳回申请商标的注册申请。劲牌公司不服该驳回决定，向商标评审委员会（以下简称商评委）申请复审。商评委认为，申请商标中的"中国"为我国国家名称，属于《商标法》第10条第1款第1项明确规定不得作为商标使用的标志，决定予以驳回。劲牌公司不服，向北京市第一中级人民法院提起行政诉讼，北京市第一中级人民法院一审认为，方章图案中的"中国酒"三字，字体明显有别于"劲"字，虽然包含有中国国名，但该国名部分更容易使消费者理解为商标申请人的所属国，判决撤销商评委决定。商评委不服一审判决，向北京市高级人民法院提起上诉，北京高院认为，申请商标所含我国国名与其他具备显著特征的标志相互独立，国名仅起表示申请人所属国作用，维持一审判决。商评委不服，向最高人民法院申请再审。最高人民法院再审认为，《商标法》第10条第1款第1项规定中的同中华人民共和国的国家名称相同或者近似，是指该标志作为整体同我国国家名称相同或者近似。如果该标志含有与我国国家名称相同或者近似的文字，且其与其他要素相结合，作为一个整体已不再与我国国家名称构成相同或者近似的，则不宜认定为同中华人民共和国国家名称相同或者近似的标志。本案中，申请商标虽然含有我国国家名称"中国"，但其整体上并未与我国国家名称相同或者近似，因此申请商标并未构成同中华人民共和国国家名称相同或者近似的标志。但是，国家名称是国家

的象征,如果允许随意将其作为商标的组成要素予以注册并作商业使用,将导致国家名称的滥用,损害国家尊严,也可能对社会公共利益和公共秩序产生其他消极、负面影响。因此,对于上述含有与我国国家名称相同或者近似的文字的标志,虽然对其注册申请不宜根据《商标法》第10条第1款第1项进行审查,但并不意味着属于可以注册使用的商标,而仍应当根据《商标法》其他相关规定予以审查。最终,最高人民法院判决维持北京市第一中级人民法院和北京市高级人民法院的一、二审判决,要求商评委就申请商标是否违反《商标法》其他相关规定重新作出复审决定。①

本案中,最高人民法院对含"中国"字样的商标的注册是否违反《商标法》第10条第1款第1项的规定进行了解释。最高人民法院实际上认为,我国《商标法》之所以禁止注册含"中国"字样的标志,主要是为了维护国家尊严,防止国家名称被滥用。亦即,如果含"中国"字样的商标能够轻易获得注册,标示于商品或服务之上,行销市场,则难免给国家形象、国家尊严带来"不良影响"。因此,即便含"中国"字样的商标在整体上已经与"中国"的国家名称有所区别,不再与国家名称构成相同或近似,但出于维护国家尊严的考虑,对含"中国"字样的商标的注册仍应当持慎重态度。

(二)不得作为商标注册

根据《商标法》第11条规定,下列标志不得作为商标注册:
(1)仅有本商品的通用名称、图形、型号的;
(2)仅直接表示商品的质量、主要原料、功能、用途、重量、数量及其他特点的;
(3)其他缺乏显著特征的。

前款所列标志经过使用取得显著特征,并便于识别的,可以作为商标注册。

(三)不得使用具有功能性的形状

《商标法》第12条规定,以三维标志申请注册商标的,仅由商品自身的性质产生的形状、为获得技术效果而需有的商品形状或者使商品具有实质性价值的形状,不得注册。因为这些形状具有一定的功能性和技术特征,立法禁止通过注册方式获得对该技术特征的永久保护和专有,即使该标志取得显著性也不能获得注册。申请注册立体商标的,申请人应当在申请书中予以声明。未声明的,视为平面商标。申请人应当提交能够确定三维形状的商标图样。立体商标实质审查包括不得违反《商标法》第12条的审查、立体商标的显著特征的审查,以及立体商标相同和近似的审查。

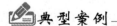

"费列罗"巧克力立体商标案

申请商标为一个三维标志,由一块包在金黄色纸里的球形三维形状组成,在该图形的上半部分里,有一个白底椭圆形小标记,带有一条金边和一条白色细边,该三维图形放置在

---

① 北京市第一中级人民法院(2009)一中行初字第441号行政判决书;北京市高级人民法院(2009)高行终字第829号行政判决书;最高人民法院(2010)行提第4号行政判决书。

一个栗色和金黄色的底座上。申请商标指定使用色彩为金黄色、红色、白色、栗色(见图2-1)。该商标于2001年12月3日在意大利首次提出注册申请并于2002年5月23日在该国被核准注册,商标权人为费列罗公司,国际注册号为G783985,指定使用商品为第30类的面包、饼干、蛋糕、糕点和糖果、冰制食品等。2002年9月28日,原告费列罗公司通过世界知识产权组织国际局向中国提出了对于申请商标的领土延伸保护申请,申请商标指定使用的商品为第30类的面包、饼干、蛋糕、糕点和糖果、冰制食品等。

图 2-1 "费列罗"立体商标

商标评审委员会认为,申请商标作为立体商标,仅有指定使用商品较为常用的包装形式,难以起到区分商品来源的作用,缺乏商标应有的显著特征,因此将该申请予以驳回。费列罗公司申请复审,被驳回。费列罗公司遂向北京市第一中级人民法院提起诉讼。

本案中,双方当事人争议的焦点是申请商标是否缺乏显著特征。对于由三维标志或者含有其他标志的三维标志构成的立体商标而言,仅有指定使用商品通用或者常用的形状或者是其包装物的形状,不能起到区分商品来源的作用,应当被认为是缺乏显著特征的商标。

法院认为,结合本案,申请商标作为一个三维标志,由一个栗色和金黄色相间并带有波纹形状的底座和在底座之上放置的具有皱褶状包装效果的金黄色球形三维形状组成。被告认定申请商标系常用的包装形式,但并未就该认定提供相关的证据予以支持。相反,申请商标对于色彩和商品包装形式的选择均不在本行业和指定使用商品包装形式的常规选择的范围之内,申请商标的独特创意已经使之成为原告产品的一种标志性设计,使得消费者在看到申请商标后就能够清楚地判断出该商标所附着商品的来源,因而申请商标已经具有商标所应具备的显著性,应当在我国被作为注册商标予以保护,被告对申请商标的领土延伸保护申请亦应予以核准。故判决撤销被告商标评审委员会驳回复审的决定书。①

该案是立体商标保护较为典型的案件,适用法律依据为《商标法》第9条、第11条和第12条。

五、不得与他人的注册商标相同或者近似

申请注册的商标,与他人在同一种商品或者类似商品上已经注册的或者初步审定的商标相同或者近似的,由商标局驳回申请,不予公告。所谓相同商标,是指用于相同或类似商品上的商标,其文字、图形和读音相一致。所谓近似商标,是指在同一种或类似商品上,作为商标的文字、图形和读音等构成要素相似的商标。实践中,如何判断两个商标是否相同或者近似,关键是看它们是否用于同一种商品或类似商品上。如果两个商标相同或者近似,但它们不是用在同一种商品或者类似商品上,也不影响该商标的申请注册,但驰名商标例外。

第三节 商标的注册申请

国内的申请人申请商标注册或者办理其他商标事宜,有两种途径:一是自行办理;二是

---

① 北京市第一中级人民法院(2007)一中行初字第815号行政判决书。

委托在国家知识产权局商标局备案的商标代理机构办理。自行办理的,可以通过网上服务系统在线提交商标注册申请,商标网上服务系统的网址是 https://sbj.cnipa.gov.cn/sbj/wssq/;也可以到国家知识产权局商标局注册大厅、商标局驻中关村国家自主创新示范区办事处、商标局在京外设立的商标审查协作中心,或者商标局委托地方市场监管部门或知识产权部门设立的商标业务受理窗口办理。以上外国人居留许可的复印件。在中国有经常居所的外国人,还可以通过商标网上申请系统提交申请。申请文件的要求如下。

1. 申请书

申请商标注册要填写申请书,具体要求有:①一份申请一件商标。在一份申请书上只能填写一件商标,商标名称要与商标图样一致。一份申请书上可以包括若干个类别。对难以确定类别的商品和服务,应附加说明。②商品的名称应当按照商品分类表中的商品名称来填写。如果是新商品,应当附加说明。③申请人的名称,应当与营业执照上的名称一致。④填写的地址,应当是申请人的实际详细地址。⑤委托商标代理机构办理的,应当提交一份"商标代理委托书"。

2. 商标图样

申请人提交商标图样的要求为:图样应当不大于 10cm×10cm,不小于 5cm×5cm。以颜色组合或者着色图样申请商标注册的,应当提交着色图样并提交黑白稿 1 份;不指定颜色的,应当提交黑白图样。以三维标志申请商标注册的,应当提交能够确定三维形状的图样,提交的商标图样应当至少包含三面视图。以声音标志申请商标注册的,应当以五线谱或者简谱对申请用作商标的声音加以描述并附加文字说明;无法以五线谱或者简谱描述的,应当使用文字进行描述,商标描述与声音样本应当一致。

3. 相关证明文件

商标注册申请除了需提交有关商标的文件外,申请人还应当提交能够证明其身份的有效证件的复印件,而且商标注册申请人的名义应当与所提交的证件相一致。要求享有优先权的,应提供优先权证明。

一、商标网上申请

为了适应信息技术发展和电子政务建立的需要,方便当事人,2013 年《商标法》第 22 条第 3 款规定,商标注册申请等有关文件,可以以书面方式或者数据电文方式提出。2019 年 8 月 27 日,国家知识产权局发布《关于商标电子申请的规定》,该规定第 3 条规定,商标电子申请是指当事人将商标申请文件以符合规定的电子文件形式通过商标网上服务系统向国家知识产权局提出的商标申请。第 12 条规定,商标法及其实施条例中关于商标申请和商标文件的所有规定,除专门针对以纸件形式提交的商标申请和商标文件的规定之外,均适用于商标电子申请。根据该规定,商标注册申请的全部手续均可以实现电子化,申请可以通过网上服务系统提交商标电子申请文件或者材料,国家知识产权局可以电子送达商标文件,甚至商标证书都已经实现了电子化。

二、商标注册申请的要求

申请注册的商标,不仅要正确填写相关申请书,还要符合下列规定,才能注册成功。

1. 指定使用的商品或服务类别

商标注册申请的一项重要内容是指定商标使用的商品或服务的范围。《商标法》第 22 条第1款规定,商标注册申请人应当按规定的商品分类表填报使用商标的商品类别和商品名称,提出注册申请。世界各国商标主管机关均公布商标注册用的商品分类表,有的由自己制定,有的采用1975年6月15日在法国尼斯签订的《商标注册用商品和服务国际分类尼斯协定》(以下简称《尼斯协定》)。我国商标局曾先后公布过6个自己编制的商品分类表,自1988年11月1日以后采用以《尼斯协定》为基础,建立的《商标注册用商品和服务国际分类》(以下简称尼斯分类)。现行尼斯分类将商品和服务分成45个大类,其中商品为1~34类,服务为35~45类。我国商标局将尼斯分类的商品和服务项目划分类似群,并结合实际情况增加我国常用商品和服务项目名称,制定《类似商品和服务区分表》,为申请人申报商标注册时使用。

《类似商品和服务区分表》中45个类别项下含有类别标题、注释、商品和服务项目名称。其中,类别标题指出了归入本类的商品或服务项目范围;注释对本类主要包括及不包括哪些商品或服务项目作了说明;《类似商品和服务区分表》中所列出的商品和服务项目名称为标准名称。尼斯分类每年修订一次,《类似商品和服务区分表》随之以调整。申请人应当依照提交申请时施行的《类似商品和服务区分表》进行申报,应首先考虑使用《类似商品和服务区分表》中已列出的标准名称,比照标准名称无法分类的,按照分类原则申报。在申报时,应填写具体的商品和服务项目名称,即《类似商品和服务区分表》中六位代码之前的具体名称,不可填写类别号、类别标题、类别注释、类似群号、类似群名称、项目编号。

2. 一标多类

《商标法》第22条第2款规定:"商标注册申请人可以通过一份申请就多个类别的商品申请注册同一商标。"这就是俗称的"一标多类",即申请人在一份申请书中,可就多个类别商品申请注册同一商标。该条规定不同于以往商标法要求的"一件商标一份申请",即不再需要按商品分类提交多份申请材料。"一标多类"有利于企业扩大规模和跨类经营,方便使用人在多类商品上申请同一商标。

3. 注册商标需要在核定使用范围之外的商品上取得商标专用权的,应当另行提出注册申请

商标经注册后产生的商标权,仅限于在商标局核准的商品范围内使用,如果商标权人要扩大使用的商品范围,如扩大到同类的其他商品或服务上,就应当重新提出注册申请,以得到商标的专用权。

4. 注册商标需要改变其标识的,应当重新提出注册申请

商标一旦被注册,非经申请,在使用时不允许变更其构成要素;否则,不仅有可能丧失其商标权,而且有可能侵犯他人的商标专用权。

5. 注册商标需要变更注册人的名义、地址或其他注册事项的,应当提出变更申请

商标注册人名义的变更,会影响到商标专用权的归属,如果不办理变更手续,则商标权还归原来的商标所有人;如果地址变更却不及时办理变更手续,商标管理机关就会失去与商标权人的联系。

6. 商标申报的事项和提供的材料应当真实、准确和完整

申请人应当如实填报各种事项,对提供的材料应当准确和完整,不得弄虚作假。对药品商标的申请注册,应当附送卫生行政部门发给的"药品生产企业许可证"或"药品经营企业许可证";申请卷烟、雪茄烟和有包装的烟丝的商标注册,应当附送国家烟草主管机关批准生产的证明文件。

第四节　商标注册的审查和核准

商标局收到商标注册申请之后会先后进行形式审查和实质审查,对符合法律规定的初步审定并公告,初步审定并公告的商标经过异议程序之后最终由商标局决定核准注册或驳回。

一、商标注册的审查方式

（一）商标注册的形式审查

形式审查是指对商标注册的申请进行审查,看其是否具备法定条件和手续,从而确定是否受理该申请。形式审查主要审查以下几个方面的内容。

（1）申请人的资格和申请程序。如果申请人不具备主体资格或超越了法人行为能力范围,则不能办理商标注册申请。

（2）申请文件。审查申请人提交的文件是否齐全,所填写的内容是否符合要求,是否已缴纳了有关费用。

（3）申请是否符合商标申请的有关原则。审查申请人填写申请书时是否按照"一份申请一件商标"等原则进行申请。

（4）商标的申请日期,编写申请号。商标注册的申请日期,以商标局收到申请文件的日期为准。

申请手续齐备并按照规定填写申请文件的,编写申请号,发给"受理通知书";申请手续不齐备或者未按照规定填写申请文件的,予以退回,申请日期不予保留;申请手续基本齐备或者申请文件基本符合规定,但是需要补正的,商标局通知申请人予以补正,限其自收到通知之日起30日内,按照指定内容补正并交回商标局。在规定期限内补正并交回商标局的,保留申请日期;期满未补正的视为放弃申请,商标局应当书面通知申请人。

（二）商标注册的实质审查

实质审查是指对申请注册商标的构成要素是否符合法定条件进行审查。实质审查是商标申请能否取得授权的关键环节。实质审查的内容如下。

（1）商标的种类和显著特征是否符合《商标法》规定,否则驳回申请,不予注册。

（2）商标的构成要素是否违背《商标法》规定的禁用条款,违者予以驳回。

（3）商标是否与他人在同一种或类似商品上注册的商标相同或相似。

二、商标注册审查流程

（一）初步审定并公告

经商标局审查,凡是符合上述形式和实质条件的商标,商标局应当自收到商标注册申请文件之日起9个月内审查完毕,符合商标法有关规定的,予以初步审定并公告。初步审定的商标尚不具有商标专用权,要先在商标公告上公布,广泛征求社会公众的意见。在审查过程中,商标局认为商标注册申请内容需要说明或者修正的,可以要求申请人作出说明或者修正。申请人未作出说明或者修正的,不影响商标局作出审查决定。

申请注册的商标,凡不符合《商标法》有关规定或者同他人在同一种商品或者类似商品上已经注册的或者初步审定的商标相同或者近似的,由商标局驳回申请,不予公告。两个或者两个以上的商标注册申请人,在同一种商品或者类似商品上,以相同或者近似的商标申请注册的,初步审定并公告申请在先的商标;同一天申请的,初步审定并公告使用在先的商标,驳回其他人的申请,不予公告。在同一天申请注册的,各申请人应当自收到商标局通知之日起30日内提交其申请注册前在先使用该商标的证据。同日使用或者均未使用的,各申请人可以自收到商标局通知之日起30日内自行协商,并将书面协议报送商标局;不愿协商或者协商不成的,商标局通知各申请人以抽签的方式确定一个申请人,驳回其他人的注册申请。商标局已经通知但申请人未参加抽签的,视为放弃申请,商标局应当书面通知未参加抽签的申请人。商标的使用,包括将商标用于商品、商品包装、容器以及商品交易文书上,或者将商标用于广告宣传、展览以及其他商业活动中。

（二）商标异议及异议的复审

商标异议是指公众对某一经过初步审定并公告的商标,在法定期限内,向商标局提出该商标不予注册的反对意见,即要求商标局在规定的3个月异议期满后不要核准该商标注册。设定异议程序的目的在于提高商标审查工作的准确性,有助于发现问题,纠正初步审定可能发生的错误。

《商标法》第33条规定,对初步审定公告的商标,自公告之日起3个月内,在先权利人、利害关系人认为违反本法第13条第2款和第3款、第15条、第16条第1款、第30条、第31条、第32条规定的,或者任何人认为违反本法第4条、第10条、第11条、第12条、第19条第4款规定的,可以向商标局提出异议。公告期满无异议的,予以核准注册,发给商标注册证,并予公告。这就是注册商标异议制度或程序。注册商标异议程序是商标注册主管机关经初审认定并公告后,为有关公众提供的反对该商标注册的程序。

对初步审定公告的商标提出异议的,商标局应当听取异议人和被异议人陈述事实和理由,经调查核实后,自公告期满之日起12个月内作出是否准予注册的决定,并书面通知异议人和被异议人。有特殊情况需要延长的,经国务院工商行政管理部门批准,可以延长6个月。

商标局作出准予注册决定的,发给商标注册证,并予公告。异议人不服的,可以依照《商标法》第44条、第45条的规定向商标评审委员会请求宣告该注册商标无效。商标局作出不予注册决定,被异议人不服的,可以自收到通知之日起15日内向商标评审委员会申请复审。商标评审委员会应当自收到申请之日起12个月内作出复审决定,并书面通知异议人和被异议人。有特殊情况需要延长的,经国务院工商行政管理部门批准,可以延长6个月。被异议人对商标评审委员会的决定不服的,可以自收到通知之日起30日内向人民法院起诉。人民法院应当通知异议人作为第三人参加诉讼。

三、商标注册的核准

异议期满无人提出异议或异议不成立的,予以核准注册,发给"商标注册证",并予公告。在采用注册取得商标权体制的我国,注册即意味着商标注册申请人取得商标权。已经核准注册的商标登记于"商标注册簿",载明注册号、注册商标、核定使用的商品有效期、注册人名称等内容。同时商标局向商标注册人颁发"商标注册证","商标注册证"是商标权的法律凭证。

商标注册的效力在不同国家有所不同。在使用取得商标权的国家,商标注册仅具有公告及表现证据的效力,而在注册取得商标权的国家,商标注册不仅成为商标权取得的根据,而且也具有社会公众已经知晓的推定效力。商标注册流程简图如图 2-2 所示。

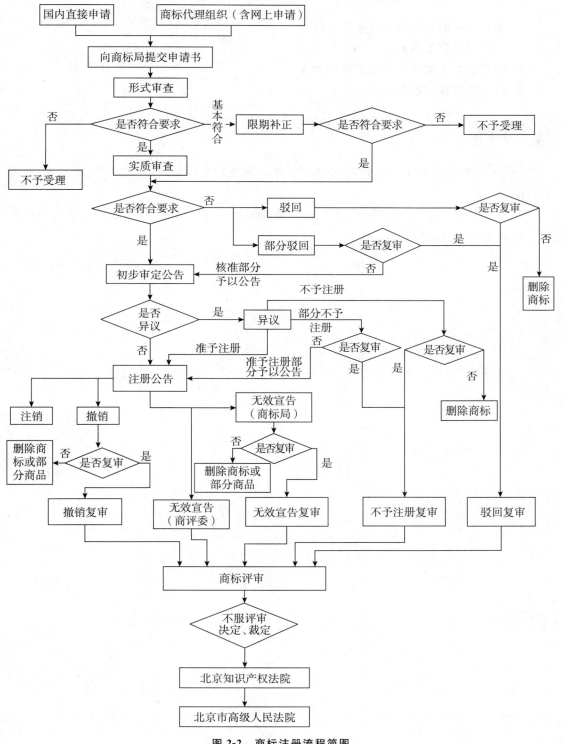

图 2-2　商标注册流程简图

本章思考题

1. 申请注册的商标应具备哪些条件？
2. 何谓商品分类表？
3. 简述商标注册的审查与核准的程序。
4. 设置异议程序的目的是什么？

 实训

1. 在《类似商品和服务区分表》中查询以下商品或服务的类别：电动单车、洗发水、旅行社、保险公司。

2. 甲企业欲申请"星光"商标，注册指定商品为文具类。请结合所学内容，制作一份商标申请的工作项目流程方案。

第三章

商标权取得

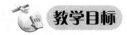 教学目标

(1) 掌握商标权的含义。
(2) 熟悉商标权的具体内容。
(3) 了解商标权的取得途径和保护期限。

第一节 商标权的概念与特征

一、商标权的概念

商标权是指商标所有人依法对其注册商标所享有的专有权。《商标法》第3条规定,经商标局核准注册的商标为注册商标,商标注册人享有商标专用权,受法律保护。由此可见,我国商标权的取得是根据注册原则确定的,商标权实际上就是注册商标专用权。

注册商标与未注册商标的法律地位不同。未注册商标是指没有经过国家商标局核准注册而自行使用的商标。我国允许使用未注册商标,但它不享有商标专用权。在实际生活中,一方面,未注册商标使用人不得对抗其他人的使用;另一方面,如果未注册商标使用人不申请注册,他人就有可能抢先申请注册并取得商标的专用权。因此,商标使用人应注意实施商标策略,对质量稳定并具有一定生产规模的商品,应及时申请商标注册,树立自己的品牌,以和他人的同类商品相区别。如果是小批量的商品,可以使用未注册商标。

二、商标权的性质

1. 商标权是一种私权

商标是通过使用产生的,而不是通过注册登记产生的。商标体现的是商标权人的私人利益,这种私人利益决定了商标权的私权性质。注册登记不过是对商标权的确认,并不是授权,因为商标登记机关无"权"可授。

2. 商标权是一种财产权

尽管商标权具有专有性质,是专属于商标权人的,但商标权不是与个人特定身份相联系的人身权,可以与人身相分离,可以转移或转让。因此,商标权是一种财产权。

3. 商标权是一种知识产权

商标权、专利权、著作权为传统知识产权的三大支柱,商标权是一种重要的知识产权,具有知识产权的全部特征,商标权的权利客体——商标是无体的,商标权是一种无体财产权。

4. 商标权是一种工业产权

著作权与工业产权是19世纪末期知识产权国际保护制度确立的一种知识产权分类模式,商标权属于以发展产业为目的的工业产权,而不属于以促进文化进步为目的的著作权。

5. 商标权是一种绝对权和支配权

尽管商标法上更多地以构成侵权的方式规定商标权的范围和内容,但商标权并不是一种债权,也不是一种相对权,而是一种绝对权,对商标权人之外的所有民事主体均有效力,商标权人之外的其他任何主体均有尊重其商标权的义务。同时,尽管商标法为商标权人规定了一定的义务,如使用的义务、许可他人使用时的质量监控义务等,商标权的实现在很大程度上也仰赖法律的保障,但商标权本质上为一种权利,是一种支配特定商标的权利,商标权人可以自己使用其商标,无须他人配合。

三、商标权的特征

1. 国家授予性

商标权的取得,要经过申请人的申请,国家主管机关的批、核准公告之后才能获得。商标权是国家授予的,不是自动取得的。

2. 权利内容的单一性

商标权尽管是一种民事权利,但其权利内容比较单一,不包含人身权,只有财产权。由商标的设计而产生的人身权利,属于著作权法调整的范畴。

3. 时间的相对永久性

商标权是一种知识产权,其保护期也有时间限制。但这种限制不同于专利权和著作权。按照《商标法》的要求,商标权人只能在注册商标的有效期内享有商标专用权。商标有效期届满,应当进行续展注册,否则,该商标就不再受法律保护。对商标权人来说,只要每次有效期届满前及时申请商标续展,该注册商标就可能永远被保护。但专利权和著作权的保护期一旦届满,其智力成果就进入公有领域,权利人便丧失专用权。与专利权和著作权比较,可以说商标权在时间上是一种相对永久权。

四、商标权的内容

商标权是一种类似于所有权的权利,其各项权利实际上是商标权的权能,如商标专用权、商标禁止权、商标标记权等是基于商标权的占有和使用权能,而转让、许可、质押、续展等权利则是商标权的处分权能的体现。

(一)商标专用权

商标专用权,即商标权人独占使用其商标的权利。对于注册商标来说,商标专用权的范围以核准注册的商标和核定使用的商品或服务为限,即商标权人只在核准注册的商标和核定使用的商品或服务范围之内享有商标专用权,超出此范围,即便他人因商标禁止权的限制而不能使用冲突商标,商标权人也不享有商标专用权。对于未注册的驰名商标来说,商标专用权的范围以达到驰名状态的未注册商标及其实际使用的商品或服务为限。商标所有人可以以《商标法》第48条规定的"商标的使用"的任何方式使用其商标,即将商标用于商品、商品包装或者容器以及商品交易文书上,或者将商标用于广告宣传、展览以及其他商业活动中,用于识别商品来源。商标所有人可以自己实现商标专用权,也可以通过使用许可的方式实现商标专用权。

(二) 商标禁止权

商标禁止权是指商标权人可以禁止他人使用与其商标相冲突的商标的权利。《商标法》第 57 条第 5 项规定,"未经商标注册人同意,更换其注册商标并将该更换商标的商品又投入市场的"行为,这种行为并没有使用商标所有人的商标标识,同样不构成商标使用,但这种行为影响商标所有人的商标的商誉的建立,有可能损害商标专用权,因此《商标法》也将这种行为规定为商标侵权行为。

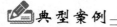 **典型案例**

"长城"商标案

1974 年 7 月 20 日,中国粮油食品进出口公司天津分公司核准注册了第 70855 号"长城牌"商标,使用商品为第 33 类葡萄酒等,1998 年 4 月 8 日,商标专用权人变更为原告中粮公司。2000 年 9 月 21 日,中粮公司核准注册了第 1447904 号"长城"商标,使用商品为第 33 类米酒等,在对商标的长期使用中,"长城"牌葡萄酒获得了数百项荣誉,在市场中已具有极高的知名度,深得消费者喜爱。2002 年下半年开始,中粮集团发现嘉裕公司和南昌开心糖酒副食品有限公司使用"嘉裕长城"的商标,制造和销售各种葡萄酒,累计销售额超过了 1 亿元,还将中粮集团的注册商标"长城"(图形商标)作为制造和销售各种葡萄酒包装施贴的主要构图,中粮集团认为对方的这种行为是一种侵权行为,会使消费者在购买葡萄酒时发生混淆。2004 年 9 月,中粮集团以"嘉裕长城"葡萄酒侵犯了其所有的"长城"商标权为由,将嘉裕公司与南昌开心糖酒副食品有限公司及其生产厂家告上法庭,请求法院判令被告立即停止侵权行为,并提出高达 1 亿元的索赔额。2005 年 4 月 20 日,北京市高级人民法院判决,认定嘉裕公司侵权,要求于判决生效之日起,必须立即停止生产销售"嘉裕长城""嘉裕"系列葡萄酒,并在 10 日内赔偿"长城"葡萄酒商标所有人中粮集团 1 552.747 9 万元人民币,嘉裕公司对此不服,提出上诉。2006 年 8 月 10 日,最高人民法院对"长城"商标侵权案作出终审宣判,认定嘉裕公司未经中粮公司的许可,擅自在同类商品上使用了与中粮公司注册商标近似的商标,构成了侵犯注册商标专用权,应当依法承担民事责任。①

本案即商标权人行使其商标禁止权的典型案例。根据我国 2019 年《商标法》第 57 条的规定,未经商标注册人的许可,在同一种商品上使用与其注册商标近似的商标,或者在类似商品上使用与其注册商标相同或者近似的商标,容易导致混淆的,构成商标侵权。本案中,嘉裕公司和南昌开心糖酒副食品有限公司在葡萄酒产品上使用"嘉裕长城"的商标,与中粮公司"长城"商标相近似,在市场中容易造成消费者混淆,因而构成了商标侵权。

(三) 商标处分权

商标处分权是商标权的处分权能的表现,是指商标所有人以法律行为转移商标的所有权、使用权的权利,包括商标转让权、商标使用许可权、设立质权等内容。其中,商标转让权

---

① 北京市高级人民法院(2004)高民初第 1288 号民事判决书;最高人民法院(2005)民三终字第 5 号民事判决书。

是商标所有人将商标所有权转让给他人的权利,商标使用许可权是商标所有人将商标的使用权授予他人行使的权利,设立质权是商标所有人以其商标设立质权的权利。在商标发展的早期,商标代表的是物理来源,此时要转让商标必须连同营业一起转让,而随着商标匿名来源功能的出现,商标转让、商标许可、以商标设立质权等均得到法律允许。

(四) 商标续展权

商标续展权是指注册商标有效期届满前商标权人可以依照商标法的规定办理续展注册手续以继续享有商标权的权利。我国《商标法》第40条第1款规定:"注册商标有效期满,需要继续使用的,商标注册人应当在期满前十二个月内按照规定办理续展手续;在此期间未能办理的,可以给予六个月的宽展期。每次续展注册的有效期为十年,自该商标上一届有效期满次日起计算。期满未办理续展手续的,注销其注册商标。"只有注册商标才享有商标续展权,因为只有注册商标才有有效期限。未注册的驰名商标并没有法定的期限,只要其一直维持驰名状态就一直享有商标权,无须续展。

第二节 商标权的取得方式

采用什么方式取得商标权,各国商标法规定不尽相同。商标权的取得有两种形式:原始取得和继受取得。

一、商标权的原始取得

原始取得又称"直接取得",是指商标所有人对其商标所享有的商标权是首次产生的,即取得的商标权是最初的,是不以他人既存的权利和意志为依据而取得的权利。商标权的原始取得主要有以下三种形式。

(一) 注册取得

注册取得是指商标权必须通过注册的方式才能取得。世界上多数国家的商标法都规定,商标必须经过注册才能取得商标权。采用注册取得的国家又分为两种情形:自愿注册和强制注册。多数国家实行自愿注册;少数国家采取强制注册,规定所有的商标必须依法申请注册,不注册的商标不许使用。实行注册取得,不仅有助于敦促商标所有人及时申请注册,防止他人抢注,而且一旦发生权利纠纷,有利于确定权利的归属,保护商标权人的合法利益。因此,注册原则为大多数国家所采用。我国商标法也实行商标注册原则。

需要注意的是,采用注册原则确定商标权的归属,并不排除商标使用作为注册申请的依据。例如,我国《商标法》第31条规定,两个或两个以上的商标注册申请人,在同一种商品或类似商品上,以相同或者近似的商标申请注册的,初步审定并公告申请在先的商标;同一天申请的,初步审定并公告使用在先的商标,驳回其他人的申请,不予公告。

(二) 使用取得

使用取得是指商标权的取得必须通过商标的使用而获得,即在确定商标权的归属时,以商标是否实际使用作为获得商标权的基础和前提。使用取得方式有利于保护商标的首先使用人，但是一旦发生争议，不易查明谁是最早的使用人，而且容易使注册商标长期处于不稳定状态。因此，目前采用这一原则的国家较少。在实行使用取得商标权的同时，这些国家也受理商标注册的申请。

（三）混合取得

混合取得是指注册取得和使用取得并行，两种途径都可以获得商标权。按照这种方式，商标注册后受法律保护，获得商标权，但在一定期限内，先使用人可以主张权利，申请撤销与自己商标相同或近似的注册商标。换言之，注册商标只有经过一定时间后，没有先使用人主张权利，该注册商标的专用权才会稳定。总之，法律在确认注册人获得商标权的同时，也允许先使用人在没有办理注册登记时继续使用该商标。例如，英国的商标法规定，商标的首先注册人对其注册商标享有权利，但无权禁止商标的首先使用人继续使用该商标。实践中，一般对商标的先使用人的权利有所限制，如只能在原有范围内使用该商标、不能单独转让该商标等。

二、商标权的继受取得

继受取得又称"传来取得"，是指商标所有人在原来商标权的基础上取得商标权，而不是最初的直接获得。继受取得有以下两种方式。

（一）受让人根据商标权转让合同而取得

商标所有人作为出让人和受让人依法签订注册商标转让合同，受让人从出让人处获得商标权。这种转让可以是有偿的，也可以是无偿的。

（二）继承人根据继承法的规定而取得

商标权是一种无形财产权，属于继承的范围。根据继承法的要求，按照继承程序，由合法继承人继承被继承人的商标权。

根据商标法的规定，商标权的原始取得，应当按照商标的申请注册程序办理；商标权的继受取得，也应当按照注册商标转让程序办理。

第三节　商标权的保护期限

一、商标权保护期限

商标权的保护期限是指注册商标所有人享有的商标专用权的有效期限。各国商标法对注册商标的有效期都有规定，但时间的长短不同。例如，欧洲大陆的一些国家规定商标权的保护期为10年，从申请日起计算；在英国及沿袭英国制度的一些国家，商标权的保护期为7年，从注册之日起计算；美国则为20年。我国注册商标的有效期为10年，自核准注册之日起计算。在规定商标权保护期限的同时，《商标法》又对注册商标的续展作了规定。

二、商标权续展

商标权的续展是指注册商标所有人为了在注册商标有效期满后,继续享有注册商标专用权,按规定申请并经批准延续其注册商标有效期的一种制度。商标权的续展制度有利于商标所有人根据自己的经营情况来进行选择,或者延长注册商标有效期,或者通过不续展的方式放弃一些商标权。

注册商标有效期满,需要继续使用的,商标注册人应当在期满前12个月内按照规定办理续展手续;在此期间未能办理的,可以给予6个月的宽展期。每次续展注册的有效期为10年,自该商标上一届有效期满次日起计算。期满未办理续展手续的,注销其注册商标。商标局应当对续展注册的商标予以公告。注册商标的续展,实际上是商标权期限的延长,只要商标权人按照规定及时办理续展注册手续,商标权就可永远存在。换言之,商标权是一种相对的永久权。

商标局在收到续展注册申请后,经过审查,认为符合《商标法》规定的,予以核准,将原商标注册证加注发还,并予以公告;经审查认为不符合法律规定的,商标局以"驳回通知书"的形式告知申请人,并退还续展注册费。驳回的理由主要有以下几点。

(1) 注册商标的续展申请过了宽展期。
(2) 自行改变了注册商标的文字、图形或其组合。
(3) 自行扩大了注册商标核定使用的商品范围。
(4) 其他违反商标法规定的行为。

对驳回续展注册申请不服的,可以在收到通知之日起一定期限内,向商标评审委员会申请复审。

三、商标续展注册申请所需文件

商标续展注册应提交的文件如下。
(1) 商标续展注册申请书。
(2) 经申请人盖章或者签字确认的主体资格证明文件复印件。
(3) 委托代理的,应提交代理委托书;直接在商标注册大厅办理的,应提交经办人的身份证及复印件(原件经比对后退还)。
(4) 注册证复印件。
(5) 申请文件为外文的,还应提供经翻译机构或代理机构签章确认的中文译本。

需要注意的事项如下。
(1) 办理商标续展注册,应当按照申请书上的要求用计算机打字逐一填写,且不得随意更改样式。申请人是自然人的,应在姓名后填写身份证件号码。
(2) 每一件商标应提交续展注册申请书1份。
(3) 申请续展的商标为共有商标的,应以代表人的名称提出申请。
(4) 根据《商标法》第36条第2款的规定,经审查异议不成立而准予注册的商标,商标注册申请人取得商标专用权的时间自初步审定公告3个月期满之日起计算。因此,尚处在异议、异议复审、异议复审诉讼中的商标,已到商标续展期的,可以在有效期期满前12个月内申请续展；在此期间未能提出申请的，可以给予 6 个月的宽展期。商标局将根据异议、异议复审或诉讼的最终结果决定是否核准续展，如商标最终被不予核准注册，商标局将对续展申请不予核准，申请费用可以办理退还。

在商标续展期中，如果有人侵犯了商标专用权，问题处理起来很简单，因为此时商标权仍然有效，侵权行为成立。但是，如果商标权人在续展期间提出续展申请，在商标有效期届满之时，其申请仍未被核准，其他人在商标权有效期届满后使用相同或类似商标的行为是否构成侵权需要分情况进行处理：如果续展期间内提出的续展申请被核准了，则商标专用权连续存在，他人在此期间内在相同或类似商品上使用与该商标相同或者近似商标的，属于商标侵权行为；如果提出续展申请但未被核准的，该商标专用权自有效期满后不受法律保护，他人在此期间内使用与该商标相同或者近似商标的，不构成侵权。

商标注册机构和人民法院遇有悬而未决的商标续展问题时，应该先中止有关程序，待商标续展问题确定后作出相应的处理。当然，事实上，由于大多数情况下续展申请只是一种手续上的要求，商标局一般都会核准商标权人的续展申请。因此，续展申请被核准前发生的在相同或类似商品上使用与商标注册人相同或类似商标的行为，被认定构成商标侵权的可能性极大。

本章思考题

1. 简述商标权的概念和特征。
2. 简述商标权的内容。
3. 简述商标权取得的方式。
4. 简述商标权保护期及其续展。

实训

甲企业注册的"星光"商标，有效期截至 2023 年 12 月 30 日。请结合所学内容，制作一份商标续展申请的工作项目流程方案。

第四章

商标权经营

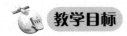 教学目标

（1）掌握商标权的使用、许可。
（2）熟悉商标权的转让。
（3）了解商标权的投资、质押。

第一节　商标权使用

一、商标权使用的意义

商标权人自己使用商标，是商标权利用中最常见的形式。其他知识产权的利用，如专利权的利用方式主要是专利许可的形式，许可有生产能力的人使用；著作权的利用方式主要是转让给他人或者许可他人使用。与专利权和著作权的利用方式不同，商标权利用的主要方式是注册人自己在生产和经营过程中使用，通过不断的使用，商标才会显示出其价值，体现出其权利的存在，并为商标注册人带来经济利益。如果商标权人长期不使用其注册商标，不仅该商标得不到社会的承认，而且注册商标的功能和作用也无从实现。

依据我国《商标法》和《商标法实施条例》的规定，注册商标无正当理由连续3年不使用的，任何单位或个人可以向商标局申请撤销该注册商标。商标局应当通知商标注册人，限其自收到通知之日起2个月内，提交该商标在撤销申请提出前使用的证据材料或者说明不使用的正当理由；期满不提供使用的证据材料或者证据材料无效并没有正当理由的，由商标局撤销其注册商标。对注册商标的使用既是商标权人的权利也是义务。如果将注册商标长期搁置不用，不仅其本身的作用无法体现，而且还会对他人在同类商品上申请注册相同或近似的商标造成障碍。

二、商标权使用的方式

注册商标的使用方式有很多，如在商品或其外包装上使用，在商业文件、发票、说明书上使用，在商品的广告宣传上、展览会上或其他业务活动中使用等。在商标权的利用过程中，许可他人使用注册商标的行为也是商标使用的方式之一。应当指出，注册商标的使用应具有公开性，即必须在市场上使用，为消费者知晓，而不是仅在企业、公司内部使用。

第二节　商标权使用许可

商标使用许可是商标权人充分发挥自己商标效用最重要的途径，尤其是可以在不影响自己营业的基础上充分发挥商标的效用。在消费社会和品牌经济的今天，商标使用许可更

为重要,已经成为一项大生意。

注册商标的所有权仍归属于商标权人。许可他人使用注册商标是商标权人的一项重要权利,也是国际通用的一项法律制度。通过签订商标使用许可合同,商标权人可以获得商标许可使用费,被许可人可以获得注册商标的使用权,利用该注册商标打开自己产品的销路,占领市场并获取利益。因此,商标权的使用许可制,适应了市场经济发展的需要,我国《商标法》对此也作了规定。

一、商标使用许可的概念

注册商标使用许可,是指商标所有人在不转让商标所有权的基础上根据合同约定的条件,许可他人使用其注册商标的商标利用方式。在商标发展的早期,由于商标识别的来源是物理来源的厂商,商标使用许可在早期曾被某些国家如美国的法律所禁止。而随着商标识别的来源逐渐由物理来源转变为匿名来源,商标使用许可开始为法律允许。当然,商标所有人仍然需要承担对被许可人的商品质量进行监督控制的义务,否则商标可能会被撤销。

我国《商标法》第43条允许商标注册人通过签订商标使用许可合同,许可他人使用其注册商标,同时也加诸注册商标许可人对被许可人使用其注册商标的商品质量的监督义务和被许可人保证使用该注册商标的商品质量的义务。

二、商标使用许可的特征

和注册商标转让、质押以及其他财产性利用相比,注册商标使用许可具有以下特征。

(1) 注册商标使用许可转移的是注册商标的使用权。注册商标使用许可是注册商标使用权的转移,而不是注册商标所有权的转移,和物质财产使用权转移的财产租赁、用益物权有相似之处。但和转移物质财产使用权不同的是,注册商标是一种无体财产,具有共享性,并不天然地具有消费和排他上的竞争性,因此注册商标使用权不仅可以分时间转移,而且可以分地域转移,还可以同时向多个被许可人转移。

(2) 注册商标使用许可的期限性。和注册商标转让是永久地转移注册商标的所有权不同,注册商标许可使用是有期限的,一旦期限届满,使用权复归许可人。

(3) 注册商标许可形成的使用权的独立性较弱。注册商标许可中被许可人取得的使用权类似于物质财产租赁。根据《商标法》的规定,许可人应当监督被许可人使用其注册商标的商品质量,而被许可人应当保证使用该注册商标的商品质量,通常需要接受许可人对商品质量的监督。

三、商标权许可的类型

商标权使用许可的类型有以下三种。

(一) 独占使用许可

独占使用许可是指商标注册人在约定的期间、地域和以约定的方式,将该注册商标仅许可一个被许可人使用,商标注册人依约定不得使用该注册商标。独占使用许可具有排他性;同时被许可人还可以行使禁止权,他人如果实施了侵犯商标权的行为,被许可人可以要求停止侵权并赔偿损失。

(二) 排他使用许可

排他使用许可是指商标注册人在约定的期间、地域和以约定的方式,将该注册商标仅许可一个被许可人使用,商标注册人依约定可以使用该注册商标,但不得另行许可他人使用该注册商标。

(三) 普通使用许可

普通使用许可是指商标注册人在约定的期间、地域和以约定的方式,许可他人使用其注册商标,并可自行使用该注册商标和许可第三人使用其注册商标。

以上三种许可的情况在实践中大量存在。因三种许可的方式所涉及的权利和义务内容有所差别,当事人在订立商标使用许可合同时,应当对许可的种类期限、地域和方式等作出具体的约定,避免日后在合同履行过程中出现纠纷。

四、商标使用许可合同

(一) 商标使用许可合同的概念与特征

商标使用许可合同,是指商标权人同意被许可人按约定条件使用其商标,而被许可人按约定支付使用费的合同。商标使用许可合同是注册商标许可使用的法律形式,是当事人行为的基本法律依据,是商标使用许可最重要的内容。

商标使用许可合同具有以下特征。

(1) 商标使用许可合同是双务合同。在商标使用许可合同中,商标权人要保证商标的合法有效,要配合被许可人使用其商标,要承担监督被许可人使用其注册商标的商品质量的义务;而被许可人要按照合同约定的条件使用商标,要支付商标许可使用费。因此,商标使用许可合同双方当事人互相享有权利,承担义务,为双务合同。

(2) 商标使用许可合同通常是有偿合同。经许可使用他人商标,通常要支付许可使用费,因此商标使用许可合同通常是有偿合同。当然,在有特殊关系的当事人之间,如公司与其子公司之间、公司股东与公司之间也经常有无偿许可使用合同,因此商标使用许可合同也可能是无偿的。

(3) 商标使用许可合同是诺成合同。尽管《商标法》第43条规定,许可他人使用其注册商标的,许可人应当将其商标使用许可报商标局备案,由商标局公告,但同时又规定,商标使用许可未经备案不得对抗善意第三人。这意味着备案并非合同的成立或生效要件,合同自当事人达成意思表示一致时起即成立,在当事人之间有效,为诺成合同。只不过,未经备案的商标使用许可合同不能对抗善意第三人。

(二) 商标使用许可合同的内容

商标权人许可他人使用其注册商标,应当签订书面合同,内容应包括以下几个方面。

(1) 双方当事人的名称、地址和法定代表人的姓名。被许可人的主体资格要符合商标法的规定,即必须是依法成立的企业、事业单位、社会团体、个体工商户、个人合伙,以及符合商标法规定的外国人或者外国企业。

(2) 许可使用的注册商标的名称、注册证号码使用商品的种类和名称、使用的期限。被许可使用的商标，必须与核准注册的商标一致；被许可使用的商品，必须是核定使用的商品；许可使用商标的期限，不能超过注册商标的专用权期限。

(3) 许可使用商品的质量标准。

(4) 许可人监督商品质量的措施。《商标法》规定，许可人应当监督被许可人使用其注册商标的商品质量。在合同中应当约定许可人监督商品质量的具体措施。

(5) 被许可人保证商品质量的措施。被许可人应当保证使用该注册商标的商品质量。在合同中应当约定被许可人保证商品质量的具体措施，并在其商品或包装上标明被许可人的名称和商品产地。

(6) 商品销售的价格、销售区域。

(7) 商标许可使用费的计算方法和付费方式。

(8) 违约责任。

(9) 合同发生纠纷后的解决方法。发生纠纷后的解决方法，包括协商、调解、仲裁、诉讼等方式，双方当事人在合同中可进行选择。

(10) 使用许可的商标被侵权后的处理方式。因商标使用许可的方式不同，被许可人的禁止权的范围也不同。许可人应维护被许可人的使用权，当有侵权行为发生时，许可人应当及时采取有效措施予以制止；被许可人应当协助许可人进行调查等。

(11) 其他事项。

通过签订商标使用许可合同，可以明确合同双方的权利和义务；对许可人来讲，在合同的有效期内，不得放弃续展，不得申请注销其注册商标，不得向第三人转让，以保持注册商标的有效性。如果因上述行为给被许可人造成损失的，许可人应承担相应的责任。对被许可人来讲，未经许可人的书面授权，不得将商标使用权转让给第三人，同时要按照合同的约定交纳商标许可使用费。

(三) 商标使用许可合同的备案

《商标法》第43条第3款规定："许可他人使用其注册商标的，许可人应当将商标使用许可报商标局备案，由商标局公告。商标使用许可未经备案不得对抗善意第三人。"实施备案制度的目的在于方便国家商标局对全国商标使用许可进行管理，规范商标使用市场，并且有利于及时发现问题，更好地维护双方当事人的合法权益。关于商标使用许可合同的备案情况，商标局要通过公告向社会公布，使其他企业了解该商标使用的情况，同时也便于消费者选购各类商品。

但在实际生活中，还存在着一些商标使用许可合同不备案的情形，一旦发生纠纷，对方当事人往往以许可合同未经备案主张该合同无效。针对这种情况，相关法律规定："商标使用许可合同未经备案的，不影响该许可合同的效力，但当事人另有约定的除外。"由此可见，人民法院在办理这类案件时，不因商标许可合同未办理备案手续而确认该合同无效；但当事人在合同中有约定的，应当按照约定来处理。

商标使用许可合同的备案手续，对与该商标权人进行交易的善意第三人来讲意义重大。因为，他人可以通过备案了解该商标许可的状况，从而保障交易安全。所谓善意第三人，是指该商标使用许可合同当事人以外的，与商标权人就该商标进行交易，对该商标使用许可未备案不知情的人。例如,在先的商标使用许可合同当事人约定为独占使用许可合同,但没有备案,在后订立的商标使用许可合同的被许可人对前一个合同并不知情,则属于善意第三人。在这样的情况下,在先的被许可人不得因自己是独占被许可人而请求确认在后的合同无效。立法的目的在于保护善意第三人的合法利益。

商标使用许可合同备案的具体程序是:自使用许可合同签订之日起 3 个月内,将许可合同副本交送其所在地县级工商行政管理部门存查,由许可人报送商标局备案,并由商标局予以公告。商标局对上报合同进行审查,符合规定的,予以备案,并刊登在《商标公告》上。如果违反上述规定的,由许可人或者被许可人所在地的工商行政管理机关责令限期改正;拒不改正的,处以 1 万元以下的罚款,直至报请商标局撤销该注册商标。

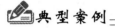典型案例

"王老吉"红罐凉茶包装装潢案

王老吉牌凉茶,始创于公元 1828 年(清道光八年),创始人是王泽邦。1996 年 8 月 7 日广药集团正式成立,王老吉商标等无形资产划归广药集团持有。1997 年,广药集团将王老吉商标许可给鸿道集团旗下的加多宝使用。在经营中,加多宝设计了以红、黄两色为主色调的金属易拉罐"王老吉"凉茶包装,还向国家专利局提交了外观设计专利申请,于 1997 年获得外观设计专利,由于加多宝的市场营销得当,红罐王老吉获得消费者的认可,2009 年销售额即突破 160 亿元,在 2007—2012 年连续 6 年荣膺"中国饮料第一罐"。加多宝凉茶特有的红罐包装,也成了知名的商品包装装潢。然而,双方的合作关系也开始破裂。2011 年,广药集团向中国国际经济贸易仲裁委员会提出仲裁申请,要求裁决其与鸿道集团签订的有关"王老吉"商标的使用许可协定无效。2012 年,中国国际经济贸易仲裁委员会作出裁决,认定"王老吉"商标使用许可补充协定无效。广药集团收回其商标使用权,继而要求鸿道集团立刻停止使用"王老吉"商标。2012 年 7 月 6 日,广药集团与加多宝公司于同日分别向法院提起诉讼,均主张享有"红罐王老吉凉茶"知名商品特有包装装潢的权益,并据此诉指对方生产销售的红罐凉茶商品的包装装潢构成侵权。广药集团认为,"王老吉"商标是凉茶包装装潢不可分割的组成部分,并发挥了指示商品来源的显著识别作用,消费者当然会认为红罐王老吉凉茶来源于"王老吉"商标的权利人;加多宝公司认为,包装装潢权益与"王老吉"商标权的归属问题各自独立,互不影响。消费者喜爱的是由加多宝公司生产并选用特定配方的红罐王老吉凉茶,包装装潢的相关权益应归属于加多宝公司。广东省高级人民法院一审认为,"红罐王老吉凉茶"包装装潢的权益享有者应为广药集团。由于加多宝公司不享有涉案包装装潢权益,故其生产销售的一面"王老吉"、一面"加多宝"和两面"加多宝"的红罐凉茶均构成侵权。一审法院遂判令加多宝公司败诉。加多宝公司不服两案一审判决,向最高人民法院提起上诉。

最高人民法院终审判决认为,本案中的知名商品为红罐王老吉凉茶,在红罐王老吉凉茶产品的罐体上包括的黄色王老吉文字、红色底色等色彩、图案及其排列组合等组成部分在内的整体内容,均为该知名商品的特有包装装潢。结合红罐王老吉凉茶的历史发展过程、双方的合作背景、消费者的认知及公平原则的考量,因广药集团及其前身、加多宝公司

及其关联企业,均对涉案包装装潢权益的形成、发展和商誉有建树,各自发挥了积极的作用,将涉案包装装潢权益完全判归一方所有会导致显失公平的结果,并可能损及社会公众利益。因此,涉案知名商品特有包装装潢权益,在遵循诚实信用原则和尊重消费者认知并不损害他人合法权益的前提下,可由广药集团与加多宝公司共同享有。在此基础上,广药集团与加多宝公司相互指控对方生产销售的红罐凉茶商品构成擅自使用他人知名商品特有包装装潢的主张,均不能成立,对广药集团及加多宝公司的诉讼请求均予以驳回。①

本案入选了2017年中国法院十大知识产权案件,相关诉讼旷日持久,社会影响深远。本案的纠纷主要源于广药集团和鸿道集团的商标使用许可合同并没有约定商品包装装潢的权益归属问题。由于鸿道集团的经营和投入,"王老吉"红罐包装装潢成为知名商品包装装潢,其权益归属成为双方争夺的焦点。有人认为,当商标使用许可结束之后,商标所关联的商品包装装潢权益无疑也应归属于商标权人。当然,也有相反的观点,即认为根据"种瓜得瓜,种豆得豆"的道理,谁付出了劳动,谁就应该取得相关的权益。红罐包装装潢由加多宝设计、经营,其包装装潢权益理应属于加多宝。最高人民法院尽管对此作出了最终的判决,认为涉案知名商品特有包装装潢权益可由广药集团与加多宝公司共同享有,但关于这一问题的争论依然没有平息,值得仔细研究。通过该案,我们也能够获得商标许可方面的启示,即注册商标的使用许可合同应详细约定商标许可使用的有关事项及与此相关的商品包装装潢的权益归属,以避免日后发生此类法律纠纷。

第三节 商标权转让

注册商标的转让是实现作为财产的注册商标的价值的另一种重要方法。

一、商标转让的概念与特征

商标的转让是指商标权人通过合同将注册商标的所有权移转给他人的行为。和商标使用许可相比,注册商标转让具有如下特征。

1. 注册商标转让转移的是注册商标的所有权

和注册商标使用许可不同的是,注册商标转让是注册商标所有权的转移,而不是注册商标使用权的转移,和物质财产所有权转移的买卖类似。

2. 注册商标转让通过法律行为转移注册商标的所有权

和通过法定事由(如企业合并、分立、继承等)转移注册商标所有权不同的是,注册商标转让是通过法律行为转移注册商标的所有权的。

3. 注册商标转让受到法律较多的限制

和转移物质财产所有权的买卖不同的是,注册商标的转让受到法律较多的限制,因为

---

① 最高人民法院(2015)民三终字第3号民事判决书。

注册商标的转让可能会导致消费者混淆,从而损害消费者的利益。因此,法律通常不允许可能导致消费者混淆的注册商标转让。

商标的转让有两种形式:一是合同转让;二是继承转让。所谓合同转让,是指主体之间通过签订合同所进行的商标权的转让。这种转让多为有偿转让;所谓继承转让,是指自然人通过继承、遗赠方式取得商标权。

二、商标权转让的原则

各国商标法都规定了商标权的转让,但转让的原则不尽相同。归纳起来,商标权转让的原则有以下两种。

(一)连同转让原则

连同转让原则,是指商标注册人在转让注册商标时必须连同使用该注册商标的企业一并转让,而不能只转让注册商标。采用这种原则的国家主要有美国、瑞典等少数国家。实行连同转让原则的国家认为,商标的本质功能是区别商品的来源,是一种识别标记,因此商标与使用该商标的企业或企业的信誉密切相连,当注册商标与其所属的企业分离时,会引起消费者的误认,并导致该商标的商品质量下降。

(二)自由转让原则

自由转让原则,是指注册商标人既可以把注册商标连同企业一起转让,也可以将注册商标与企业分离,单独转让其注册商标。目前大多数国家的商标法采用自由转让原则。这些国家认为,商标权作为一种无形财产权,可以脱离企业经营而单独转让给其他企业。许多国家的商标法同时规定,在商标权人将注册商标与其企业经营分开转让时,受让人应当保证使用该注册商标的商品质量。我国《商标法》也采用自由转让原则,其中第42条第1款规定:"转让注册商标的,转让人和受让人应当签订转让协议,并共同向商标局提出申请。受让人应当保证使用该注册商标的商品质量。"

三、商标权转让的程序

注册商标的转让,必须按照法律规定的程序进行,其转让行为才能产生法律效力。根据《商标法》及其实施条例的有关规定,商标权的转让程序如下。

1. 签订注册商标转让协议

转让注册商标,应由商标权人和受让人就转让事项达成协议,签订注册商标转让协议;同时,双方应当共同向商标局交送转让注册商标申请书一份,附送原"商标注册证",并缴纳申请费和注册费。如果转让使用于烟草制品等,国家规定必须使用注册商标的商品上的商标,受让人还应当提供烟草主管部门等颁发的相关证明文件;受让人还必须具备商标法规定的主体资格。实践中,具体的申请手续由受让人办理。

结合《合同法》的规定和注册商标转让的特殊性,注册商标转让合同的内容通常包括以下几点。

(1)当事人的名称或者姓名和住所。

(2)被许可的商标。

（3）商标使用许可状况及处理。注册商标在被转让前，经常会出现转让人已将商标许可第三人使用的情况。《最高人民法院关于审理商标民事纠纷案件适用法律若干问题的解释》（以下简称《商标纠纷解释》）第 20 条规定，注册商标的转让不影响转让前已经生效的商标使用许可合同的效力，但商标使用许可合同另有约定的除外。已经存在的商标使用许可显然会影响受让人的利益，为了保障受让人的利益，受让人应在签订合同前，清楚了解该被转让的注册商标的权利状况，应明确约定被转让的注册商标许可使用的情况，以及受让人在转让合同签订后是否需承受许可使用的相关权利义务。

2. 商标局对转让注册商标的申请进行审查

商标局审查的内容有：申请手续是否完备；转让的商标和使用的商品是否与原核准注册的商标和核定的商品一致；双方使用的商品质量是否一致；是否缴纳了相关费用；等等。通过审查后，商标局认为符合商标法规定的，予以核准，发给受让人相应证明，并予以公告，受让人自公告之日起享有商标专用权；对不符合规定的申请予以驳回。

3. 申请人对商标局驳回其注册商标转让申请的复审

申请人对商标局驳回其注册商标转让申请不服的，可在收到驳回通知之日起 15 天内，提交《驳回转让复审申请书》一份，向商标评审委员会申请复审，同时附送原《转让注册商标申请书》，由商标评审委员会作出裁定。

四、商标权转让的限制

注册商标所有人虽然可以按照自由原则转让商标，行使其处分权，但由于商标权的转让涉及多方利益主体，因此《商标法》对商标权的转让也作了限制性规定，其主要表现在以下几个方面。

1. 在同一种或类似商品上注册的相同或近似的商标不得分开转让

实践中，如果对同一种或类似商品上注册的相同或近似的商标分开转让，就会形成两个以上的主体在相同或类似商品上使用同一商标的情况，从而导致消费者误认，造成市场上商品来源的混淆。《商标法》第 42 条第 2 款规定："转让注册商标的，商标注册人对其在同一种商品上注册的近似的商标，或者在类似商品上注册的相同或者近似的商标，应当一并转让。"

2. 已经许可他人使用的注册商标不得随意转让

转让已许可给他人使用的注册商标的行为，会影响甚至损害到被许可人的利益。在商标所有人行使转让权时，必须征得被许可人同意，如果被许可人不同意，可以协商先行解除使用许可合同，再办理注册转让申请手续。受让人在取得被转让的注册商标后，也可以与原被许可人签订注册商标的使用许可合同。总之，商标权人转让已经许可他人使用的注册商标时，不得损害被许可人的合法利益。

3. 受让人必须保证使用该注册商标的商品或者服务的质量

由于注册商标具有标识商品或者服务质量的功能，对消费者的消费行为具有重要的指导作用，因此注册商标的受让人应当和转让人一样，重视并保证该注册商标或者服务的质量。这也是我国《商标法》规定的受让人应承担的义务之一。

 典型案例

"山起"商标转让案

山海关起重机厂于1988年9月30日经国家商标局核准注册了"山起"商标。2005年5月，山东起重机厂欲受让上述商标，与山海关起重机厂协商后，双方于2005年7月6日签订商标转让合同。转让人为山海关起重机厂，转让费为5万元。山东起重机厂受让该商标后又表示愿意以30万元价格出让该商标。山海关起重机厂破产清算组后以商标转让价格过低、该合同显失公平为由，向秦皇岛市中级人民法院提起诉讼，要求撤销上述商标转让合同。此案一审秦皇岛市中级人民法院认为：合同转让的标的物的实际价值高于双方定价6倍之多，如果继续履行合同，山海关起重机厂的损失较大，显失公平。其请求撤销该合同，应予准许，故判决撤销上述商标转让合同，山海关起重机厂返还5万元转让费并承担案件受理费。该判决发生法律效力后，山东起重机厂向河北省高级人民法院申请再审。河北省高级人民法院裁定指令秦皇岛市中级人民法院另行组成合议庭进行再审。秦皇岛市中级人民法院于2006年10月30日再审维持了原判决。河北省高级人民法院二审认为，山东起重机厂与山海关起重机厂双方就商标转让事宜协商长达近两个月，足以说明山海关起重机厂对商标转让的慎重，不存在草率和无经验，也无重大误解、欺诈、胁迫的情况存在。判决撤销前述民事判决，驳回山海关起重机厂破产清算组的诉讼请求。2008年7月6日，山海关起重机厂破产清算组向最高人民法院申请再审。最高人民法院审理认为，山海关起重机厂作为"山起"商标的原注册人，其对该商标的价值应有自主进行判断的能力。山东起重机厂与其协商购买该商标，双方处于平等的地位，不存在一方利用己方优势或对方劣势的情形；协商过程持续了近两个月，亦不存在欺诈、胁迫或仓促决定的情形。双方作为平等主体的合同当事人，签订的商标转让合同反映了双方的真实意思表示，是合法有效的合同。山海关起重机厂破产清算组仅以事后有其他主体以更高价格购买该商标为由，主张该合同显失公平、应予撤销、不符合法律规定。因此，最高人民法院驳回申请再审人山海关起重机厂破产清算组的再审申请。①

本案涉及注册商标转让合同中商标转让价格显著低于市场价值，是否构成显失公平的问题。根据最高人民法院的观点，转让合同只要是双方真实的意思表示，则即便商标的实际转让价格显著低于商标的市场价值，权利义务显著不对等，转让合同也是有效的。《中华人民共和国民法典》（以下简称《民法典》）第151条规定，一方利用对方处于危困状态、缺乏判断能力等情形，致使民事法律行为成立时显失公平的，受损害方有权请求人民法院或者仲裁机构予以撤销。基于本案和《民法典》的规定，合同显失公平的判断并非单纯衡量权利义务是否对等，还需要考虑双方的意思表示是否存在瑕疵，是否存在一方利用对方处于危困状态、缺乏判断能力等情形。

---

① 最高人民法院(2007)民三监字第18-1号民事裁定书。

第四节　商标权质押和其他财产性权利

一、商标权质押的法律属性

随着知识产权法律地位的确立,无形资产作为企业发展的重要资产,其作用已越来越为广大企业及社会各界所重视,以商标权、专利等无形资产进行质押融资的工作如火如荼地开展。商标权权利质押的实现,发挥了商标专用权无形资产的价值,促进了市场经济的发展。商标权质押是一种权利质权,主要是指商标权人将其注册商标向金融机构出质,用来贷款融资的一种法律行为。

商标权质押,涉及担保物权的内容。担保物权,即物保,相较于人保和金钱担保而言是最复杂的一种担保方式。物保包括抵押权、质押权、留置权。担保物权具有担保的作用,以实现价值交换。其中,质押权是指为担保债权的履行,债务人或第三人将其动产或权利移交债权人占有,以成立的担保物权。权利也就是质权的标的,又称权利质权,所以商标权可以实现权利质押。

二、商标权质押的概念与特征

商标权质押是指商标权人将自己所拥有的、依法可以转让的注册商标专用权作为债权的担保。当债务人不履行债务时,债权人有权依照法律规定,以该注册商标专用权折价或以拍卖、变卖该注册商标专用权的价款优先受偿。

商标权质押具有如下法律特征。

(1) 商标权质押是一种债权担保方式。商标权质押的目的是确保主债权的实现,是一种债权担保方式。

(2) 商标权质押是一种物权的债权担保方式。商标权质押是一种权利质权,是债权担保中的质押担保,是一种物权的债权担保方式。

(3) 商标权质押必须进行登记。《民法典》第 444 条规定,以注册商标专用权、专利权、著作权等知识产权中的财产权出质的,质权自办理出质登记时设立。国家工商行政管理局先后专门制定商标专用权质押登记程序和《注册商标专用权质押登记程序规定》规范注册商标专用权质押登记。

三、商标权质押合同

办理注册商标专用权质权登记,出质人应当将在相同或者类似商品/服务上注册的相同或者近似商标一并办理质押登记。质押合同和质押登记申请书中应当载明出质的商标注册号。质押合同所定期限不得超过质押商标的注册期限。出质的注册商标为多件时,质押合同所定期限最好不超过提交质押申请时专用权最先到期的商标的专用权期限。注册商标专用权质押合同一般包括内容如下。

(1) 出质人、质权人的姓名(名称)及住址。

(2) 被担保的债权种类、数额。
(3) 债务人履行债务的期限。
(4) 出质注册商标的清单(列明注册商标的注册号、类别及专用期)。
(5) 担保的范围。
(6) 当事人约定的其他事项。

主合同和注册商标专用权质押合同必须有法定代表人签字,非法定代表人签字的,要附送该人员签署合同的特别授权文件。

四、商标权质押的程序

(一) 出质人与质权人订立书面合同

出质人可能是债务人,也可能是债务人之外的第三人。质权人是债权人。

(二) 向商标局办理质权登记

质权登记申请应由质权人和出质人共同提出,质权人和出质人可以直接向国家知识产权局申请,也可以委托商标代理机构办理。在中国没有经常居所或者营业场所的外国人或者外国企业应当委托代理机构办理。向商标局办理质权登记的,要提交国家知识产权局要求的《商标专用权质权登记申请书》、出质人与质权人的主体资格证明或者自然人身份证明复印件,主合同和注册商标专用权质权合同等必要文件。

(三) 商标局登记并发放商标专用权质权登记证

申请登记书件齐备、符合规定的,国家知识产权局予以受理并登记,受理日期即为登记日期。商标局自登记之日起 2 个工作日内向双方当事人发放商标专用权质权登记证。

由于最终质权实现的结果是注册商标专用权的转移,因此参照《商标法》中关于注册商标转让的规定及《注册商标专用权质押登记程序规定》,办理注册商标专用权质权登记,出质人应当将在相同或者类似商品/服务上注册的相同或者近似商标一并办理质权登记。

五、商标权质押的实现

注册商标专用权质押的实现方式和其他权利质权的实现方式类似,主债务到期,债务人没有履行而符合注册商标专用权质权实现条件的,当事人可以通过变卖、拍卖或者折价注册商标专用权的方式实现注册商标专用权质权,清偿主债务。

六、注册商标的其他财产性利用

除了质押外,作为一种财产,注册商标还可以用以下方式利用。

(一) 作为强制执行标的

根据《最高人民法院关于人民法院民事执行中查封、扣押、冻结财产的规定》,除不得查封、扣押、冻结的财产之外,人民法院可以查封、扣押、冻结被执行人占有的动产、登记在被执行人名下的不动产、特定动产及其他财产权。这意味着只要属于被执行人的财产,一般都可以在不超出被执行人应当履行义务的范围被强制执行,注册商标专用权显然不属于不得查封、扣押、冻结的财产,可以被作为强制执行标的。

（二）作为遗产

作为一种财产，知识产权在《中华人民共和国继承法》（以下简称《继承法》）上的地位几乎是毫无疑问的，世界各国法律基本上或者在《继承法》中或者在知识产权法律中规定了知识产权的继承问题。我国《民法典》同样承认知识产权的遗产地位，其第3条规定，"公民的著作权、专利权中的财产权利"属于遗产。

（三）作为破产财产

《中华人民共和国企业破产法》第30条规定，破产申请受理时属于债务人的全部财产，以及破产申请受理后至破产程序终结前债务人取得的财产，为债务人财产。《最高人民法院关于适用〈中华人民共和国企业破产法〉若干问题的规定（二）》（法释〔2013〕22号）第1条规定，除债务人所有的货币、实物外，债务人依法享有的可以用货币估价并可以依法转让的债权、股权、知识产权、用益物权等财产和财产权益，人民法院均应认定为债务人财产。注册商标专用权可以作为破产财产是无可置疑的。

本章思考题

1. 商标权许可的种类有哪些？
2. 商标权独占使用许可和排他使用许可有何不同？
3. 简述商标权转让的原则。
4. 简述商标权的质押及其意义。

"星光"商标许可和转让纠纷案

甲文具公司生产的"星光"牌文具质量好、价格适中，在市场上口碑较好。2021年，乙企业经与甲公司协商，与甲公司签订了"星光"注册商标使用许可合同，甲公司许可乙企业在L省内使用注册商标，许可类型为普通使用许可，该使用许可合同未经商标局备案。2022年，甲公司又与丙企业签订注册商标独占使用许可合同，丙企业独占使用"星光"注册商标的地域也为L省，该独占使用许可合同经商标局备案。2023年，甲公司因业务变化不再生产"星光"牌文具，因此与丁企业签订商标转让合同，约定甲公司将其注册商标"星光"转让给丁企业，丁企业一次性支付转让费200万元人民币。

本案涉及以下四方面问题。

（1）甲公司与乙企业签订的注册商标使用许可合同是否有效？

（2）丙企业是否可以要求乙企业停止使用"星光"注册商标？

（3）甲公司与丁企业之间的商标转让行为是否有效？

（4）若丁企业合法地取得了"星光"注册商标的专用权，丁企业是否可以要求丙企业停止使用"星光"注册商标？

第五章

商标权终止

教学目标

(1) 掌握商标权无效的事由。
(2) 熟悉商标权撤销和无效的区别。
(3) 了解商标权无效的法律后果。

第一节　商标权注销

一、注销注册商标的概念

注册商标的注销,是指商标主管机关基于某些原因取消注册商标的一种管理措施,是商标权的正常消灭情况。在下列情况下,商标局可以注销注册商标。

(1) 注册商标法定期限届满,未续展和续展未获批准的。

(2) 商标注册人申请注销其注册商标或者注销其商标在部分指定商品上的注册的,该注册商标专用权或者该注册商标专用权在该部分指定商品上的效力自商标局收到其注销申请之日起终止。

(3) 商标注册人死亡或者终止的,自死亡或者终止之日起一年期满,该注册商标没有办理移转手续的,任何人可以向商标局申请注销该注册商标。提出注销申请的,应当提交有关该商标注册人死亡或者终止的证据。注册商标因商标注册人死亡或者终止而被注销的,该注册商标专用权自商标注册人死亡或者终止之日起终止。

二、注销注册商标的类型及程序

(一) 注销注册商标的类型

注销注册商标主要有以下三类。

1. 主动注销

商标注册人自愿放弃商标权,并申请注销其注册商标或者注销其商标在部分指定商品上的注册的,应当到商标局办理注册商标的注销手续。

商标注册人申请注销其注册商标或者注销其商标在部分指定商品上的注册,经商标局核准注销的,该注册商标专用权或者该注册商标专用权在该部分指定商品上的效力自商标局收到其注销申请之日起终止。

2. 未续展注销

注册商标到期后,若没有在法定时间内提出商标续展申请或续展申请没有获得批准,则该注册商标权自有效期届满之日起丧失。未续展注销不需要提交任何法律申请文书。

3. 商标注册人消亡

对于自然人而言,在法律规定的期限内无人要求继承注册商标的;对于企业而言,若不存在企业合并的情况,商标局将注销其注册商标。若有合法继承人,其合法继承人申请也可以注销商标权。在实践中为避免无主商标占用注册簿,商标注册人死亡或者终止,自死亡或者终止之日起一年期满该注册商标没有办理移转手续的,任何人可以向商标局申请注销该注册商标。提出注销申请的,需要提供商标权人死亡或终止的证据。

商标注册人申请注销其注册商标或者注销其商标在部分指定商品上的注册的,应当向商标局提交商标注销申请书,并交回原商标注册证。该注册商标专用权或者该注册商标专用权在该部分指定商品上的效力自商标局收到其注销申请之日起终止。

(二)注销注册商标的程序

商标注册人申请注销其注册商标的,《商标法实施条例》第73条规定,商标注册人申请注销其注册商标或者注销其商标在部分指定商品上的注册的,应当向商标局提交商标注销申请书,并交回原商标注册证。

商标注册人申请注销其注册商标或者注销其商标在部分指定商品上的注册,经商标局核准注销的,该注册商标专用权或者该注册商标专用权在该部分指定商品上的效力自商标局收到其注销申请之日起终止。《商标法实施条例》第74条规定,注册商标被撤销或者依照本条例第73条的规定被注销的,原《商标注册证》作废,并予以公告;撤销该商标在部分指定商品上的注册的,或者商标注册人申请注销其商标在部分指定商品上的注册的,重新核发《商标注册证》,并予以公告。

1. 注销申请的受理

申请人可以直接到国家知识产权局商标局办理注销申请,也可以委托代理组织办理注销申请。根据《商标法》第18条规定,外国人或者外国企业在中国申请商标注册和办理其他商标事宜的,应当委托依法设立的商标代理机构办理。注销申请现不需要交纳任何商标规费。注册人申请注销其注册商标或注销其商标在部分指定使用商品上的注册的,应提交下列文件:

(1)注销申请书;

(2)直接办理的,应附上申请人有效身份证件复印件,以及经办人的身份证复印件;

(3)委托代理组织办理的,除应附上申请人有效身份证件复印件外,还应附上商标代理委托书;

(4)交回原商标注册证,不能交回的应说明原因;

(5)共有商标的注册人申请注销时,应由代表人办理申请手续,但需要附上其他注册人的书面授权。

2. 注销申请的审查

注销申请符合以下规定的,商标局予以核准,发给相应的通知,并予以公告:①申请书填写内容完整、符合规定;②申请人名义与商标局档案登记的注册人名义一致;③名义不一致的,应附送登记机关出具的变更证明文件;④申请注销的商标是有效注册商标;⑤申请部分注销的,其申请书填写的注销商品/服务项目与其注册时指定使用的商品/服务项目相符。经审查,注销申请不符合上述规定的,不予核准,发给退回通知书。

3. 审查结论

经审查,注销申请符合《商标法》《商标法实施条例》的规定,核准注销该注册商标,并书面通知申请人。

经审查,存在以下情形的,注销理由不成立的,不予核准注销,并书面通知当事人:①申请人提供的证明文件不能证明注册人死亡或终止;②被申请商标在注册人死亡或终止前已经申请转让;③商标注册人死亡或终止后,在一年之内已经办理了被申请商标的移转申请;④在申请人提交注销申请之前,已办理了被申请商标的转让、移转申请;⑤其他不予核准注销的情形。

有下列情形之一的,终止审查,予以结案,书面通知有关当事人,并说明理由:①申请人在商标局作出决定前,书面撤回注册人死亡/终止注销注册商标申请的;②被申请注销商标已被撤销或注销而丧失商标专用权的;③被申请注销商标尚未注册的;④其他需要终止审查的情形。

第二节 商标权撤销

一、撤销注册商标的概念和类型

(一)撤销注册商标的概念

注册商标的撤销是商标局对违法使用商标的注册人依法强制取消已经注册的商标的一种强制性法律措施,也是违法者应当承担的行政法律责任。商标注册人负有规范使用和连续使用注册商标并积极维护注册商标显著性的法定义务。《商标法》禁止自行改变注册商标,以及注册商标的注册人名义、地址或者其他注册事项等行为。商标权因注册商标被注销而消灭。

(二)撤销注册商标的类型

1. 违法改正撤销

商标注册人在使用注册商标的过程中,自行改变注册商标、注册人名义、地址或者其他注册事项的,由地方工商行政管理部门责令限期改正;期满不改正的,由商标局撤销其注册商标。违法改正商标被撤销的,商标权自商标局的撤销决定作出之日起终止。

2. 直接撤销

(1)注册商标成为其核定使用的商品的通用名称被撤销。申请人对于这种情况通常会依据《商标法》第11条,以核准使用的注册商标缺乏显著性为由提出撤销申请。商标通用名称化会削弱商标的显著性,这种削弱最终会导致消费者将商标误认为是某种商品。最典型的案例有阿司匹林和优盘。可口可乐公司也曾发起商标拯救计划,避免可口可乐商标成为碳酸饮料的通用名称。

(2)连续三年不使用被撤销。《商标法》第49条规定,注册商标没有正当理由连续三年不使用的,任何单位或者个人可以向商标局申请撤销该注册商标,俗称为"撤三"制度。"连续三年不使用注册商标",是指一个注册商标在其有效期内不使用,且该状态不间断地持续三年以上。连续三年不使用注册商标的时间，应当自申请人向商标局申请撤销该注册商标之日起，向前推算三年。该立法目的在于督促商标注册人合法有效使用商标，客观上起到清理闲置商标、遏制恶意注册、维护公平竞争秩序的目的，可在一定程度上抑制"注而不用"，遏制滥用注册商标专用权谋取不正当利益的行为。

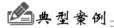 典型案例

"法宝"服务商标使用认定纠纷案

2018年，北京知识产权法院一审审结第7477397号"法宝"商标（以下简称诉争商标）商标权撤销复审行政纠纷一案，对诉争商标是否在相关服务类别上进行了商标法意义上的使用进行了认定。

法院认为，北大英华公司在本案的行政阶段提交的多个证据可以直接证明其在知识产权咨询；版权管理；知识产权许可；知识产权监督；法律研究；诉讼服务；计算机软件许可（法律服务）服务类别上进行了商标法意义上的使用。虽然北大英华公司提交的证据不能直接证明诉争商标在仲裁服务上的使用，但鉴于仲裁服务与知识产权咨询等服务在服务的目的、内容、方式、对象等方面存在较大关联性，属于类似服务，故诉争商标在知识产权咨询等服务上的实际使用可以视为在仲裁服务上的使用。考虑到北大英华公司提交的全部证据，法院一审认定北大英华公司在指定期间内在诉争商标核定使用的全部服务上进行了真实、有效的商业使用，依法判决撤销被诉决定，并责令商标评审委员会重新作出决定。

本案中的诉争商标属于服务商标，对于如何认定服务商标的使用，以及界定类似服务，本案提供了一个较好的实例。所谓服务商标，是指提供服务的经营者在其向社会提供的服务项目上使用的标记。服务商标与商品商标的不同之处在于，服务商标标明的对象不是实物商品而是一种服务。服务商标不能像商品商标附着于商品上，并随着商品的流转而广为传播，使消费者易于识别、辨认。故此，法院认为，在认定服务商标的使用行为时应当考虑到服务商标的前述特点。在商业活动中，服务提供者若有在提供服务所使用的物品上标明其服务商标，在财务账册、发票、合同等商业交易文书上标明其服务商标，利用音像、电子媒体、网络等平面或者立体媒介使相关公众认识到其为服务商标等行为，即可认定为服务商标的使用。另外，法院认为，仲裁服务与知识产权咨询等服务在服务的目的、内容、方式、对象等方面存在较大关联性，属于类似服务，故诉争商标在知识产权咨询等服务上的实际使用可以视为在仲裁服务上的使用。

我国《商标法》设置"连续三年不使用被撤销"的规定的立法目的在于督促商标权人积极使用注册商标，清理长期不使用的商标，使商标资源得以有效利用。只要商标权人进行了公开、真实、合法的连续性使用，就不应撤销一个合法获得注册的商标。

二、撤销注册商标案件的审理标准

（一）是否存在自行改变注册商标情形的判定

自行改变注册商标是指商标注册人或者被许可使用人在实际使用注册商标时，擅自改

变该商标的文字、图形、字母、数字、立体形状、颜色组合等，导致原注册商标的主要部分和显著特征发生变化。改变后的标志与原注册商标相比，易被认为不具有同一性。

存在上述行为，且经地方工商行政管理部门责令商标注册人限期改正但拒不改正的，依法予以撤销。

（二）是否存在自行改变注册商标的注册人名义、地址或者其他注册事项情形的判定

（1）自行改变注册商标的注册人名义，是指商标注册人名义（姓名或者名称）发生变化后，未依法向商标局提出变更申请，或者实际使用注册商标的注册人名义与《商标注册簿》上记载的注册人名义不一致。

（2）自行改变注册商标的注册人地址，是指商标注册人地址发生变化后，未依法向商标局提出变更申请，或者商标注册人实际地址与《商标注册簿》上记载的地址不一致。

（3）自行改变注册商标的其他注册事项，是指除商标注册人名义、地址之外的其他注册事项发生变化后，注册人未依法向商标局提出变更申请，致使与《商标注册簿》上登记的有关事项不一致。

存在上述行为之一的，且经地方工商行政管理部门责令商标注册人限期改正但拒不改正的，依法予以撤销。

（三）是否存在注册商标成为其核定使用商品的通用名称情形的判定

（1）注册商标成为其核定使用商品的通用名称，是指原本具有商标显著特征的注册商标，在市场实际使用过程中，退化为其核定使用商品的通用名称。

（2）判定系争商标是否属于商品的通用名称，适用《商标审查标准》第二部分"商标显著特征的审查"，其法律依据之一"仅有本商品的通用名称、图形、型号的"。

（3）判断注册商标成为其核定使用商品的通用名称的时间点，一般应以提出撤销申请时的事实状态为准，案件审理时的事实状态可以作为参考。

（4）适用要件如下。

① 注册商标在其获准注册之时尚未成为其核定使用商品的通用名称。

② 注册商标在被提出撤销申请时已成为其核定使用商品的通用名称。

三、撤销注册商标的注意事项

（一）"撤三"制度中商标注册人承担举证责任

依据《商标法实施条例》第66条规定，"撤三"制度中由商标注册人承担举证责任。基于纠正绝对注册主义所造成的商标注册人"注而不用"及撤销申请人滥用现象，近年来，行政机关和司法机关对商标使用的认定原则产生了一个新变化，从单凭"符合法律规定形式的使用"发展到运用"商标法意义上的使用"标准，实事求是地对商标使用的公开性和真实性进行求证，对于不符合商标法意义上的使用证据进行排除。行政机关和司法机关对伪造证据从严审查，对伪造证据零容忍。《北京市高级人民法院关于当前知识产权审判中需要注

意的若干法律问题》认为，如果商标注册人提供的部分使用证据系伪造，则应当对所有证据从严审查，相应提高证明标准，并应当对伪造证据的行为进行处罚。

（二）商标代理机构应当帮助被代理人规范商标的使用管理

（1）指导申请人：引导、鼓励申请人提供撤销事实、理由和说明材料，避免恶意申请、盲目申请的现象发生。鼓励正当竞争，避免浪费国家行政和司法资源。

（2）指导注册人：保存商标使用证据，按照行政和司法机关要求提交使用证据。

（3）缩减纸质证据材料至100页以内。

（4）倡导用光盘形式代替纸质形式提交证据材料。

（三）企业应当建立规范有效的商标使用管理制度

企业应增强商标管理意识，重视商标使用，预防"被撤三"的风险。

（1）要做好商标使用证据的留存，在日常经营中备份各种使用证据，并对其进行分类、收集、整理。《商标注册档案管理办法》规定了商标档案收集、整理、归档、保管以及提供利用的要求和方法，为企业和其他组织加强内部商标档案管理提供了参考。企业可以参照《商标注册档案管理办法》，建立企业商标档案工作制度，完善企业商标档案工作体系，将商标档案作为企业档案中一个重要组成部分，做好收集、整理、归档、保管、检索和提供利用等工作，助力企业加强商标注册、运用、管理和保护。

（2）在商标局注册的地址如果无法查收信件，应及时按要求办理地址变更申请，以保证能收到商标局和商评委发出的各种文书，及时维护自己的权利。

四、商标权撤销程序及救济

根据《商标法》第49条第2款，注册商标成为其核定使用的商品的通用名称或者没有正当理由连续三年不使用的，任何单位或者个人可以向商标局申请撤销该注册商标。商标局应当自收到申请之日起9个月内作出决定。有特殊情况需要延长的，经国务院工商行政管理部门批准，可以延长3个月。根据《商标法实施条例》第66条，商标局受理后应当通知商标注册人，限其自收到通知之日起2个月内提交该商标在撤销申请提出前使用的证据材料或者说明不使用的正当理由；期满未提供使用的证据材料或者证据材料无效并没有正当理由的，由商标局撤销其注册商标。所使用的证据材料，包括商标注册人使用注册商标的证据材料和商标注册人许可他人使用注册商标的证据材料。

对商标局撤销或者不予撤销注册商标的决定，当事人不服的，可以自收到通知之日起15日内向商标评审委员会申请复审。商标评审委员会应当自收到申请之日起9个月内作出决定，并书面通知当事人。有特殊情况需要延长的，经国务院工商行政管理部门批准，可以延长3个月。当事人对商标评审委员会的决定不服的，可以自收到通知之日起30日内向人民法院起诉。法定期限届满，当事人对商标局作出的撤销注册商标的决定不申请复审或者对商标评审委员会作出的复审决定不向人民法院起诉的，撤销注册商标的决定、复审决定生效。被撤销的注册商标，由商标局予以公告，该注册商标专用权自公告之日起终止。

第三节 商标权无效

一、商标权无效的含义

商标权无效是指已经注册的商标发生了导致商标权无效的事由,商标局根据职权宣告该注册商标无效,或者由商标评审委员会根据其他单位或者个人的请求宣告该注册商标无效的制度。

根据我国《商标法》规定,商标权无效分为两类,即违反禁止注册绝对理由的无效宣告和违反禁止注册相对理由的无效宣告。

二、违反禁止注册绝对理由的无效宣告

根据《商标法》第44条,已经注册的商标,有下列情形之一的,由商标局宣告该注册商标无效;其他单位或者个人可以请求商标评审委员会宣告该注册商标无效。

1. 不得作为商标使用的标志

《商标法》第10条规定,下列标志不得作为商标使用:①同中华人民共和国的国家名称、国旗、国徽、国歌、军旗、军徽、军歌、勋章等相同或者近似的,以及同中央国家机关的名称、标志、所在地特定地点的名称或者标志性建筑物的名称、图形相同的;②同外国的国家名称、国旗、国徽、军旗等相同或者近似的,但经该国政府同意的除外;③同政府间国际组织的名称、旗帜、徽记等相同或者近似的,但经该组织同意或者不易误导公众的除外;④与表明实施控制、予以保证的官方标志、检验印记相同或者近似的,但经授权的除外;⑤同"红十字""红新月"的名称、标志相同或者近似的;⑥带有民族歧视性的;⑦带有欺骗性,容易使公众对商品的质量等特点或者产地产生误认的;⑧有害于社会主义道德风尚或者有其他不良影响的。县级以上行政区划的地名或者公众知晓的外国地名,不得作为商标。但是,地名具有其他含义或者作为集体商标、证明商标组成部分的除外;已经注册的使用地名的商标继续有效。

2. 不得作为商标注册的标志。

《商标法》第11条规定,下列标志不得作为商标注册:①仅有本商品的通用名称、图形、型号的;②仅直接表示商品的质量、主要原料、功能、用途、重量、数量及其他特点的;③其他缺乏显著特征的。

3. 不得作为立体商标申请注册的标志

《商标法》第12条规定,以三维标志申请注册商标的,仅由商品自身的性质产生的形状、为获得技术效果而需有的商品形状或者使商品具有实质性价值的形状,不得注册。

4. 以欺骗手段或者其他不正当手段取得注册的

以欺骗手段或者其他不正当手段取得注册的,如虚构、隐瞒事实真相或者伪造申请书件及有关文件,由商标局宣告该注册商标无效。

上述情形,属于禁止注册的绝对理由,任何人都可以请求商标评审委员会宣告该注册商标无效,申请的主体和时间没有限制。

商标局作出宣告注册商标无效的决定,应当书面通知当事人。当事人对商标局的决定不服的,可以自收到通知之日起 15 日内向商标评审委员会申请复审。商标评审委员会应当自收到申请之日起 9 个月内作出决定,并书面通知当事人。有特殊情况需要延长的,经国务院工商行政管理部门批准,可以延长 3 个月。当事人对商标评审委员会的决定不服的,可以自收到通知之日起 30 日内向人民法院起诉。

其他单位或者个人请求商标评审委员会宣告注册商标无效的,商标评审委员会收到申请后,应当书面通知有关当事人,并限期提出答辩。商标评审委员会应当自收到申请之日起 9 个月内作出维持注册商标或者宣告注册商标无效的裁定,并书面通知当事人。有特殊情况需要延长的,经国务院工商行政管理部门批准,可以延长 3 个月。当事人对商标评审委员会的裁定不服的,可以自收到通知之日起 30 日内向人民法院起诉。人民法院应当通知商标裁定程序的对方当事人作为第三人参加诉讼。

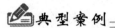
典型案例

"海棠湾"商标案

2005 年 6 月 8 日,李隆丰申请注册"海棠湾"争议商标,核定使用在第 43 类住所(旅馆、供膳寄宿处)、提供野营场地设施、旅游房屋出租、会议室出租、养老院、日间托儿所(看孩子)、饭店、餐馆等服务上。2010 年 3 月 10 日,海棠湾管理委员会向商标评审委员会提出撤销争议商标的申请。(现行《商标法》已经将"撤销"改为"无效宣告")商标评审委员会裁定争议商标予以撤销。李隆丰对裁定不服,向北京市第一中级人民法院提起行政诉讼。北京市第一中级人民法院依据判决撤销商标评审委员会裁定,要求其重作。商标评审委员会不服原审判决,向北京市高级人民法院提出上诉。北京市高级人民法院经审理认为,海棠湾休闲度假区是三亚市政府规划的重大建设项目,经过媒体的集中宣传报道,"海棠湾"作为一个商业标识在短时间内迅速取得了较大的知名度,并在海内外产生了广泛的影响。李隆丰在知悉海棠湾开发建设的情况下,在相同或类似服务上申请注册争议商标属于《商标法》(2001 年修正)第 31 条所指"以不正当手段抢先注册他人已经使用并有一定影响的商标"的情形;第 41 条第 1 款规定,已经注册的商标是以欺骗手段或者其他不正当手段取得注册的,其他单位或者个人可以请求商标评审委员会裁定撤销该注册商标。

判断商标是否属于以其他不正当手段取得注册的,要考虑其手段是否属于欺骗手段以外的扰乱商标注册秩序、损害公共利益、不正当占用公共资源或者以其他方式谋取不正当利益的手段。其涉及的是撤销商标注册的绝对事由。本案中,李隆丰在不同类别商品的服务上申请注册了"香水湾""椰林湾"等与海南地名、景点有关的商标 30 余件,并且多件商标有转让记录。李隆丰还曾与海棠湾管理委员会取得联系,希望以高价转让"海棠湾"商标。李隆丰亦未提供其使用"海棠湾"等商标的有关证据,上述情况足以认定李隆丰申请注册争议商标的行为构成《商标法》(2001 年修正)第 41 条第 1 款的"以不正当手段取得注册"的情形。《商标法》(2001 年修正)第 10 条第 1 款第 8 项规定,有害于社会主义道德风尚或者有其他不良影响的,不得作为商标使用。海棠湾作为三亚市政府规划开发的重大建设项目,是《国务院关于推进海南国际旅游岛建设发展的若干意见》中确定建设的精品旅游景区之一,对海南国际旅游岛的建设具有重大的社会经济意义。李隆丰作为个人,无正当理由申请注册争议商标属于《商标法》(2001年修正)第10条第1款第8项所指"有其他不良影响"的情形。最终北京市高级人民法院判决维持商标评审委员会的裁定。①

本案"海棠湾"注册商标被宣告无效,主要是因为其注册违反了《商标法》中所规定的商标不得注册的绝对事由。在案件的审理中,法院对《商标法》(2001年修正)第41条第1款的"以欺骗手段或者其他不正当手段取得注册的"进行了解释,即这里的"不正当手段"主要是指欺骗手段以外的扰乱商标注册秩序、损害公共利益、不正当占用公共资源或者以其他方式牟取不正当利益的手段。法院主要是从商标注册人注册了与海南地名及景点有关的商标30余件、多件商标有转让记录、希望将"海棠湾"商标高价卖于海棠湾管理委员会等事实推断出商标注册人的行为意在牟取不正当利益。

三、违反禁止注册相对理由的无效宣告

根据《商标法》第45条,已经注册的商标,违反《商标法》第13条第2款和第3款、第15条、第16条第1款、第30条、第31条、第32条规定,自商标注册之日起5年内,在先权利人或者利害关系人可以请求商标评审委员会宣告该注商标无效。对恶意注册的,驰名商标所有人不受5年的时间限制。

1. 复制、摹仿或者翻译他人的驰名商标

为了保护驰名商标所有人的合法权益,就相同或者类似商品已注册的商标是复制、摹仿或者翻译他人未在中国注册的驰名商标,容易导致混淆的,以及就不相同或者不相类似商品已注册的商标是复制、摹仿或者翻译他人已经在中国注册的驰名商标误导公众,致使该驰名商标注册人的利益可能受到损害的,自该商标注册之日起5年内,在先权利人或者利害关系人可以请求商标评审委员会宣告该注册商标无效。对恶意注册的,驰名商标所有人不受5年的时间限制。

2. 以自己名义将被代理人或者被代表人的商标进行注册

《商标法》规定,未经授权,代理人或者代表人以自己名义将被代理人或者被代表人的商标进行注册的,自该商标注册之日起5年内,在先权利人或者利害关系人可以请求商标评审委员会宣告该注册商标无效。

3. 使用了误导公众的地理标志

已注册的商标中有商品或服务的地理标志,而该商品或服务并非来源于该标志所标识的地区,误导公众的,自该商标注册之日起5年内,在先权利人或者利害关系人可以请求商标评审委员会宣告该注册商标无效。

4. 损害了他人现有的在先权利

现有的在先权包括商品的外观设计专利权、公民的肖像权、姓名权、著作权、厂商名称权、原产地名称权等。《商标法》规定,已注册的商标损害了他人现有的在先权利,自该商标

---

① 北京市高级人民法院(2012)高行终字第583号行政判决书。

注册之日起5年内,在先权利人或者利害关系人可以请求商标评审委员会宣告该注册商标无效。

5. 以不正当手段抢先注册他人已经使用并有一定影响的商标

这种行为应具备以下要件:①已注册商标是以不正当手段抢注的;②被抢注商标是他人已经使用的商标;③被抢注的商标是有一定知名度的商标。对满足上述要件的已注册的商标,在先权利人或者利害关系人可以自该商标注册之日起5年内请求商标评审委员会宣告该注册商标无效。

上述情形,属于违反商标禁止注册的相对理由,与《商标法》第44条禁止注册的绝对理由不同,相对理由对宣告无效有以下几方面限制:第一,申请主体的限制。本规定只有在先权利人或者利害关系人可以提出。第二,时间限制。本规定有5年的时限,在这个时限内,申请人可以主张权利,一旦申请人怠于行使权利,过了期限,就无权再申请已经注册的商标无效。这一方面敦促申请人及时行使权利,另一方面有利于保护已注册商标权人的利益,稳定市场竞争秩序。通过5年的时间节点,实现各自的利益平衡。第三,时间限制例外。为加大对驰名商标的保护,如果能证明已注册商标人主观上恶意,则驰名商标人不受5年时间的限制,即使超过5年依然可以请求商标评审委员会宣告该注册商标无效。

商标评审委员会收到宣告注册商标无效的申请后,应当书面通知有关当事人,并限期提出答辩。商标评审委员会应当自收到申请之日起12个月内作出维持注册商标或者宣告注册商标无效的裁定,并书面通知当事人。有特殊情况需要延长的,经国务院市场监督管理部门批准,可以延长6个月。当事人对商标评审委员会的裁定不服的,可以自收到通知之日起30日内向人民法院起诉。人民法院应当通知商标裁定程序的对方当事人作为第三人参加诉讼。

商标评审委员会在依照前述规定对无效宣告请求进行审查的过程中,所涉及的在先权利的确定必须以人民法院正在审理或者行政机关正在处理的另一案件的结果为依据的,可以中止审查。中止原因消除后,应当恢复审查程序。法定期限届满,当事人对商标局宣告注册商标无效的决定不申请复审或者对商标评审委员会的复审决定、维持注册商标或者宣告注册商标无效的裁定不向人民法院起诉的,商标局的决定或者商标评审委员会的复审决定、裁定生效。

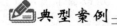
典型案例

"屠呦呦"商标无效宣告案

"屠呦呦"商标(以下简称争议商标)由宿州市夏氏眼镜有限公司(本案被申请人)于2012年6月6日向商标局申请注册,核定使用在第9类眼镜等商品上,于2014年4月7日获准注册。2016年4月20日,该商标被屠呦呦(本案申请人)提出无效宣告请求。申请人称,申请人姓名具有很强的独创性,其在世界范围内已经具有很高的知名度,是广为知晓的公众人物。被申请人未经申请人允许,擅自将申请人姓名"屠呦呦"申请注册为争议商标,侵害了申请人的在先姓名权。依据《商标法》第32条等规定,申请人请求对争议商标予以无效宣告。被申请人在规定期限内未予答辩。

商标评审委员会经审理认为，申请人屠呦呦为药学家，在争议商标申请日之前经过广泛宣传报道，其已在中国相关公众中具有一定知名度，争议商标与申请人已形成了特定联系。被申请人在未经申请人授权的情况下，将与申请人姓名完全相同的文字"屠呦呦"作为争议商标进行注册，有可能使相关公众认为该商标指定使用的眼镜等商品来源于申请人，或来源于申请人授权的其他主体，故争议商标的注册已构成对申请人姓名的冒用，损害了申请人的姓名权，违反了《商标法》第32条"不得损害他人现有的在先权利"的规定。综上，争议商标应予以无效宣告。

本案涉及对在先姓名权的保护问题。《商标法》第32条规定，申请商标注册不得损害他人现有的在先权利。其中"在先权利"是指在系争商标申请注册日之前已经取得的，除商标权以外的其他权利，包括姓名权等。而损害他人姓名权的适用要件有两个：一是在相关公众的认知中，系争商标文字指向该姓名权人；二是系争商标的注册给他人姓名权可能造成损害。在具体审理实践中，未经许可使用公众人物的姓名申请注册商标的，或者明知为他人的姓名，却基于损害他人利益的目的申请注册商标的，应当认定为对他人姓名权的损害。

四、商标权无效的法律后果

宣告无效的注册商标，由商标局予以公告，该注册商标专用权视为自始即不存在。宣告注册商标无效的决定或者裁定，对宣告无效前人民法院作出并已执行的商标侵权案件的判决、裁定、调解书和工商行政管理部门作出并已执行的商标侵权案件的处理决定，以及已经履行的商标转让或者使用许可合同不具有追溯力。但是，因商标注册人的恶意给他人造成的损失，应当给予赔偿。依照前述规定不返还商标侵权赔偿金、商标转让费、商标使用费，明显违反公平原则的，应当全部或者部分返还。

（1）宣告无效的注册商标的专用权视为自始即不存在。根据权利无效的原则，宣告注册商标专用权无效的决定或裁定具有溯及既往的效力，其商标专用权视为自始即不存在，原来商标权人所获得的利益应当返还或恢复原状。这不同于被撤销的注册商标，其注册商标专用权自公告之日起终止，公告日期前的商标权依然有效。

（2）特殊情况下被宣告无效的注册商标的决定或裁定不具有追溯力。在实际生活中，商标被核准注册后，商标权人会依据当时合法享有的商标权，利用自己的商标，如与他人签订商标使用许可合同或商标转让合同。如果发生侵权，商标权人向人民法院或地方工商行政管理部门请求保护，人民法院或工商行政管理部门会依法作出判决或处理决定并执行。

本章思考题

1. 简述商标权撤销的含义及其类型。
2. 简述商标"撤三"制度。
3. 商标权无效的类型有哪些？

"星光"注册商标无效案

甲公司是一家专门生产文具的公司,2022年,该公司向商标局申请注册了"星光"作为其文具的商标。但是,后来某出版公司提出"星光"是其编辑出版的一本文摘类杂志的名称,该文具商标与其杂志上的驰名商标相同,容易使消费者造成误解,请求商标评审委员会对该不正当注册的商标宣告无效。商标评审委员会经过调查发现,甲公司的"星光"这一商标名称的确是从该文摘类杂志直接借用过来的,而且甲公司在2023年和另外一家文具公司签订了许可使用"星光"商标的合同,已经履行完毕。

本案涉及以下三方面问题:
1. 对"星光"商标应该如何处理?
2. 申请和宣告注册商标无效的主体有哪些?
3. 该商标无效后甲公司与另外一家文具公司签订的合同如何处理?

第六章 商标管理

 教学目标

(1) 掌握商标的注册管理和使用管理。
(2) 熟悉商标印制管理的规定。
(3) 了解企业内部的商标管理。

第一节 商标管理机关

一、商标管理的概念和意义

商标管理是指商标主管机关依法对商标的注册、使用、转让、印制等行为所进行的监督、检查等活动的总称。商标管理有广义和狭义之分。广义的商标管理不仅包括国家对商标的行政管理,而且包括企业对商标的内部管理;狭义的商标管理仅指国家对商标的行政管理。

实施商标管理的意义主要原因如下。

1. 有利于规范商标权人正确使用商标

正确使用商标,不仅能充分发挥商标的功能,维护商标的信誉,而且有利于保护商标权人的合法权益;同时,可以督促企业树立商标意识,实施名牌商标战略。

2. 有利于监督商标使用人保证其使用商标的商品或者服务的质量

商标使用人应保证其使用商标的商品或者服务的质量,以维护消费者的合法权益,保障社会秩序的正常运转。

3. 有利于增强企业和商标使用人的法制观念

对商标的管理,不仅有利于增强企业和商标使用人的法制观念,维护商标注册人的合法利益,而且有利于防止未注册商标使用人冒充注册商标,堵塞非法印制注册商标标识的渠道,避免和减少侵犯商标专用权案件的发生。

4. 有利于完善商标法律制度

通过商标管理,国家可以随时发现问题,不断总结经验,逐步完善我国的商标法制。

二、商标管理机关及其职责

商标管理机关是指一个国家主管商标工作的政府职能部门,它代表国家管理全国的商标工作。由于世界各国的国情不同,各个国家的商标管理机关也不一样。例如,日本的商标管理机构为特许厅,归属于通商产业省;美国由专利商标局管理商标;英国由专利、设计和商标总局局长掌管商标注册簿;巴西的工业产权局负责商标的注册管理工作。

我国的商标管理实行集中注册和分级管理相结合的管理机制。根据《商标法》第 2 条,国务院工商行政管理部门商标局主管全国商标注册和管理的工作。国务院工商行政管理

部门设立商标评审委员会,负责处理商标争议事宜。《商标法》的第 45、47、48、53、56、57 条等还明确规定了各级工商行政部门对商标进行管理的职责。

由此可以看到,国家知识产权局商标局是全国的商标管理部门,地方各级工商行政管理局是地方各级商标管理部门。国家知识产权局商标局制定商标政策、商标法规,进行商标注册,协调和指导地方各级工商行政管理部门进行商标管理。商标的争议事宜由商标评审委员会负责。地方各级工商行政管理部门统一安排和部署本地区的商标管理工作。

(一) 商标局

《商标法》第 2 条规定,国务院工商行政管理部门商标局主管全国商标注册和管理的工作。自 1982 年制定到 2019 年第四次修改,《商标法》的这一规定始终如一。事实上,商标局产生于《商标法》制定之前。1978 年,国家恢复工商行政管理机关后即内设商标局,主管全国商标注册和管理工作。需要注意的是,商标管理机构和商标注册机构是不同的,因为商标注册的效力必然覆盖整个中华人民共和国,因此审核工作只能由中央的商标审查机构进行,而商标管理工作涉及的则是当事人具体的行为,可以由中央机构或者各级工商行政管理部门负责。2018 年 3 月,中共中央印发《深化党和国家机构改革方案》,将国家知识产权局的职责、国家工商行政管理总局的商标管理职责、国家质量监督检验检疫总局的原产地地理标志管理职责整合,重新组建国家知识产权局,由国家市场监督管理总局管理。2018 年 11 月 15 日,原国家工商行政管理总局商标局、商标评审委、商标审查协作中心整合为国家知识产权局商标局。

2019 年 3 月 26 日,《国家知识产权局关于印发〈商标局职能配置、内设机构和人员编制规定〉的通知》规定,商标局主要职责为:承担商标审查注册、行政裁决等具体工作;参与商标法及其实施条例、规章、规范性文件的研究制定;参与规范商标注册行为;参与商标领域政策研究;参与商标信息化建设、商标信息研究分析和传播利用工作;承担对商标审查协作单位的业务指导工作;组织商标审查队伍的教育和培训;完成国家知识产权局交办的其他事项。

(二) 商标评审委员会

商标评审委员会隶属于国家知识产权局,是与商标局平行的独立机构,它由国家知识产权局任命的主任委员、副主任委员、委员组成,其中委员为 15～17 人,负责办理商标确权方面的事务。其职责为:对不服商标局驳回申请、不予初步审定公告的商标的复审申请作出决定;对不服商标局异议裁定的复审申请作出裁定;对不服商标局维持和撤销注册商标的决定的请求作出裁定;对其他单位和个人撤销注册不当的商标的请求作出裁定;对注册商标有争议的申请作出裁定;等等。

(三) 地方工商行政管理机关商标管理部门

地方各级工商行政管理部门的职责为:对辖区内的注册商标和未注册商标的使用进行管理;制止、制裁商标侵权行为,以维护商标专用权;监督商品质量,对生产粗制滥造、以次充好、欺骗消费者的商品的行为,予以制止或行政处罚;管理商标印制活动;宣传商标法律和法规,指导商标使用人正确使用商标;对必须使用注册商标而未使用的行为予以处理。

根据国家市场监督管理总局职能配置、内设机构和人员编制规定,国家知识产权局负责对商标专利执法工作的业务指导，制定并指导实施商标权、专利权确权和侵权判断标准，制定商标专利执法的检验、鉴定和其他相关标准，建立机制，做好政策标准衔接和信息通报等工作，而国家市场监督管理总局负责组织指导商标专利执法工作。可以说，目前国家知识产权局（包括其商标局）已经不再承担商标管理职责，商标管理职责由国家市场监督管理总局相关司局承担。就地方市场监督管理局的商标管理来说，多数地方将商标、专利执法工作交由知识产权保护处负责，如广东省市场监督管理局、湖南省市场监督管理局、河北省市场监督管理局等，少数地方设有专门的商标监督管理处，如江西省市场监督管理局等。

（四）企业内部商标管理机关

对企业商标内部的管理，各企业采取不同的模式，如有些企业专门设立知识产权部，有些企业在办公室下设商标部。企业内部商标管理机关的主要职责为：对注册商标进行宣传；对商标的注册档案进行管理；对商标的印制及使用进行管理；对商标的使用许可进行管理；监督使用注册商标的商品的质量；对侵犯商标专用权的行为进行调查。

第二节　商标使用管理

《商标法》第六章"商标使用的管理"，不仅规定了商标使用的概念，而且规定了对注册商标使用的管理、对未注册商标使用的管理等内容。

一、商标使用的概念

商标使用是商标法上的一个非常重要的基础概念，没有商标使用，商标就无法形成商标显著性，就无法实际获得。商标使用是商标权的最核心内容，不管是明示的还是隐含的，商标使用是商标侵权构成的前提条件。《商标法》第48条规定，本法所称商标的使用，是指将商标用于商品、商品包装或者容器以及商品交易文书上，或者将商标用于广告宣传、展览以及其他商业活动中，用于识别商品来源的行为。这一定义表明了以下几点。

1."商标使用"的对象是商标

商标使用必须有商标标志，没有商标标志就不可能有商标使用。商标是商标标志与商品信息的统一体，没有商标标志就没有商标，没有商标标志当然也就没有商标使用。

2.商标使用必须有商品

商标标志只有用于商品才构成商标使用，这同样是由商标的概念决定的。当然，商标用于商品并不一定是将商标标志粘贴于商品上，用于商品、商品包装或者容器以及商品交易文书上，或者将商标用于广告宣传、展览以及其他商业活动中等均属商标使用。

3.商标使用的本质是识别商品来源

识别商品来源是构成商标使用的最终判断标准，商标只有在识别商品来源的情况下使用才构成商标使用。这一点可以将商标标志发挥的其他功能区别开来。例如，青岛地区的其他企业生产啤酒，在标注产地时使用的"产地：山东省青岛市"中的"青岛"就不是用于识别商品来源,故而不属于商标使用。

二、注册商标使用的管理

《商标法》第 49 条规定,商标注册人在使用注册商标的过程中,自行改变注册商标、注册人名义、地址或者其他注册事项的,由地方工商行政管理部门责令限期改正;期满不改正的,由商标局撤销其注册商标。注册商标成为其核定使用的商品的通用名称或者没有正当理由连续 3 年不使用的,任何单位或者个人可以向商标局申请撤销该注册商标。该条规定对商标注册人使用注册商标提出了正确使用的要求。

(一)不得自行改变注册商标以及注册商标的注册人名义、地址或者其他注册事项

不得自行改变注册商标包括两个方面:一是商标标志的改变,二是商标所使用的商品类别的改变。因为商标是由这两个方面构成的,任何方面的改变事实上都是商标的改变,尤其在我国商标注册申请中曾经严格采取一类商品一件商标一份申请的原则的情况下,商标的这两个方面的任何变化均可能导致产生一个新的商标。如果允许商标所有人不经向商标注册部门申请审查而自行改变,其结果只能是商标注册制度的崩溃。因此,《商标法》第 23 条和第 24 条规定,注册商标需要在核定使用范围之外的商品上取得商标专用权的或者需要改变其标志的应当另行或者重新提出注册申请。商标注册人也不得自行改变注册商标的注册人名义、地址或者其他注册事项。之所以需要规定这一点,是因为这与商标的基本功能有关。一般认为,商标具有识别功能,它能够使消费者找到商标使用人。因此,注册商标的注册人名义、地址或者其他注册事项的改变,无论对于商标主管部门还是消费者均具有一定的意义。基于商标的识别功能,当消费者因商品质量问题受到损害时就可以据以找到商品的责任人。对于商标主管部门来说,自行改变上述信息将可能阻碍商标管理的进行。因此,从商标管理角度来看,自行改变注册商标以及注册商标的注册人名义、地址或者其他注册事项的,注册商标有可能被商标局撤销。

在实务中,如何判断商标注册人是否改变了商标标志?商标注册人在经营中实际使用的商标标志与其注册的商标标志完全一样,用以识别商品或服务的来源,这种使用形式当然是商标使用。如果商标注册人实际使用的商标标志与其注册的商标标志存在差异,则需要考查两者之间差异的程度,尤其是显著部分的差异程度。要使注册商标在市场中实际发挥影响力,实际使用的商标标志就必须与在注册簿上登记的商标的特征保持同一性。如果实际使用的商标标志与注册簿上登记的商标并不一致,丧失了同一性,消费者在市场中知悉和识别的商标就不是注册簿上的商标,也就是说注册簿上的商标就没有进行实际的使用。在实践中,主要看实际使用的商标标志与注册商标两者在称呼、观念、含义、视觉效果等方面是否具有同一性来判断商标标志是否发生改变。如果实际使用的商标标志和注册商标在上述方面发生了改变,消费者就不会将实际使用的商标标志视为注册商标。可见,最终的判断依据实际是消费者对商标的认知。如果相关消费者认为实际使用的商标标志与注册商标两者具有同一性,则可以视为同一商标。我国司法解释对商标使用的形式进行了规定。《最高人民法院关于审理商标授权确权行政案件若干问题的规定》第 26 条第 2 款

规定"实际使用的商标标志与核准注册的商标标志有细微差别,但未改变其显著特征的,可以视为注册商标的使用"。

(二)注册商标注册人的使用义务与注册商标不正常使用或不使用撤销

尽管《商标法》并未明确要求注册人必须使用注册商标,但不正常使用或者不使用可能会导致注册商标被撤销,这实际上意味着注册人有使用注册商标的义务,尽管这种义务不是一种真正的义务。《商标法》规定商标注册人的使用义务是由商标的本质决定的,由于商标是商标标记与其所蕴含的信息的统一体,因此商标必须是商品的标记。尽管我国在商标权取得上采取的是注册取得原则,然而事实上只有实际使用才能使商标逐步具有价值,产生相关的商标利益关系,只有使用才能产生商标权。商标注册机关的"授权"实际上并不是授权,因为它根本无权可授。不使用而拥有注册商标可能导致注册商标的滥用,而无助于市场交易秩序的维护。

注册商标不正常使用或不使用可能会被撤销,这主要有以下两种情况。

1. 注册商标因不正常使用成为通用名称而被撤销

注册商标成为其核定使用商品的通用名称,是指原本具有商标显著特征的注册商标,在市场实际使用过程中,退化为其核定使用商品的通用名称。例如,"优盘"本是朗科公司的商标,然而由于使用不当而成为通用名称,最终被撤销。根据《商标审理及审查标准》(已废止)的规定,判断注册商标成为其核定使用商品的通用名称的时间点,一般应以提出撤销申请时的事实状态为准,案件审理时的事实状态可以作为参考。具体适用要件包括:①注册商标在其获准注册之时尚未成为其核定使用商品的通用名称;②注册商标在被提出撤销申请时已成为其核定使用商品的通用名称。

2. 注册商标因连续三年不使用而被撤销

注册商标因连续三年不使用而被撤销的制度就是著名的"撤三"制度。我国立法机关编写的《中华人民共和国商标法释义》则认为:注册商标连续三年不使用,使注册商标处于搁置不用的状态,不但无法使该注册商标产生价值,发挥注册商标应有的功能和作用,而且还会影响到他人申请注册和使用与其相同或者近似的商标,所以需要相应的法律措施予以规制。简言之,撤销连续不使用注册商标制度的立法目的可概括为两个方面:一方面,促进商标使用,落实商标权,使商标的"注册现实"与"市场现实"相一致;另一方面,减少不使用的注册商标数量,防止商标资源浪费,避免不使用的注册商标妨碍竞争。一般认为,适用"撤三"制度的构成要件为:连续三年;不使用;无正当理由。其中,"连续三年不使用",是指一个注册商标在其有效期内不使用,且该状态不间断地持续三年以上。连续三年不使用注册商标的时间起算,应当自申请人向商标局申请撤销该注册商标之日起,向前推算三年。"使用,"是指符合《商标法》第48条规定的商标使用,且使用不能是象征性使用,是否使用的举证责任由商标注册人承担。"正当理由"包括:不可抗力;政府政策性限制;破产清算;其他不可归责于商标注册人的正当事由。

认定商标注册人对商标的使用是否构成《商标法》第48条规定的商标使用,需要遵循真实原则。所谓商标使用的真实原则,是指商标注册人对商标的使用是为了经营需要和实现商标的功能,将商标与商品或服务相联系,投入市场进行广告宣传、销售、进口、出口等,在市场中实际发挥商标区别其他商品或服务、引导消费者购物的作用,而非为了规避商标不使用撤销制度而进行的虚假性、象征性或零星性使用。真实原则需要同时具备真实使用的意图和实际的使用行为两个要件。首先,商标注册人对商标的使用要有真实使用的意图。商标注册人是否具有真实的使用意图,可以从商标注册人使用商标的具体方式、持续时间、地域范围、商业环境、效果等进行推断。其次,商标使用不仅要有真实使用的意图,还要有实际的商标使用行为。只有注册商标权人切实将商标投入市场,与消费者发生实际的接触,供消费者认牌购物,才表明商标真正发挥了标示来源的功能,这种产生了实际的市场影响力的商标才需《商标法》的保护。反之,仅有使用的意图但并没有实际的使用行为,或者这种使用行为是零星性的、象征性的,就表明商标没有与消费者发生接触,商标的使用没有形成有效的市场影响力,消费者无法凭借商标获得商标权人提供的商品或服务,就不能说构成商标使用。在证明的标准上,要求商标注册人提供的证据能够佐证其商标使用行为实际存在。如果仅有一些间接证据、仅有对商标进行了广告宣传的证据或仅有在商品外包装上使用注册商标的证据,但是没有其他的使用注册商标从事实际经营行为的证据,则很难证明商标权人对其商标进行了实际的使用。例如,在"华艺 HUAYI"商标争议案中,"华艺 HUAYI 及图形"商标的注册人是个体工商企业利华达厂。华艺公司以连续三年不使用为由申请撤销该商标。商标局决定予以撤销,商标评审委员会(以下简称商评委)对商标权决定予以维持。一审法院判决撤销商评委决定。二审法院认为,注册商标权人仅提供了订货单、出仓单、安全认证检验报告,这些仅是间接证据,始终未提供实际使用的直接证据,不能证明其对复审商标进行了使用。①

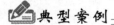典型案例

"康王"商标案

1995 年 4 月 7 日,北京康丽雅健康科技总公司(简称"康丽雅公司")经核准取得"康王"商标,核定使用的商品为第 3 类化妆品。康丽雅公司自 1998 年起就未办理工商年检,于 2001 年 6 月被北京市工商行政管理局朝阳分局吊销营业执照,该注册商标从未使用过。2003 年 5 月 15 日,康丽雅公司与云南滇虹公司签订商标转让协定,将复审商标转让给云南滇虹公司。2003 年 9 月 8 日,商标局核准了复审商标的转让。2002 年 10 月 18 日,潮阳市康王精细化工实业有限公司(后更名为汕头市康王精细化工实业有限公司,以下简称康王公司)以连续三年停止使用为由,向商标局申请撤销复审商标。商标局于 2003 年 12 月 17 日作出撤200200727 号《关于撤销第 738354 号"康王"商标的决定》,对复审商标予以撤销。云南滇虹公司对商标局的撤销决定不服,于 2004 年 1 月 9 日向商评委申请复审。云南滇虹公司提供了使用该注册商标的证据,主要是云南滇虹公司与康丽雅公司于 2001 年 4 月 25 日签订的《商标使用许可合同》、云南滇虹公司控股的昆明滇虹公司生产的"康王"牌防裂护肤霜的包装盒,以及委托他人定牌加工生产的"康王洗剂"包装盒等。商评委于 2006 年 7 月 26 日作出第 2432 号决定,认定复审商标不属于 2001 年修正的《商标法》第 44 条第 1 款第 4 项规定的连续三年停止使用应予以撤销的情形,对复审商标的注册予以维持。康王公司不

---

① 北京市高级人民法院(2005)高行终字第 134 号行政判决书。

服，向北京市第一中级人民法院提起行政诉讼。北京市第一中级人民法院在审理后认为，云南滇虹公司提供的用以证明其使用的包装盒的许可证号的标注不符合法律规定，属于违法使用，《商标法》不予以保护，故此种使用行为无法证明该商标已被合法使用。商评委和云南滇虹公司不服，向北京市高级人民法院上诉，二审维持了一审的判决，商评委向最高人民法院申请再审，最高人民法院在该案中认为，《商标法》(2001年修正)第44条第1款第4项规定的"使用"，应该是指在商业活动中对商标进行公开、真实、合法的使用。经营者在违反法律法规强制性、禁止性规定的经营活动中使用商标的行为，不能认定为《商标法》规定的使用行为。①

最高人民法院在审理本案中认为，商标使用应是合法的使用，如果商标使用违反了法律法规强制性、禁止性的规定，则不能产生商标使用的效力。实际上，最高人民法院在本案中商标使用的合法性问题上采取了较为严格的做法，即只要经营使用行为违反了法律法规的强制性规范，无论是何种类型的强制性规范，也不管这种强制性规范是否属于商标法，使用商标的行为一律被认定为不构成商标使用。

"湾仔码头"商标案

"湾仔码头"商标于2000年3月31日被申请注册，注册类别在第43类咖啡馆、自助食堂、餐厅、饭店、餐馆、自助餐馆、快餐馆、酒吧、流动饮食供应、茶馆服务上。2009年8月31日，经商标局核准，该商标被转让给成某。2009年8月21日，通用磨坊公司对该注册商标以连续三年不使用为由，申请撤销该注册商标。商标局经查证核准撤销该注册商标，被申请人不服，向商标评审委员会申请复审，商标评审委员会维持了商标局的决定，成某不服商标评审委员会的决定，上诉至北京知识产权法院。北京知识产权法院经审理，推翻了商标局及商评委的认定，认为成某在三年期间对该商标进行了真实的商业使用。通用磨坊公司不服，提起上诉。2015年12月31日，北京市高级人民法院作出终审判决，认定成某提交的证据不足以证明此复审注册商标在指定期间进行了实际使用。成某不服，向最高人民法院申请再审，最高人民法院经审理认为，商标的使用，不仅包括商标权人自用，也包括许可他人使用以及其他不违背商标权人意志的使用。没有实际使用注册商标，仅有转让、许可行为，或者仅有商标注册信息的公布或者对其注册商标享有专有权的声明等，不能认定为商标使用。判断商标是否实际使用，需要判断商标注册人是否有真实的使用意图和实际的使用行为，仅为维持注册商标的存在而进行的象征性使用，不构成商标的实际使用。本案中，成某主张复审商标在法定期间内以广告宣传和许可他人使用的方式进行了真实的商业使用，但从其提交的相关证据来看，并不能佐证其主张。成某与苏州市某传媒公司签订的《广告代理合同》《广告协定》，以及《姑苏晚报》有关湾仔码头小吃部的招商广告，不能证明复审商标在核定使用服务上进行了实际使用。成某与某公司食堂签订的《湾仔码头商标合作合同》，以及与宁波市某茶餐厅签订的《商标合作协定》，均没有有效证据佐证其实际履行情况，故上述证据不能证明复审商标在核定使用的服务上进行了实际使用；成某虽与苏州市某饭店签订了《商标许可使用合同》，但无有效证据证明复审商标的实际使用情况，成某提交的《城

---

① 最高人民法院(2007)行监字第184-1号驳回再审申请裁定书。

市商报》中缝刊登的苏州市某饭店"畅游太湖品位农家"广告,不仅晚于复审商标的指定期间,且该证据亦不能佐证复审商标的实际使用。综上,成某所提交的上述证据均不能佐证复审商标在指定期间进行了实际使用,最终,最高人民法院裁定驳回其再审申请。[1]

本案对注册商标"撤三"制度中商标使用的认定问题进行了解释,对于实务中如何判断注册商标是否进行了实际的使用具有借鉴意义。商标使用必须符合真实原则。只有注册商标权人真实地将其注册商标投入市场,与消费者发生实际的接触,供消费者认牌购物,才表明商标真正发挥了标示来源的功能,这种产生了实际的市场影响力的商标才需要《商标法》的保护。反之,注册商标权人没有使用的意图,或仅有使用的意图但并没有实际的使用行为,或者这种使用行为是零星性的、象征性的,其主要目的是避免其商标因连续三年不使用而被撤销,就表明注册商标没有与消费者发生接触,商标的使用没有形成有效的市场影响力,这种商标并没有发挥标示来源的功能,就不能说构成商标使用。

(三)使用注册商标的其他义务

除了正确使用注册商标外,注册人使用注册商标还需要确保使用注册商标的商品质量,不得使用"驰名商标"做广告。

《商标法》第7条第2款规定,商标使用人应当对其使用商标的商品质量负责;第43条第1款规定,许可人应当监督被许可人使用其注册商标的商品质量,被许可人应当保证使用该注册商标的商品质量。这些规定意味着商标使用人应当对商品质量负责,具有质量义务。2013年《商标法》修正时第14条新增第5款规定,即"生产、经营者不得将'驰名商标'字样用于商品、商品包装或者容器上,或者用于广告宣传、展览以及其他商业活动中"。这就是所谓的"驰名商标"不得做广告的规定。商标法之所以新增这一规定,归根结底是为了消除驰名商标异化的根本动因,正如时任国家工商行政管理总局局长张茅所言"驰名商标是商标保护的法律概念,不是一种荣誉和商业宣传概念",但一直以来,驰名商标被人们当作荣誉和商业宣传工具而异化,从而导致驰名商标滥认,甚至虚假诉讼。禁止驰名商标做广告在很大程度上消除了人们认定驰名商标的动因,有助于驰名商标回归正常的法律概念和保护本位。

1982年和1993年《商标法》曾规定"使用注册商标的,并应当标明'注册商标'或者注册标记"。使用商标注册标记似乎是商标注册人的一种义务。2001年《商标法》将此规定修改为"商标注册人有权标明'注册商标'或者注册标记"。使用商标注册标记被明确为商标注册人的一项权利,而不再是一项义务。

三、未注册商标的管理

《商标法》第52条规定,将未注册商标冒充注册商标使用的,或者使用未注册商标违反本法第10条规定的,由地方工商行政管理部门予以制止,限期改正,并可以予以通报,违法经营额5万元以上的,可以处违法经营额百分之二十以下的罚款,没有违法经营额或者违法经营额不足5万元的,可以处1万元以下的罚款。这一规定隐含着未注册商标也是可以使

---

[1] 最高人民法院(2015)知行字第181号驳回再审申请裁定书。

用的,但是使用不能违背《商标法》的规定。这主要有两点:一是不得以未注册商标冒充注册商标。国家工商行政管理局商标局《关于"注册商标"字样或者注册标记启用时间的通知》规定,"注册商标"字样"(注)"或"(R)"只能使用在经商标局正式核准注册的商标图样上,企业申请注册商标后,如果只是见到商标初步审定公告,还不能使用"注册商标"字样、"(注)"或"(R)"。只有经商标局正式核准注册并刊登注册商标公告之日起,方可使用"注册商标"字样或者注册标记。"(注)"或"(R)"标记是我国注册商标专用标记,非注册商标不得使用。非注册商标为表明自己是商标,可以使用"TM"标记。"TM"是"trademark(商标)"的缩写,可以表明标志是商标。尽管并无法律规定的效力,但未注册商标使用"TM"标记仍有法律意义。例如,描述性标志要想取得第二含义而成为商标就必须让标志发挥商标的作用,而不是表达描述性意义,而使用"TM"标记正是表明商标意义的表面证据,有助于描述性标志获得第二含义,至少有助于证明使用者有意将其作为商标使用。二是不得违反《商标法》第10条规定。《商标法》第10条规定了商标的合法性,属于"禁用"而不是"禁注"的标志,通常涉及社会公共利益,注册商标尚不能使用,未注册商标更不能使用,而违法使用会受到工商行政管理部门的处罚。

第三节 商标代理的管理和商标印制管理

除了商标使用的管理外,商标代理的管理和商标印制管理也是商标管理的重要内容,因为商标代理是商标申请和注册的主要辅助,对商标的申请和注册活动具有重要影响,而商标印制则是商标使用的前提,对于商标使用具有重要影响。

一、商标代理的管理

根据《商标法实施条例》和《商标代理管理办法》的规定,商标代理,是指接受委托人的委托,以委托人的名义办理商标注册申请、商标评审或者其他商标事宜。商标代理组织,是指接受委托人的委托,以委托人的名义办理商标注册申请或者其他商标事宜的法律服务机构。商标代理人,是指在商标代理组织中执业的工作人员。国务院市场监督管理部门依法对全国商标代理组织和商标代理人的代理行为进行管理和监督。县级以上市场监督管理部门依法对本辖区的商标代理组织和商标代理人的代理行为进行管理和监督。另外《商标法》第20条规定,商标代理行业组织应当按照章程规定,严格执行吸纳会员的条件,对违反行业自律规范的会员实行惩戒。商标代理行业组织对其吸纳的会员和对会员的惩戒情况,应当及时向社会公布。因此,可以说商标代理的管理分为两个方面:一是商标行政管理部门对商标代理的管理;二是商标代理行业的自我管理或自治。

商标管理机构对商标代理的管理主要包括两个方面:一方面是对商标代理机构和商标代理人的资质的管理。我国法律并未对商标代理机构的资质进行特别规定,商标代理机构只要按照企业登记办法进行登记即可。依法注册的律师事务所也可以进行商标代理业务。因此,商标代理机构包括经工商行政管理部门登记从事商标代理业务的服务机构和从事商标代理业务的律师事务所。根据《商标法实施条例》规定，商标代理机构从事商标局、商标评审委员会主管的商标事宜代理业务的，应当按照规定向商标局备案，而工商行政管理部门则应当建立商标代理机构信用档案。另一方面是对商标代理机构及其工作人员的代理活动的管理。商标代理机构应当遵循诚实信用原则，遵守法律、行政法规，按照被代理人的委托办理商标注册申请或者其他商标事宜；对在代理过程中知悉的被代理人的商业秘密，负有保密义务。商标代理机构在办理商标事宜过程中，不得伪造、变造或者使用伪造、变造的法律文件、印章、签名，不得以诋毁其他商标代理机构等手段招徕商标代理业务或者以其他不正当手段扰乱商标代理市场秩序。委托人申请注册的商标可能存在《商标法》规定不得注册情形的，商标代理机构应当明确告知委托人，不得明知属于不以使用为目的的恶意商标注册申请、侵犯他人在先权利的商标注册申请而代理。商标代理机构除对其代理服务申请商标注册之外，不得申请注册其他商标。

二、商标的印制管理

（一）商标印制管理的概念

商标印制管理，是指商标管理机关依法对商标印制活动进行监督检查，以及对商标印制的违法行为进行查处等活动的总称。

近几年，假冒商标活动十分猖獗，一些印制企业唯利是图，擅自非法印刷、销售他人的注册商标标识。这种行为严重损害了注册商标企业的合法权益，同时也损害了广大消费者的利益。因此，只有加强商标的印制管理活动，才能规范商标印制行为，保护商标专用权人的合法利益。

（二）商标印制管理的内容

根据《商标印制管理办法》，以印刷、印染、制版、刻字、织字、晒蚀、印铁铸模、冲压、烫印、贴花等方式制作商标标识的，均应当遵守本办法。商标印制管理的内容主要包括：商标印制主体的要求、商标印制单位的商标印制管理制度，以及违反商标印制管理法律规定应承担的法律责任。

1. 商标印制主体的要求

商标印制委托人委托商标印制单位印制商标的，应当出示营业执照副本或者合法的营业证明或者身份证明。商标印制委托人委托印制注册商标的，应当出示商标注册证并另行提供一份复印件。

签订商标使用许可合同使用他人注册商标，被许可人需印制商标的，还应当出示商标使用许可合同文本并提供一份复印件；商标注册人单独授权被许可人印制商标的，还应当出示授权书并提供一份复印件。

委托印制注册商标的，商标印制委托人提供的有关证明文件及商标图样应当符合下列要求：①所印制的商标样稿应当与商标注册证上的商标图样相同；②被许可人印制商标标识的，应有明确的授权书，或其所提供的《商标使用许可合同》含有许可人允许其印制商标标识的内容；③被许可人的商标标识样稿应当标明被许可人的企业名称和地址；其注册标记的使用符合《商标法实施条例》的有关规定。

委托印制未注册商标的，商标印制委托人提供的商标图样应当符合下列要求：①所印制的商标不得违反《商标法》第10条的规定；②所印制的商标不得标注"注册商标"字样或者使用注册标记。

商标印制单位应当对商标印制委托人提供的证明文件和商标图样进行核查。根据《商标印制管理办法》的规定，商标印制委托人未提供本办法所规定的证明文件，或者其要求印制的商标标识不符合本办法规定的，商标印制单位不得承接印制。

2. 商标印制的管理制度

根据《商标印制管理办法》的规定，商标印制单位应建立相应的管理制度，规范商标的印制行为，其主要内容包括以下几个方面。

（1）商标印制的审核制度。在承印商标印制业务时，印制单位的商标印刷业务管理人员应当严格审查委托人提供的有关证明文件及商标图样，凡手续齐全符合法定条件的，可予以承印，否则应予以拒印。

（2）商标登记制度和档案制度。商标印制单位应将商标印制委托人委托印制商标的情况填入商标印制业务登记表，载明商标印制委托人所提供的证明文件的主要内容，如营业执照副本或者合法的身份证明、商标注册证或者由注册人所在地的县级工商行政管理部门签章的商标注册证复印件，商标印制业务登记表中的图样应当由商标印制业务主管人员加盖骑缝章。商标标识印制完毕，商标印制单位应当在15天内提取标识样品，连同商标印制业务登记表、商标注册证复印件、商标使用许可合同复印件、商标印制授权书复印件等一并造册存档。商标印制档案和商标标识出入库台账应当存档备查，存查期为2年。这种制度可以如实地反映商标的印制情况，对于商标案件的审理有着十分重要的意义。

（3）商标标识出入库制度。商标标识出入库时，商标印制单位应当清点数量和登记台账，保证印制的商标出入正确，杜绝违法印制的商标投放市场。

（4）废次商标标识销毁制度。废次商标销毁制是指对印刷中产生的废次商标标识进行登记造册，由印制单位统一销毁的制度。建立这一制度有利于杜绝废次商标流失的现象，保护注册商标使用人的合法利益。

3. 违反商标印制管理规定的法律责任

根据《商标法》《商标法实施条例》《商标印制管理办法》的规定，违反商标印制管理规定的行为有以下几种：①不按规定审查印制委托人提供的材料而承印了法律规定不能印制的商标；②未取得商标印制单位证书，而承接商标印刷业务；③擅自承印违反《商标印制管理办法》第13条规定的承印条件的商标，如印制未注册商标，违反《商标法》禁用条款的规定或者标有"注册商标"字样或注册标记等行为；④非法印制和买卖商标标识。

对上述违法行为，由所在地工商行政管理部门责令其限期改正，并视其情节予以警告，处以非法所得额3倍以下的罚款，但最高不超过3万元，没有违法所得的，可以处以1万元以下的罚款。销售自己注册商标标识的，商标局还可以撤销其注册商标。属于侵犯商标专用权的，依照《商标法实施条例》的规定，可以采取如下措施：责令停止销售；收缴并销毁侵权商标标识；消除现存商品上的侵权商标；收缴直接专门用于商标侵权的模具、印版和其他作案工具；采取前四项措施不足以制止侵权行为的，或者侵权商标与商品难以分离的，责令并监督销毁侵权物品。如果商标印制单位的违法行为构成犯罪，根据《商标印制管理办法》的规定，所在地或者行为地工商行政管理部门应及时将案件移送司法机关追究其刑事责任。

本章思考题

1. 为什么要对商标进行管理？
2. 注册商标的使用管理包括哪些内容？
3. 如何对未注册的商标进行管理？
4. 如何完善企业内部的商标管理？

实训

结合本章内容，登录国家知识产权局官网，筛选相关信息，了解商标业务主管机关，以及所承办的业务类型及业务范围。

第七章

商标侵权行为的认定和法律责任

教学目标

（1）掌握商标侵权行为的表现形式。
（2）熟悉实践中认定商标侵权行为的标准。
（3）了解商标侵权应承担的法律责任。

第一节　商标侵权行为的认定

《商标法》第1条明确规定："为了加强商标管理，保护商标专用权，促使生产、经营者保证商品和服务质量，维护商标信誉，以保障消费者和生产、经营者的利益，促进社会主义市场经济的发展，特制定本法。"由此可见，保护商标专用权是我国《商标法》的立法宗旨，也是商标管理机关和司法机关的重要任务之一。保护商标专用权对发展社会主义市场经济具有重要的意义。

一、商标权的保护范围

商标权的保护范围，是指商标权人有权禁止他人在与其核定使用的相同或类似的商品上使用与其核准注册商标相同或者相近似的商标。简言之，商标权的保护范围是商标权人行使禁止权的范围，它不同于商标权人的权利范围。商标权的权利范围，是指商标权人行使权利的范围，仅以其核准注册的商标和核定使用的商品为限。《商标法》第56条为核准注册的商标的权利范围作了界定：第一，注册商标专用权，以核准注册的商标为限。注册人使用的商标应当与核准注册的商标在文字、图形、组合或其他构成要素上相一致，不得自行改变其注册商标。第二，注册商标专用权，以核定使用的商品为限。商标权人使用的商品应当和商标局核定使用的商品相一致。如果超出了权利范围，就会导致两个法律后果：一是不受《商标法》保护，二是有可能侵犯他人的商标权。

为有效地保护商标权，各国商标法通常都规定，注册商标的保护范围要大于注册商标的权利范围。商标权的保护范围不仅包括核定注册的商标和核定使用的商品，而且还包括与注册商标相近似的商标和与核定使用的商品相类似的商品。这样规定，有利于全方位保护商标权人的专有权。

二、商标侵权的构成条件

（一）必须有侵害商标权的不法行为存在

行为人实施了《商标法》规定的侵害商标权的行为。商标侵权行为不仅会侵害商标权，而且这种侵害是法律所不允许的不法行为。行为虽然会侵害商标权，但如果经过了商标权人的许可，就不是不法行为，不构成商标侵权行为。

（二）必须有损害事实发生

行为人实施的侵害商标权的行为造成了商标权人的损害后果。商标侵权带来的损害不同于侵害物质财产权的损害，有些损害是明显的、现实的，如直接减少了商标权人的商品的销量、直接损害了商标权人商标的商誉。有些损害则不那么明显和现实，如利用了商标权人的商标的商誉，但却并未减少商标权人的商品的销量；又如侵害尚未使用的注册商标的商标权，因商标尚未形成，商标权人本就没有销量，也没有商誉可利用，但仍然可能有损害发生，因为这种使用可能在注册商标中"灌注"了商标权人主观上并不欢迎的商誉，就如在一张白纸上写字一样，侵权行为人在白纸上写上了并非权利人想写的字，权利人要想在纸上写字，还需要消除原有字迹。

（三）不法行为人主观上具有过错

行为人知道或者应当知道其行为属于侵害他人商标权的行为。除善意销售的损害赔偿责任之外，我国《商标法》并没有明确要求商标侵权行为的过错要件，通常也认为停止侵害责任不需要过错要件，而损害赔偿责任则要求过错要件。当然，包括商标侵权在内的知识产权侵权行为构成的主观上的要求越来越低，侵权责任越来越严格化，即便要求过错，对过错通常也采用推定的方式来认定。

（四）侵害商标权的不法行为与商标权受损害的后果之间必须有因果关系

商标侵权行为与造成的商标权人的损害结果之间存在因果关系。这里的因果关系和《中华人民共和国侵权责任法》（已废止）中的因果关系一样。

三、商标侵权的判断标准——混淆可能性

在上述商标侵权的构成条件中，何种行为属于不法的侵害商标权的行为无疑是商标侵权构成的关键，而不法侵害商标权的行为的判断标准，即商标侵权的判断标准无疑是重中之重。尽管世界各国或地区的商标法因历史传统等方面的不同，其商标侵权的判断标准各不相同，但混淆可能性均在商标侵权判断标准中占有核心地位。商标法之所以要确立混淆可能性标准，规制造成消费者混淆的侵权行为，就是为了确保商标标示来源的基本功能能够正常发挥，实现《商标法》的立法目的。

《商标法》第57条规定了七种商标侵权行为：①未经商标注册人的许可，在同一种商品上使用与其注册商标相同的商标的；②未经商标注册人的许可，在同一种商品上使用与其注册商标近似的商标，或者在类似商品上使用与其注册商标相同或者近似的商标，容易导致混淆的；③销售侵犯注册商标专用权的商品的；④伪造、擅自制造他人注册商标标识或者销售伪造、擅自制造的注册商标标识的；⑤未经商标注册人同意，更换其注册商标并将该更换商标的商品又投入市场的；⑥故意为侵犯他人商标专用权行为提供便利条件，帮助他人实施侵犯商标专用权行为的；⑦给他人的注册商标专用权造成其他损害的。这七种商标侵权行为是随着《商标法》的修正而陆续规定进商标法的，其中第1项和第2项是2001年《商标法》第52条第1项、1993年和1982年《商标法》第38条第1项一分为二的结果，第3项是1993年《商标法》修正时新增的，第4项是1982年《商标法》既已规定的，第5项是2001年《商标法》修正时新增的，第6项是1988年《商标法实施细则》首先规定并于2013年《商标

法》修正时进入《商标法》的,第7项为商标侵权行为的概括条款,是1982年《商标法》就有的规定。一般认为,在这些商标侵权行为中,《商标法》第57条第1项和第2项确立的商标侵权行为是"直接妨碍商标功能"的"核心的或者基本的商标侵权行为",而第57条第3项至第7项确立的则是"派生的、延伸的或者扩展的"或"外围的商标侵权行为"。《商标法》第57条第1项和第2项是核心的商标侵权行为,是其他商标侵权行为的基础,确定了我国《商标法》传统商标侵权的判断标准。具体说来,《商标法》第57条第1项和第2项确立的商标侵权判断标准可以分别概括为以下两种。

（一）《商标法》第57条第1项的双相同商标权判断标准：商标相同＋商品或服务相同

《与贸易有关的知识产权协议》（又称《TRIPS协定》）,第16条第1款规定,在商标和商品或服务双相同的情况下,应推定存在混淆可能性。《欧盟商标指令》和《欧盟商标条例》因为在商标和商品或服务双相同的情况下是绝对保护,所以也不要求存在混淆可能性。事实上,在商标相同、商品或服务也相同即双相同的情况下,混淆可能性是必定存在的,不混淆是不可能的,要求混淆可能性与否并无实质差异。简言之,双相同商标侵权判断标准只是商标和商品或服务两个方面相同,不需要混淆可能性要件。因为这种类型的商标侵权行为是对《商标法》第56条规定的商标专用权的侵犯,侵犯的是商标禁用权核心领域,不仅构成民事侵权,侵权人甚至还有可能要承担刑事责任。不仅如此,商标和商品或服务双相同的范围非常确定,直接确定为侵权也不会导致权利的过分扩张,也不需要用混淆作为商标权范围的限定。

（二）《商标法》第57条第2项规定的混淆可能性商标侵权判断标准：相似性＋混淆可能性标准

这里的"相似性",是指"商品相同＋商标近似"或"商品类似＋商标相同"或"商品类似＋商标近似"。

混淆可能性是逐步进入我国《商标法》的商标侵权判断标准的。1982年,《商标法》第38条第1项规定,未经注册商标所有人的许可,在同一种商品或者类似商品上使用与其注册商标相同或者近似的商标的,属于商标侵权行为。根据该规定,我国的商标侵权判断标准是"商标相同或近似＋商品相同或类似"标准,即相似性标准。自1982年到2001年,《商标法》历经两次修正,尽管所规定的商标侵权行为类型有所丰富,但其所规定的商标侵权判断标准一直保持不变。

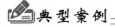典型案例

"齐鲁"商标纠纷案

齐鲁众合公司成立于1995年,经营范围为：证券、期货应用软件的开发及销售；硬件开发及销售；科技企业投资咨询（不含证券、期货咨询）。

2001年7月14日,信达公司经国家商标局核准注册了第1603776号"齐鲁"文字商标,核定服务项目为第36类：资本投资、基金投资、金融分析、金融咨询、证券交易行情、期货经

纪、信托、受托管理、金融信息。2008年4月20日，信达公司将"齐鲁"商标许可齐鲁众合公司独占使用。

2001年12月9日，山东省齐鲁证券经纪有限公司经核准变更为齐鲁证券有限公司，其经营范围为：证券的代理买卖，代理还本付息、分红派息，证券代保管、鉴证、代理登记开户，证券的承销，证券的自营买卖，证券投资咨询（含财务顾问），证券资产管理业务等。齐鲁证券有限公司南京太平南路营业部（以下简称南京太平南路营业部）系齐鲁证券有限公司的分支机构。南京太平南路营业部在店面招牌上使用"齐鲁证券有限公司"文字及松树图形标识，在"齐鲁证券""齐鲁证券业务介绍"等宣传册上除使用"齐鲁证券"文字及松树图形标识外（见图7-1），还使用了"真诚待客户 满意在齐鲁"字样。齐鲁众合公司以南京太平南路营业部侵犯其"齐鲁"注册商标专用权为由提起诉讼，请求判令该营业部停止使用"齐鲁"字样的服务标识，停止在其企业名称中使用"齐鲁"文字，并赔偿其经济损失100万元。

图7-1　文字及图形标识

南京市中级人民法院一审认为，南京太平南路营业部使用"齐鲁"或"齐鲁证券"文字的行为是对其企业名称的简化使用行为，不侵犯齐鲁众合公司的注册商标专用权，遂判决驳回其诉讼请求。齐鲁众合公司不服，提起上诉。江苏省高级人民法院维持一审判决。齐鲁众合公司不服，向最高人民法院申请再审。最高人民法院于2011年7月13日裁定驳回其再审申请。

针对本案，最高人民法院经审查认为，南京太平南路营业部在简化使用其企业名称时，突出使用了"齐鲁""齐鲁证券"文字，但是否构成侵犯齐鲁众合公司对涉案注册商标享有的被许可使用权，原则上要以是否存在造成相关公众混淆和误认的可能性为基础，而判断是否存在造成相关公众混淆和误认的可能性时，必须考虑涉案注册商标的显著性，特别是其知名度。由于"齐鲁"系山东省的别称，故将其作为注册商标使用，本身显著性较弱。涉案商标虽然核定服务类别为第36类，但注册商标权人信达公司及其被许可使用人齐鲁众合公司经营范围与齐鲁证券有限公司及其南京太平南路营业部经营范围不同。鉴于国家对证券行业实行严格的市场准入制度，未取得经营证券业务许可证的企业，不得从事特许证券经营业务。本案信达公司及齐鲁众合公司不具备从事特许证券业务的资格，且二者也没有实际从事特许证券业务，故在该行业不存在知名度的问题，进而也就不可能使公众对齐鲁众合公司与南京太平南路营业部经营主体及经营范围产生混淆和误认。因此，原审法院认定南京太平南路营业部不构成商标侵权并无不当，应予维持。[①]

该案因其典型性，入选《最高人民法院知识产权案件年度报告（2011）》。在该案中，最高人民法院明确指出：商标侵权原则上要以存在造成相关公众混淆、误认的可能性为基础；判断是否存在造成相关公众混淆、误认的可能性时，应该考虑商标的显著性和知名度。

---

① 最高人民法院（2011）民申第222号民事裁定书。

"蓝色风暴"商标案

2003年12月14日,丽水市蓝野酒业有限公司申请取得了"蓝色风暴"文字、拼音、图形组合注册商标,核准使用商品为第32类:包括麦芽啤酒、水(饮料)、可乐等,后商标权人变更为蓝野酒业公司。2005年5月,百事可乐公司在全国范围内开展了以"蓝色风暴"命名的夏季促销及宣传活动。百事可乐公司在促销及宣传活动中,不仅将"蓝色风暴"标识使用在宣传海报、货架价签、商品堆头等宣传品上,也将"蓝色风暴"标识直接使用在其生产、销售的可乐等产品的外包装和瓶盖上。蓝野酒业公司认为百事可乐公司的行为构成商标侵权,向法院起诉。杭州市中院一审认为,由于百事可乐公司在其产品上使用"蓝色风暴"标识并非作为商标使用,同时百事可乐公司的行为不构成对公众的误导,也不会造成公众的混淆,故百事可乐公司的行为不构成侵权。蓝野酒业公司不服,上诉至浙江省高级人民法院。浙江省高级人民法院在二审中认为,百事可乐公司通过一系列的宣传促销活动,已经使"蓝色风暴"商标具有很强的显著性,形成了良好的市场声誉,当蓝野酒业公司在自己的产品上使用自己合法注册的"蓝色风暴"商标时,消费者往往会将其与百事可乐公司产生联系,误认为蓝野酒业公司生产的"蓝色风暴"产品与百事可乐公司有关,使蓝野酒业公司与其注册的"蓝色风暴"商标的联系被割裂,"蓝色风暴"注册商标将失去其基本的识别功能,蓝野酒业公司寄予"蓝色风暴"商标谋求市场声誉,拓展企业发展空间,塑造良好企业品牌的价值将受到抑制,其受到的利益损失是明显的。故根据《商标法》第52条第1、2项的规定,百事可乐公司在其商品上使用"蓝色风暴"商标的行为,侵犯了蓝野酒业公司"蓝色风暴"注册商标专用权。①

本案被认为是我国商标反向混淆的典型案例,法院在分析百事可乐公司使用"蓝色风暴"是否构成侵犯商标权的行为时,在确定了原、被告商标近似的基础上,进一步运用反向混淆理论分析了混淆问题。值得注意的是,在2013年《商标法》第57条第2项引入混淆可能性要件之后,"混淆"成为商标和商品有一方不相同但近似或类似情况下侵犯商标权的判断标准。"蓝色风暴"案是发生于2001年《商标法》下的案件,但却是理解和适用2013年《商标法》第57条第2项的绝佳实例。

第二节 商标侵权行为的类型

根据《商标法》第57条、《商标法实施条例》以及《商标纠纷解释》的规定,商标侵权行为主要有以下几种类型。

一、同种商品上使用与其注册商标相同的商标

使用他人的注册商标,必须经商标权人同意签订商标使用许可合同并在商标局备案。

---

① 浙江省高级人民法院(2007)浙民三终字第74号民事判决书。

未经许可实施这种行为,不论主观上是出于故意还是过失,都构成对他人注册商标专用权的侵犯。这种行为会使商品的来源发生混淆,不仅损害了商标权人的利益,也损害了消费者的利益。

商标相同是指被控侵权的商标与原告的注册商标相比较,二者在视觉上基本无差别。从一般消费者的角度看,凭视觉判断所对比的商标大体上差别不大,就构成商标相同。

二、同种或类似商品上使用与注册商标相同或近似的商标

实践中,这种侵权行为主要表现为以下三种情形:①在同一种商品上使用与他人注册商标近似的商标;②在类似商品上使用与他人注册商标相同的商标;③在类似商品上使用与他人注册商标近似的商标。

这些侵权行为具备三个特点:一是侵权人的商标所指定的商品与被侵权人的商品为类似种类;二是侵权人所使用的商标与被侵权人的注册商标近似;三是侵权人使用商标的行为容易导致混淆。如果不同时具备这三个特点,使用人的行为就不构成商标侵权,而是正常的商标使用行为。

如何界定商标相同或者近似、商品或服务相同或者类似?最高人民法院在《商标纠纷解释》中对这些概念进行了定义。商标近似是指被控侵权的商标与原告的注册商标相比较,其文字的字形、读音、含义或者图形的构图及颜色,或者其各要素组合后的整体结构相似,或者其立体形状、颜色组合近似,易使相关公众对商品的来源产生误认或者认为其来源与原告注册商标的商品有特定的联系。因商标近似而构成侵权的情况在生活中较为普遍,《商标纠纷解释》第一次明确了商标近似的概念,统一了对商标近似的理解和适用,对指导审判实践有重要的现实意义。

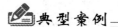
典型案例

"白家"与"白象"商标近似和商品类似纠纷案

"白象"商标于2001年1月14日获得核准注册,核定使用商品为第30类:方便面、挂面、豆沙、谷类制品、面粉、面条等。原告正龙公司成立于1997年,成立后即通过授权被许可使用上述商标,并于2004年受让该商标。2006年10月,"白象"注册商标被认定为驰名商标。

被告白家公司从2005年年底开始在方便粉丝产品上使用"白家"文字商标。两审法院均认为,方便粉丝和方便面均系方便食品,在功能、用途、生产部门、销售渠道、消费对象等方面相同,二者为类似商品。经过整体对比,"白象"与"白家"字形相似(见图7-2),正龙公司综合考虑"白象"注册商标的显著程度、市场知名度等因素,认定白家公司使用的"白家"商标与正龙公司的"白象"注册商标构成近似,因此白家公司的行为构成商标侵权,遂判决白家公司停止使用"白家"商标。本案原告未主张损害赔偿。①

---

① 河南省高级人民法院(2008)豫法民三终字第37号民事判决书。

图 7-2　白象与白家的商标

本案是一起典型的涉及商品类似和商标近似判断的案件，法院的裁判为商标侵权纠纷中类似商品或服务和商标近似的判断给出了一个很好的范例。在该案中，法院在判断方便粉丝和方便面是否是类似商品时，并没有简单根据《类似商品和服务区分表》，而是从功能、用途、食用方法、包装方法、生产部门、销售渠道、消费对象等方面进行判断。在判断两商标是否近似时，对两标识进行整体对比，并综合考虑了注册商标的显著性、市场知名度。该案因其典型意义被最高人民法院收录于 2008 年知识产权司法保护十大案件。

另据媒体报道，四川白家粉丝与河南白象之间历时 6 年的"中国方便食品知识产权第一案"之争，终于画上句号。两家企业经历了 5 场官司后达成了和解——白家粉丝 2013 年起开始正式使用"白家陈记"商标（见图 7-3），以示区别，而白象集团则悄然退出方便粉丝领域，专注方便面行业。

图 7-3　白家陈记商标

三、销售侵犯商标专用权的商品

针对流通领域中出现的越来越多的侵犯注册商标专用权的行为，我国《商标法》1993 年修正时又增加了一种侵权行为，即"销售明知是假冒注册商标的商品的行为"，情节严重的，要依法追究刑事责任。这条规定对制裁流通领域中的商标侵权行为，起到了重要的作用。国际社会认定商标侵权的行为是看有无侵权的行为事实，不管侵权人主观上是明知还是不明知，都是侵权行为。但是，按照我国《商标法》的要求，这类侵权人必须主观上出于故意，即"明知"，才能按商标侵权行为进行处理。换言之，如果销售者主观上不明知或应知其销售的商品是假冒注册商标的商品，则不能认定其为商标侵权。这样就把很多侵权行为排除在外了。同时在商标执法和司法实践中，很难判定行为人的主观动机。

我国《商标法》2001 年修正时，删除了"明知"作为构成侵权的要件，换言之，行为人只要客观上销售了侵犯注册商标专用权的商品，不管主观上是否明知或应知，并不影响其行为的定性，都构成侵权，要受到法律的制裁。我国《商标法》在认定侵权行为时，采用了"无过错责任原则"，即无论行为人主观上是否有过错，只要有侵害权利人的事实存在，在定性时均认定构成侵权。

四、伪造和擅自制造并销售他人注册商标标识

伪造他人注册商标标识是指仿造他人的商标图案和物质载体而制造出的商标标识。

商标标识是指由商标图案组成的、附着于商品之上的物质载体,如商标标牌、商标瓶贴、商标织带等。擅自制造他人注册商标标识,是指未经商标权人的同意而制造其注册商标标识,在自己生产的相同或类似商品上使用。销售伪造、擅自制造的注册商标标识,是指未经商标权人同意,以其注册商标标识作为买卖的对象。上述行为,不仅损害了商标权人的合法利益,也为侵犯商标专用权的行为提供了便利条件。因此,《商标法》《商标印制管理办法》都将此类行为视为侵权行为。

五、更换注册商标并将该商品重新投入市场

未经商标注册人同意,更换他人注册商标并将该更换商标的商品又投入市场的行为,在国外被称为商标的反向假冒。这是我国《商标法》经2001年修正后新增加的一项侵犯商标专用权的内容。

我国《商标法》第57条第5项规定,未经商标注册人同意,更换其注册商标并将该更换商标的商品又投入市场的行为,构成侵犯注册商标专用权。这一规定,体现了商标专用权的"行"与"禁"两个方面,可对侵权者起到警示作用。商标反向假冒的构成要件为:①未经过商标权人的同意,擅自将原来的注册商标替换为侵权人自己的注册商标;②侵权人将替换商标后的商品再一次投向流通领域。假冒者的目的是想利用他人价廉质高的产品,为自己开拓市场,赚取高额利润。

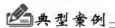 典型案例

"枫叶"商标案

1993年,鳄鱼公司授权同益公司在北京销售"鳄鱼"牌(CROCODILE BRAND)皮革制品和"卡帝乐"牌(CARTELD BRAND)服饰系列等。1994年4月7日,同益公司与百盛购物中心签订合同,百盛购物中心同意同益公司在该中心内设置鳄鱼专卖店。同益公司以每条188元的价格购买服装一厂生产的"枫叶"男西裤26条,随后将其中25条的"枫叶"商标更换为"卡帝乐"商标,在百盛购物中心鳄鱼专卖店以每条560元的价格进行销售,并注明产地为新加坡。1994年4月28日,服装一厂的职工发现百盛购物中心鳄鱼专卖店出售的"卡帝乐"西裤是经过改装的"枫叶"产品。5月3日,服装一厂从该专卖店购买西裤两条,并做公证。5月13日,服装一厂正式向北京市第一中级人民法院起诉,状告百盛购物中心侵权,后又将同益公司、鳄鱼公司追加为共同被告。由案情可知,该案的核心问题即为鳄鱼公司将枫叶公司生产的西裤上的枫叶商标更换为鳄鱼商标并投入市场销售的行为的法律性质。北京市第一中级人民法院经审理认为,服装一厂享有的商业信誉和公平竞争的权利,应受到法律保护。在本案中,已被吊销营业执照的同益公司虽曾得到过被告鳄鱼公司的授权,在北京贩卖"鳄鱼"牌皮革制品和"卡帝乐"牌服装、服饰等,但原告并未授权其可以更换原告产品的商标再行销售,且该授权并不意味着同益公司可以自行组织货源而将已进入市场流通中的他人产品的商标撕下,更换成"卡帝乐"商标后高价销售。同益公司利用原告的优质产品牟取暴利,无偿地占有了原告为创立其商业信誉和通过正当竞争占有市场而付出的劳动。其行为违反了诚实信用、公平竞争的基本原则,妨碍原告商业信誉、品牌的建立,使

原告的商业信誉受到损害,正当竞争的权利受到影响。因此,同益公司的行为构成侵权。[①]

从法院的判决来看,由于当时的《商标法》并没有将这类行为规定为商标侵权,原告在起诉时也是以商誉受损和不正当竞争为依据的,因此法院并没有明确这类行为是否为商标侵权,但是已经指出了此种行为的危害和不正当竞争的性质。2001年,《商标法》第52条第4项增加了反向假冒行为的规定,从而将这种行为纳入《商标法》的规制范围。

"银雉"商标案

本案中,原告印刷机械厂主要生产"银雉"牌胶印机。2001年开始,被告轶德物资有限责任公司多次购进原告生产的"银雉"牌旧胶印机进行翻新,将原告胶印机上的"银雉"商标去除后以无任何标识的方式对外销售。原告遂诉至法院。法院审理认为,原告印刷机械厂依法对"银雉"牌商标享有所有权及使用权,并享有禁止他人不适当使用该商标的权利。注册商标中的商品商标,作为商标权人与商品使用者之间的纽带,只有附在核准使用的商品上随着商品流通,才能加强商品的知名度和竞争力,使商品使用者认知商品生产者及其商品的全部价值,增加商品的市场交易机会,满足商标权人实现其最大经济利益的目的。所以,商品商标与商品具有不可分离的属性,商标权人有权在商品的任何流通环节,要求保护商品商标的完整性,保障其经济利益。在商品流通过程中拆除原有商标的行为,显然割断了商标权人和商品使用者的联系,不仅使商品使用者无从知道商品的实际生产者,从而剥夺公众对商品生产者及商品商标认知的权利,还终结了该商品所具有的市场扩张属性,直接侵犯了商标权人所享有的商标专用权,并最终损害商标权人的经济利益。因此,被告轶德物资有限公司在商品交易中擅自将印刷机械厂的"银雉"商标与该商标标识的商品分离,是侵犯印刷机械厂商标专用权的行为。

本案是2004年第10期《最高人民法院公报》案例,对于反向假冒行为的认定具有一定的参考价值,现行《商标法》第57条第5项规定,未经商标注册人同意,更换其注册商标并将该更换商标的商品又投入市场的,属于侵犯注册商标专用权的行为。这一条款所指的是显性反向假冒行为。实践中另有一种隐性反向假冒行为,即将他人商品之上的商标去除,以无商标的形式再次出售。法院在本案中认为,被告轶德物资有限公司的行为即属于这种隐性反向假冒行为,同样应被纳入反向假冒的侵权行为之列。

六、故意为侵犯他人商标专用权行为提供便利条件

和上述直接侵权行为相比,这是一种帮助侵权行为。这种行为虽然没有直接侵权,但从本质上对侵权行为起到了帮助作用。这种侵权行为原本在《商标法实施条例》中有规定,鉴于其危害性,2013年修正的《商标法》第57条第6项将其作为一种独立的侵权行为加以规定。这里所指的"提供便利条件",不仅包括传统的从事邮寄、运输、仓储等活动,也包括提供经营场地、网络销售平台等行为。应当注意的是,行为人只有在故意为侵犯商标权人提供上述条件的情况下,才构成侵权。

---

① 北京市第一中级人民法院(1994)中经知初字第566号民事判决书。

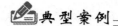典型案例

"鳄鱼"商标案

拉科斯特公司在中国注册了鳄鱼图形及文字系列商标,作为国际著名服装生产商,上述商标在中国具有极高的知名度和良好的市场声誉。经调查,拉科斯特公司发现上海龙华服饰礼品市场(以下简称龙华市场)以低廉的价格公开销售带有原告上述注册商标的服装,龙华公司是龙华市场的管理人,拉科斯特公司遂多次致函龙华公司,要求龙华公司采取措施,停止侵犯鳄鱼系列商标专用权的行为,但龙华公司并未停止上述侵权行为,拉科斯特公司遂诉至法院。审理该案的上海市第一中级人民法院认为,商品市场的管理者对市场内商铺销售假冒注册商标商品的行为未尽合理注意义务,为侵权行为提供便利条件的,属于帮助侵权的行为,应当和销售假冒注册商标商品的商铺承担连带责任。本案中,被告作为龙华市场的管理方,虽没有行政执法权,但根据被告与承租商铺经营者的合同及其附件之约定,对于承租商铺经营者出售侵犯注册商标专用权商品的行为具有限期整改、扣减保证金、解除合同直至清退出场的权利,在原告拉科斯特公司多次发函告知在其管理的市场内存在出售侵犯原告注册商标专用权商品的情况下,理应对相关商铺加强监管,但被告仅要求相关商铺经营者出具书面保证书,主观上没有尽到善良管理人的合理注意义务,尤其在原告多次发函后,仍能在同一商铺购买到侵权商品,充分说明被告制止侵权措施不力,客观上为侵权行为提供了便利条件,导致侵权行为反复发生,因此被告的行为构成帮助相关商铺销售侵权商品的行为,故被告与销售侵权商品的相关商铺经营者应承担连带赔偿责任。①

本案是2010年第10期《最高人民法院公报》案例,对于理解和适用《商标法》第57条第6项具有一定的参考意义。法院在审理该案中,实际上运用了民法中"善良管理人"的概念,认为龙华公司作为市场管理者,应附有监管的合理注意义务,但是存在制止侵权措施不力的行为,违反了这种合理注意义务,因而和店铺经营者一起承担共同侵权责任。

七、互联网上的商标侵权行为

随着网络技术的发展和运用,网络不仅成为人们获得信息的重要途径,也成为购买商品的重要方式,"谷歌""百度"搜索引擎和"淘宝""易趣"等网络购物平台随之兴起与发达。但与之相伴的是"谷歌"和"易趣"在全球因商标侵权纠纷而官司缠身,"百度""淘宝"则在国内成为多起商标侵权纠纷的被告。

互联网上的商标侵权行为和互联网下的商标侵权行为既具有相似的一面,也具有不同的一面,因此将网下的侵权规则直接照搬到网上是行不通的,事实上,对于类似的商标侵权行为,法院已经将网上的商标侵权行为和网下的商标侵权行为进行了区分。

互联网上的信息传递显然不同于网下的信息传递,这种信息传递不仅是网状的和虚拟化的,而且是集中提供的。因此,在线下并行不悖的一些商标使用在网上就可能成为问题。在线下,由于特定商品互相隔离的商品流通渠道及商品的不同类别,不同商标可以并行不

---

① 上海市第一中级人民法院(2009)沪一中民五(知)初字第211号民事判决书。

悖地发挥着其传递商品信息的作用。例如,"长城"电脑、"长城"葡萄酒和"长城"润滑油用同样的商标标志代表着不同的商品信息,在商品流通渠道不同和商品种类不同的情况下,尽管均具有较高的知名度,这些商标也可以并行不悖地发挥其识别商品的作用;但是在网上则不同,同一个网店很可能同时经销这三种商品,即便不是如此,电脑、葡萄酒和润滑油的消费者在使用搜索引擎寻找所需商品时,可能均简单地输入"长城"二字,此时代表不同商品的商标就"汇聚"到了一起。不仅如此,在互联网上,无论是商品信息的传递还是商品的实际流通,商标往往是在一个立体的实际环境下发挥作用的,这也使得这些具有共同能指的商标并行不悖。但在互联网上,商标往往仅仅是在一个电脑屏幕上发挥作用的,不同的商标被"汇聚"到了同一个平面上,实际的电脑、葡萄酒和润滑油是不出现的,人们见到的仅仅是商标标志,至多是简单商品的图片,也就是说,互联网上的商标是在一个平面的虚拟环境下发挥作用的。于是,在互联网上和线下,商标的能指和所指的地位会有所变化,互联网上商标能指的重要性无疑会更高,且由于其"平面"使用的状态,在线下原本不容易产生冲突的商标与商标之间产生冲突的可能性大大提高。

无论是搜索服务提供商,还是网络购物平台提供商,它们之所以会成为商标诉讼的被告而承担商标侵权责任,是因为它们的活动和商品的流通直接相关,而商品信息是市场交易的重要一环,商标本质上则是一种传递商品信息的工具,因此不管是在传统环境下还是网络环境下,只要涉及与商标相关的商品信息的传递,商标侵权责任就是可能的。搜索服务提供商之所以可能被诉承担商标侵权责任就是因为其搜索引擎服务利用了他人的商标,提供了有关商品或者服务的信息,而网络购物平台提供商之所以可能被诉商标侵权责任,是因为它们对直接商标侵权行为提供了帮助或者某种便利,尽管这些网络购物平台提供的主要是信息服务。

(一) 搜索服务相关的商标侵权

互联网信息搜索服务是指运用计算机技术从互联网上收集、处理各类信息供用户检索的服务。互联网搜索极大地改变了人们的信息和知识的获取途径和速度,改变着企业的商业模式和人们的生活方式,给我们的生活提供了极大的便利。同时,互联网搜索也深刻地改变了商品信息传递的方法,有些商家可能会通过搜索引擎利用他人商标的商誉影响商品信息的传递,搜索服务提供商还会提供具有广告性质的关键词竞价排名的有偿搜索服务。在这种情况下,通过搜索引擎利用他人商标的商誉影响商品信息传递的商家固然可能承担商标侵权责任,而搜索服务提供商则也可能因给商家提供了帮助或者便利条件而承担商标侵权责任。

通过搜索引擎利用他人商标的商誉影响商品信息传递的商家主要是网站的经营者,网站经营者为提高其网站被搜索服务用户找到的概率,尤其是被与其提供的商品或服务直接相关的搜索服务用户找到的概率,往往会利用关键词推广,不管是自然的搜索引擎优化,还是人为操作的关键词竞价排名,关键词的选择均是很重要的。除直接描述网站经营者的产品或服务的词常常被作为关键词之外,同行业的竞争对手的商标,尤其是行业领先的商标也常常被选为关键词,因为这些词或者商标与网站经营者的商品或服务紧密相关,搜索这些词或商标的用户是更可能购买商品或服务的有效用户。然而,不管是哪种形式的使用,当网站经营者使用竞争对手的商标作为关键词时,实质上便是在利用竞争对手商标的商誉,当这种利用存在混淆可能性时,显然便会触发商标侵权责任。

关键词的设置者使用关键词有三种形式:第一种是在元标签中使用,即作为元标签中的关键词标签。元标签不会在网页的任何地方显示出来,所以访问者并不会看到关键词标签,但计算机会处理这些标签,即当网络用户使用搜索服务而在搜索框中输入的搜索词与网站经营者设置的关键词标签一致或者包含在其中时,网站或者其网页就会被触发而出现在搜索引擎的搜索结果中。第二种是在网站标题和描述中使用。在搜索优化中,网站的主标题和元描述是非常重要的,它们可以让用户快速了解某条搜索结果的内容,常常是决定用户点击哪条搜索结果的主要信息。网站的主标题告诉搜索引擎该网页的标题,搜索引擎在建立索引的时候一般情况下都会采用这个标题,但有时候搜索引擎也会根据一些情况自己匹配出更符合用户需求的标题,在这种情况下,网站页面内容、外部锚文本、H标签等都有可能影响搜索引擎最终展现出来的标题。也就是说,不管是自己设定的还是搜索引擎匹配的,搜索引擎的搜索结果显示的内容主要取决于网站经营者的设定,因为直接采用的标题显然是网站经营者设定的,而匹配的标题也是搜索引擎根据网站的情况自己匹配的,同样是网站经营者设定的。第三种是在网站页面中使用,即网站经营者在自己的网站或者网页中使用关键词。这些关键词会出现在网站的网页中,当网络用户访问网站的网页时会看到这些关键词。

就网络搜索服务来说,网络搜索服务商的商标侵权责任通常和网站经营者的商标侵权责任紧密相关,其商标侵权责任通常取决于网站经营者的直接商标侵权行为,即便搜索服务提供商提供的是基于搜索引擎技术的、收费的网络推广服务。目前,绝大多数判决认为其本质仍为信息检索服务,在搜索服务提供商并未直接向竞价者提供关键词的情况下,其仅存在是否构成间接侵权的问题。一般认为,搜索服务提供商对他人参与竞价的关键词不负有事先、主动审查义务,但需要自行提供证据证明已尽到必要的提示、告知义务,如网站中是否有必要的知识产权条款、是否有畅通的侵权通知机制等。在接到权利人通知后及时删除涉嫌侵权信息,避免损害结果进一步扩大的,可以享受避风港规则的庇护;对于将具有很高知名度的商标作为竞价排名的关键词的,搜索服务提供商需承担更高的注意义务;若其未进行必要过滤,可能推定其应当知道涉案关键词构成侵权,搜索服务提供商主动推荐关键词的,可能被推定对侵权行为"明知"或"应知",可能承担侵权责任。

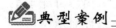典型案例

"大众"商标案

原告大众交通公司享有"大众"文字注册商标专有权,并授权大众搬场使用其商标,用于上海市经营搬场业务。被告百度公司是百度网站的所有人和经营者,推出了"竞价排名"服务。百度网站的"竞价排名"服务是一种收费服务,用户在"竞价排名"栏目注册账号后,需向百度网站支付推广费,自行选定搜索关键词,并自行设定其网站链接每被点击一次需向百度网站支付的费用。该项服务的最终目的是确保以其选定的关键词进行搜索时,付费越多的用户的网站链接排名越靠前。百度公司推出这项服务后,向客户销售原告大众交通公司的"大众"商标关键字。在百度网站界面输入"上海大众物流搬场有限公司"的关键字

后，在搜索结果页的左侧和右侧，会出现许多包含关键字的网站链接。据公证书显示，搜索结果第一页显示的被链第三方网站均与原告无关，并且显著地标明了"大众搬场"等字样。原告认为被告的行为构成商标侵权和不正当竞争，遂诉至法院。

上海市第二中级人民法院在审理被告是否构成商标侵权时认为，接受"竞价排名"服务的网站未经原告大众交通公司许可在其经管搬场业务的网站网页显著位置突出使用了"上海大众搬场物流有限公司""大众搬场"等字样作为其企业字号，使相关公众产生了误认，侵犯了原告大众交通公司享有的"大众"注册商标专用权。百度网站作为搜索引擎，其主要功能在于提供网站链接以帮助公众在网上搜索、查询信息，其根据网民输入的关键词而在搜索结果中显示出的内容，不能被视为是百度网站自己提供的内容，因此百度网站不应被认定为直接实施了商标侵权行为。但是，与搜索引擎通常采用的自然排名相比，"竞价排名"服务不仅需要收取费用，还要求用户在注册时必须提交选定的关键词，因此百度网站有义务也有条件审查用户使用该关键词的合法性，在用户提交的关键词明显存在侵犯他人权利的可能性时，百度网站应当进一步审查用户的相关资质，如要求用户提交营业执照等证明文件，否则将被推定为主观上存在过错。百度网站应当知道存在第三方网站侵权的可能性，就此应当进一步审查上述第三方网站的经营资质，但是，百度网站对于申请"竞价排名"服务的用户网站除进行涉黄涉反等最低限度的技术过滤和筛选以外，没有采取其他的审查措施，未尽合理的注意义务，进而导致了侵犯原告大众交通公司的注册商标的第三方网站在搜索结果中排名靠前或处于显著位置，使网民误以为上述网站系与原告大众交通公司关联的网站，对原告大众交通公司的商标造成了一定影响。据此，被告未尽合理注意义务，主观上存在过错，客观上帮助了第三方网站实施了商标侵权行为，并造成了损害结果，因此与直接侵权的第三方网站构成共同侵权，应当承担连带民事责任。①

本案中，百度公司推出的"竞价排名"服务本身是一种搜索引擎技术服务，因此这种服务不构成对原告商标权的直接侵权。但是，百度公司的行为对直接侵权行为起到了帮助的作用，容易导致消费者对搜索结果所呈现的网站链接与大众交通公司之间的关系产生混淆。百度公司作为技术服务提供者，并未尽到合理的注意义务，因此需要为直接侵权行为承担帮助侵权责任。

（二）网络购物平台提供商的商标侵权

对于网络购物平台提供商而言，它们与互联网下的集贸市场非常类似。与集贸市场相同的是它们的基本结构，淘宝公司等网络购物平台提供商类似于集贸市场的市场主办者，而淘宝网上的网店则类似于集贸市场的驻市场商户。与集贸市场不同的是，淘宝网上的驻市场商户是海量的。众多的驻市场商户导致网络购物平台提供商和驻市场商户的关系是间接的，网络购物平台提供商对驻市场商户的监督和控制能力不可能是很强的。当然，网络购物平台和驻市场商户的关系也有不同的类型，前述的类型是那些普通的驻市场商户，除此之外，淘宝公司还建有"天猫商城"。在"天猫商城"中，淘宝公司对驻市场商户的要求更高，对驻"天猫商城"商户的管理更为严格。但即便如此，淘宝公司对"天猫商城"的驻市

---

① 上海市第二中级人民法院(2007)沪二中民五(知)初字第147号民事判决书。

场商户的管理与普通集贸市场主办者对驻市场商户的管理也不可同日而语,因为其商户仍然非常多,就目前而言,"天猫商城"的驻市场商户已有数十万家。

典型案例

Teenie Weenie 商标案

力达公司注册了 Teenie Weenie 文字图形组合商标(以下简称涉案注册商标),核定使用商品为第 25 类夹克(服装)、短裤、工作服、汗衫、衬衫、内衣、围巾、短统袜,帽子、运动鞋。后涉案注册商标的注册人变更为依兰德公司。依兰德公司将包括涉案注册商标在内的一系列商标在我国大陆享有独占的、不可转让的权利授予衣念公司。2009 年 11 月 19 日,衣念公司委托代理人戴某某以 mlsnX Xj2009 名义在店铺地址为 http:shop368XX436.taobao.com 的"外贸服服饰大搜家"网店上购买了名为"041960-1 品牌原单 TW 小熊(WM)口袋订银焦熊真毛帽单毛外套"的涉案商品。该店铺掌柜名为"吴某某 vincent",涉案商品"一口价:210 元""库存 100 件""30 天售出:0 件"。涉案商品的"物流信息"显示物流公司为申通 E 物流、运单号码为 2689179033XX,"发货信息"有"吴某某 vincent"及联系方式,"收货信息"有戴某某及联系方式。涉案商品内衬上方有一蓝色矩形领标,领标上端的正中印有一动物图案,中间两行分别印有大字体的 TEENIEWEENIE 及小字体的 TRADITIONAL 字,下则是更小字体的 BeauAtharulic 等。衣念公司以淘宝公司经营的淘宝网站的店铺里销售侵犯其商标专用权的服装,淘宝公司为侵权行为提供了便利,应承担侵权责任为由起诉至法院。

上海市黄浦区人民法院一审认为,淘宝公司作为网络服务提供者已经尽到其应负的合理注意义务,衣念公司关于淘宝公司为吴某某的侵权行为提供便利,故应承担侵权责任的主张,法院不予支持。原审判决后,衣念公司不服,向上海市第二中级人民法院提起上诉,称淘宝公司的行为构成帮助侵权,应当与吴某某共同承担法律责任。上海市第二中级人民法院认为,首先本案被控侵权行为的直接实施者是淘宝卖家吴某某。淘宝公司作为网络服务提供者,对于在淘宝网上销售商品的淘宝卖家,有事先要求其登记信息、实名认证的审查制度,并制定了《淘宝服务协定》《商品发布管理规则》等管理规范,对于接受权利人投诉也有相关的审查制度。在涉讼后,淘宝公司又根据衣念公司的要求保留或删除了相应的卖家信息,故淘宝公司作为网络服务提供者已经尽到了合理的审查义务。其次,淘宝网上的交易信息量十分巨大,而且信息又在不断地更新,客观上淘宝公司无法对所有交易信息是否存在侵权的可能进行判断。且仅凭吴某某在淘宝网上发布的涉案商品信息,亦无从判断该涉案商品是否属于侵权商品。因此,淘宝公司主观上亦不存在明知或应知侵权行为存在的过错,淘宝公司不构成帮助侵权,不应与直接侵权人淘宝卖家吴某某承担连带责任。最终判决驳回上诉,维持原判。①

法院在本案中认为,淘宝公司作为网络服务提供者,对于其淘宝网上存在的海量的店铺和商品,是缺乏甄别侵权与否的能力的。因此,其注意义务不能设定得过高。如果有证

---

① 上海市第二中级人民法院(2010)沪二中民五(知)终字第 39 号民事判决书。

据表明淘宝公司已经尽到了合理的审查义务,如在接到权利人的通知之后及时删除、屏蔽、下架相关商品或关闭、处罚店铺,也无其他能够表明淘宝公司主观上明知或者应知侵权商品销售的证据,则淘宝公司就不构成帮助侵权。

第三节 商标侵权的法律责任

对侵犯注册商标专用权引起纠纷的,由当事人协商解决,不愿协商或者协商不成的,商标注册人或者利害关系人可以向人民法院起诉,也可以请求工商行政管理部门处理。这里的"利害关系人"包括注册商标使用许可合同的被许可人、注册商标财产权利的合法继承人等。我国处理侵权案件的机关为工商行政管理部门和人民法院。在注册商标专用权受到侵犯时,被侵权人或者任何人都可以向工商行政管理部门投诉或者举报;被侵权人也可以直接向人民法院起诉,要求追究侵权人的法律责任。

侵犯他人注册商标专用权,必须依法承担其相应的法律责任。根据我国《商标法》的规定,侵权人应承担的法律责任有民事责任、行政责任,侵权情节严重,构成犯罪的,要追究其刑事责任。

一、商标侵权的民事责任

(一) 商标侵权的民事责任及其方式

商标侵权的民事责任是指人民法院依照《商标法》和有关的民事法规对侵权人的商标侵权行为所作出的、由侵权人承担的强制性处罚措施。根据《民法典》《商标法》及其实施条例的有关规定,商标侵权行为承担民事责任的方式主要有以下四种。

1. 停止侵害

停止侵害是指权利人要求人民法院对正在进行的侵害行为立即给予制止以避免自身的权益遭受更大的损失。

根据我国《商标法》的规定,停止侵害有不同的类别。按照时间划分,停止侵害包括三种:诉前停止侵害商标权行为、诉中停止侵害商标权行为和诉终停止侵害商标权行为;按照效力和性质划分,停止侵害包括两种:暂时停止商标侵权行为和永久停止商标侵权行为。尽管在时间上有重叠,但诉前或者诉中停止侵害商标权行为的临时禁令不同于《商标法》第65条所规定的财产保全。财产保全的目的是确保判决的执行,是就被告的有价值的财产采取的措施。因此,财产保全不能针对侵权物品而采取,因为侵权物品最终可能因侵权而被销毁达不到财产保全的目的,诉前或者诉中停止侵害商标权行为的临时禁令也不同于《商标法》第66条所规定的证据保全。尽管证据保全客观上可能导致侵害商标权行为的暂时停止,比如就商标侵权商品进行证据保全时,商标侵权商品显然是无法继续销售的,这就在客观上阻止了商标侵权行为,但证据保全却无法阻止所有的商标侵权行为,比如制造商标侵权商品的行为或者提供商标侵权服务的行为就不一定能够完全为证据保全措施所涵盖。

2. 赔偿损失

赔偿损失是商标侵权人承担民事责任的主要方式。因商标侵权行为，给注册商标权人的利益造成损失的，权利人有权要求侵权人赔偿损失。

损害赔偿可以分为普通损害赔偿和惩罚性损害赔偿。普通损害赔偿是一种弥补性的损害赔偿，其主要目的是填补受害人的损害。惩罚性损害赔偿，又称示范性赔偿或报复性赔偿，是指由法庭所作出的赔偿数额超出实际的损害数额的赔偿，它具有补偿受害人遭受的损失、惩罚和遏制不法行为等多重功能。惩罚性损害赔偿的主要目的是惩罚和制裁严重过错行为，当加害人主观过错较为严重，尤其是动机恶劣、具有反社会性和道德上的可归责性时，法官和陪审团可以适用此种赔偿。

赔偿损失的数额，《商标法》第63条规定："侵犯商标专用权的赔偿数额，按照权利人因被侵权所受到的实际损失确定；实际损失难以确定的，可以按照侵权人因侵权所获得的利益确定；权利人的损失或者侵权人获得的利益难以确定的，参照该商标许可使用费的倍数合理确定。对恶意侵犯商标专用权，情节严重的，可以在按照上述方法确定数额的一倍以上五倍以下确定赔偿数额。赔偿数额应当包括权利人为制止侵权行为所支付的合理开支。人民法院为确定赔偿数额，在权利人已经尽力举证，而与侵权行为相关的账簿、资料主要由侵权人掌握的情况下，可以责令侵权人提供与侵权行为相关的账簿、资料；侵权人不提供或者提供虚假的账簿、资料的，人民法院可以参考权利人的主张和提供的证据判定赔偿数额。权利人因被侵权所受到的实际损失、侵权人因侵权所获得的利益、注册商标许可使用费难以确定的，由人民法院根据侵权行为的情节判决给予五百万元以下的赔偿。"

损害赔偿额的范围与计算主要包括以下几种。

（1）权利人所受损失。大多数情况下，商标侵权行为会导致受害人的损失。《商标纠纷解释》规定，"因被侵权所受到的损失，可以根据权利人因侵权所造成商品销售减少量或者侵权商品销售量与该注册商标商品的单位利润乘积计算"。就损害的证明来说，这里无论是商品销量减少量、侵权商品销售量，还是单位利润，显然都应该由原告证明。

（2）侵权人的获益。当商标权人所在市场属于卖方市场时，商标侵权行为并不一定会导致商标权人实际销量的下降，尤其是当侵权人的商品质量和商标权人的商品质量差别不大时，对商标权人的商标的损害也微乎其微。但毕竟商标侵权行为干扰了商标权人对其商标的控制，将其商标置于不受控制的危险之中，《商标法》同样也不允许这种行为。此时，商标权人就会选择侵权人的获益，根据《商标纠纷解释》的规定，对于侵权人获益的计算，"可以根据侵权商品销售量与该商品单位利润乘积计算；该商品单位利润无法查明的，按照注册商标商品的单位利润计算"。

（3）商标许可使用费的合理倍数。在权利人的损失和侵权人因侵权所获收益无法确定时，可以采用商标许可使用费的合理倍数确定损害赔偿额。商标许可使用费是商标许可合同中被许可人向许可人支付的使用许可人商标的代价。既然商标侵权行为是侵权人在相同或类似商品上使用与权利人的商标相同或近似的商标的行为，在商标使用上，权利人与侵权人之间的关系就非常类似于商标许可合同中许可人与被许可人之间的关系。因此，在权利人所受实际损失或者侵权人所获收益无法确定的情况下，《商标法》就拟制权利人和侵权人之间存在一种商标许可使用关系，从而根据商标许可使用费的合理倍数确定损害赔偿额。

(4) 惩罚性赔偿额。根据我国《商标法》的规定,商标侵权的惩罚性损害赔偿是指对情节严重的恶意侵犯商标专用权行为,可以在按照上述三种方法确定数额的 1 倍以上 5 倍以下确定赔偿数额。惩罚性损害赔偿的本质特征是惩罚性,即赔偿数额高于通常的赔偿标准之上,体现出对侵权行为人的惩罚性。

(5) 法定标准以内的酌定赔偿额。法定标准以内的酌定赔偿额是没有办法确定收益损失或者许可费时的一种变通计算方法,在这种损害赔偿额的计算方法中,法律通常确定一个最高赔偿限额,由法院根据侵权行为的情节确定一个赔偿额。《商标纠纷解释》规定,"人民法院在适用商标法第六十三条第三款规定确定赔偿数额时,应当考虑侵权行为的性质、期间、后果,侵权人的主观过错程度,商标的声誉及制止侵权行为的合理开支等因素综合确定"。不仅如此,《商标纠纷解释》还允许当事人协定赔偿数额。

3. 消除影响

《商标法》并未明确规定消除影响的法律责任,但是《民法典》第 179 条规定了消除影响的民事责任方式,《商标纠纷解释》第 21 条根据《民法典》第 179 条的规定,将消除影响规定为商标侵权的民事救济措施之一。

4. 销毁侵权商品和工具

《商标法》第 60 条规定了工商行政管理部门有权"没收、销毁侵权商品和主要用于制造侵权商品、伪造注册商标标识的工具",《商标纠纷解释》则规定人民法院有权作出"收缴侵权商品、伪造的商标标识和主要用于生产侵权商品的材料、工具、设备等财物的民事制裁决定"。

需要注意的是,这里的侵权商品和工具的概念应合理界定,销毁侵权商品和工具的适用也应确定合理的条件,适用过于严格达不到保护商标权的目的,而适用过于宽松则不仅可能对侵权人不公平,也可能导致过分浪费。总的说来,对侵权物品或者工具的销毁要达到制止进一步侵权行为的目的,在此基础上尽量避免浪费和损失。

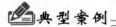典型案例

"豹子图形"商标案

波马公司在我国享有豹子图形的注册商标专用权,商标注册证号第 76559 号。该商标核定使用商品为运动衣、运动裤、运动袜、便鞋、运动鞋等商品。2007 年 11 月 12 日,波马公司在位于北京市丰台区六里桥的亿客隆商场购买到"足奇威"牌运动鞋一双,价格为 96 元,获得发票一张,该发票上加盖有"北京六里桥广客宇商贸有限责任公司"(以下简称广客宇公司)的发票专用章,发票上记载的商品名称是"鞋"。该款鞋的鞋帮外侧有一豹子图案,鞋的吊牌上有 ZUQIWEI、美国足奇威体育用品发展有限公司(授权)字样,以及生产厂商福建省晋江市钱鹏鞋塑有限公司的厂名、厂址、电话。经比对,该款鞋的鞋帮外侧的豹子图案与涉案商标基本相同。2008 年 7 月,波马公司以侵犯注册商标专用权为由向法院提起诉讼,请求判令广客宇公司停止侵权行为并赔偿损失。一审北京市第二中级人民法院和二审北京市高级人民法院均认为,广客宇公司销售侵犯涉案注册商标专用权的商品的行为构成侵权,

判令广客宇公司立即停止销售侵犯涉案注册商标专用权的涉案鞋类商品，赔偿波马公司经济损失人民币1 000元及合理诉讼支出人民币700元，驳回波马公司其他诉讼请求。波马公司不服，向最高人民法院申请再审。最高人民法院经审理认为，根据查明的事实，广客宇公司是销售商，而非制造者，在未与制造者构成共同侵权，需要承担连带责任时，广客宇公司仅就其销售行为承担相应的责任，而不一并承担制造者应当承担的责任，更不能由某一销售商赔偿权利人因侵权而受到的所有损失。销售侵犯注册商标专用权商品，并需要承担赔偿责任的某一销售商的赔偿数额，同样需要根据2001年修正的《商标法》第56条第1款的规定确定，即为该销售商销售期间因销售所获得的利益，或者被侵权人在被侵权期间因该销售商的销售行为所受到的损失，包括被侵权人为制止侵权行为所支付的合理开支。如果销售商因销售侵权产品所得利益或者被侵权人的损失难以确定，由人民法院根据销售行为的情节确定赔偿数额。在确定销售商的赔偿数额时，要综合考虑注册商标的知名度、侵权行为人的主观恶意、销售侵权商品的数量、价格以及销售持续时间等因素。本案中，波马公司虽主张广客宇公司销售规模较大，但没有提供相应的证据，相反广客宇公司提交了进货单等证据及销售情况说明，证明其销售行为规模小、数量少。同时，被控商品使用了与注册商标相近似的标志，广客宇公司的此种销售行为与销售假冒注册商标商品不同，其主观过错较小。而且本案中，被控侵权产品上已经标注了产品的制造者，广客宇公司也提交了制造者的营业执照等相关证据，在这种情况下，波马公司完全可以另行向制造者主张权利，获得相应的救济。因此，原审判决广客宇公司赔偿波马公司经济损失1 000元和合理诉讼支出700元并无不妥，裁定驳回再审申请。①

（二）商标权纠纷的诉讼时效和管辖地

《民法典》规定，"向人民法院请求保护民事权利的诉讼时效期间为三年。法律另有规定的，依照其规定。诉讼时效期间自权利人知道或者应当知道权利受到损害以及义务人之日起计算。法律另有规定的，依照其规定"。可见，侵犯注册商标专用权的诉讼时效为三年，自商标注册人或者利害权利人知道或者应当知道侵权行为之日起计算。商标注册人或者利害关系人超过三年起诉的，如果侵权行为在起诉时仍在持续，在该注册商标专用权有效期限内，人民法院应当判决被告停止侵权行为，侵权损害赔偿数额应当自权利人向人民法院起诉之日起向前推算三年计算。商标注册人或者利害关系人在注册商标续展宽展期内提出续展申请，未获核准前，以他人侵犯其注册商标专用权提起诉讼的，人民法院应当受理。

因侵犯注册商标专用权行为提起的民事诉讼，由《商标法》第13条、第52条所规定侵权行为的实施地、侵权商品的储藏地或者查封扣押地、被告住所地人民法院管辖。侵权商品的储藏地，是指大量或者经常性储存、隐匿侵权商品所在地；查封扣押地，是指海关、工商等行政机关依法查封、扣押侵权商品所在地。对涉及不同侵权行为实施地的多个被告提起的共同诉讼，原告可以选择其中一个被告的侵权行为实施地人民法院管辖；仅对其中某一被告提起的诉讼，该被告侵权行为实施地的人民法院有管辖权。

---

① 最高人民法院(2009)民申字第1882号驳回再审裁定书。

二、商标侵权的行政责任

（一）商标侵权的行政责任及其方式

商标侵权的行政责任，是指工商行政管理机关依照《商标法》和有关的行政法规对侵权人的商标侵权行为所作出的、由侵权人承担的强制性处罚措施。通过行政程序制裁侵权人，这是目前商标权人为维护其注册商标权经常采用的措施。

《商标法》第 60 条第 2 款规定，工商行政管理部门处理时，认定侵权行为成立的，责令立即停止侵权行为，没收、销毁侵权商品和主要用于制造侵权商品、伪造注册商标标识的工具，违法经营额 5 万元以上的，可以处违法经营额 5 倍以下的罚款，没有违法经营额或者违法经营额不足 5 万元的，可以处 25 万元以下的罚款。对 5 年内实施两次以上商标侵权行为或者有其他严重情节的，应当从重处罚。销售不知道是侵犯注册商标专用权的商品，能证明该商品是自己合法取得并说明提供者的，由工商行政管理部门责令停止销售。

（二）知识产权海关保护

知识产权海关保护，是指海关对与进出口货物有关并受中华人民共和国法律、行政法规保护的商标专用权、著作权和与著作权有关的权利、专利权实施的保护。1994 年，《TRIPs 协定》第三部分"知识产权执法"专门规定了第四节"有关边境措施的专门要求"，知识产权国际公约首次规定了知识产权海关保护。1995 年 7 月 5 日，国务院制定《中华人民共和国知识产权海关保护条例》（以下简称《知识产权海关保护条例》），条例于 1995 年 10 月 1 日开始实施，我国建立了符合世界贸易组织规则的知识产权边境保护制度，知识产权海关保护是由海关执行的知识产权保护措施，显然属于知识产权行政保护。

根据《知识产权海关保护条例》的规定，注册商标所有人为得到海关保护，可以将其注册商标向海关总署申请备案，申请备案应当提交申请书。注册商标海关备案有效期 10 年，可以在有效期届满前 6 个月内申请续展备案，每次续展备案的有效期为 10 年。备案并非海关保护的前提条件，但很显然，备案后有助于海关主动发现涉嫌侵权商品，有利于保护注册商标。

根据《知识产权海关保护条例》的规定，注册商标的海关保护可以应商标注册人申请进行，也可以由海关主动依法进行。权利人发现侵权嫌疑货物即将进出口的，可以向货物进出境地海关提出扣留侵权嫌疑货物的书面申请。商标注册人请求海关扣留侵权嫌疑货物的，应当提交申请书及相关证明文件，并提供足以证明侵权事实明显存在的证据。海关发现进出口货物有侵犯备案注册商标嫌疑的，应当立即书面通知商标注册人，商标注册人自通知送达之日起 3 个工作日内可以提出扣留侵权嫌疑货物的书面申请。权利人请求海关扣留侵权嫌疑货物的，应当向海关提供不超过货物等值的担保，用于赔偿申请不当可能造成的损失，支付仓储、保管和处置等费用。权利人直接向仓储商支付仓储、保管费用的，从担保中扣除。不提供担保的，海关将驳回权利人扣留侵权嫌疑货物的申请，并不得扣留侵权嫌疑货物。商标注册人的扣留侵权嫌疑货物的申请符合《知识产权海关保护条例》规定并依法提供担保的，海关应当扣留侵权嫌疑货物，书面通知商标注册人，并将海关扣留凭单送达收货人或者发货人。收货人或者发货人认为其货物未侵犯知识产权权利人的知识产权的，应当向海关提出书面说明并附送相关证据。海关发现进出口货物有侵犯备案注册商标专用权嫌疑并通知商标注册人后,商标注册人请求海关扣留侵权嫌疑货物的,海关应当自扣留之日起30个工作日内对被扣留的侵权嫌疑货物是否侵犯注册商标专用权进行调查、认定;不能认定的,应当立即书面通知商标注册人。

在下列情况下,海关应当放行侵权嫌疑货物。第一,海关应商标注册人申请面扣留后,自扣留之日起20个工作日内未收到人民法院协助执行通知的;第二,海关通知商标注册人并经其申请而扣留后,自扣留之日起50个工作日内未收到人民法院协助执行通知,并且经调查不能认定侵权的;第三,海关认为收货人或者发货人有充分的证据证明其货物未侵权的;第四,收货人或者发货人在向海关提供与货物等值的担保金后,请求海关放行的;第五,在海关认定被扣留的侵权嫌疑货物为侵权货物之前,商标注册人撤回扣留侵权嫌疑货物的申请的。被扣留的侵权嫌疑货物,经海关调查后认定侵犯注册商标专用权的,由海关予以没收。海关没收侵犯注册商标专用权货物后,应当将侵犯注册商标专用权货物的有关情况书面通知商标注册人。

三、商标侵权的刑事责任

由于严重的商标侵权不仅会侵害商标权利人的私人商标权,也会危害社会主义市场经济秩序,《中华人民共和国刑法》(以下简称《刑法》)规定了对于严重商标侵权行为的刑事制裁,共规定了假冒注册商标罪、销售假冒注册商标商品罪和非法制造、销售非法制造的注册商标标识罪三种罪名。

(一)假冒注册商标罪

根据《刑法》第213条的规定,假冒注册商标,是指违反国家商标管理法规,未经注册商标所有人许可,在同一种商品、服务上使用与其注册商标相同的商标,情节严重的行为。从构成要件来看,假冒注册商标罪的犯罪主体为一般主体,任何企业事业单位或者个人假冒他人注册商标,情节严重达到犯罪标准的,均可构成本罪;假冒注册商标罪侵犯的客体为复杂客体,既侵犯他人合法的注册商标专用权,也破坏国家商标管理秩序;假冒注册商标罪的主观方面为故意,过失不构成本罪;假冒注册商标罪的客观方面为行为人实施了《刑法》所禁止的假冒注册商标行为且情节严重。

认定假冒注册商标罪最关键的是客观方面,即未经注册商标所有人许可在同一种商品、服务上使用与其注册商标相同的商标,情节严重的,具体包括以下几个方面。

(1)未经注册商标所有人的许可(这里的许可必须是注册商标所有人的明示许可)。

(2)必须是在同一种商品上使用与注册商标所有人的注册商标相同的商标。根据相关司法解释的规定,名称相同的商品以及名称不同但指同一事物的商品,可以认定为"同一种商品"。"名称"是指国家知识产权局商标局在商标注册工作中对商品使用的名称,通常即《商标注册用商品和服务国际分类》中规定的商品名称。"名称不同但指同一事物的商品"是指在功能用途、主要原料、消费对象、销售渠道等方面相同或者基本相同,相关公众一般认为是同一种事物的商品。认定"同一种商品",应当在权利人注册商标核定使用的商品和行为人实际生产销售的商品之间进行比较。具有下列情形之一,可以认定为"与其注册商标相同的商标":①改变注册商标的字体、字母大小写或者文字横竖排列,与注册商标之间仅有细微差别的;②改变注册商标的文字、字母、数字等之间的间距,不影响体现注册商显著特征的；③改变注册商标颜色的；④其他与注册商标在视觉上基本无差别、足以对公众产生误导的商标。尽管《刑法》第 213 条用语仅是"同一种商品、服务"，但根据最高人民法院刑事审判第二庭《关于集体商标是否属于我国刑法的保护范围问题的复函》，因商品商标、服务商标和集体商标、证明商标均属于《商标法》规定的注册商标，因此商品商标、服务商标和集体商标、证明商标均应属于假冒注册商标罪的保护对象。

(3) 情节严重。根据相关司法解释的规定，"情节严重"通常指：①非法经营数额在 5 万元以上或者违法所得数额在 3 万元以上的；②假冒两种以上注册商标，非法经营数额在 3 万元以上或者违法所得数额在 2 万元以上的；③其他情节严重的情形。"情节特别严重"通常指：①非法经营数额在 25 万元以上或者违法所得数额在 15 万元以上的；②假冒两种以上注册商标，非法经营数额在 15 万元以上或者违法所得数额在 10 万元以上的；③其他情节特别严重的情形。假冒注册商标罪和普通商标侵权的不同主要体现在，普通商标侵权不仅包括假冒注册商标行为，也包括混淆性的商标侵权行为；而假冒注册商标罪仅仅针对假冒注册商标行为。混淆性的商标侵权行为不构成刑事犯罪，只有"情节严重"的假冒注册商标行为才构成假冒注册商标犯罪。在计算制造、储存、运输和未销售的假冒注册商标侵权产品价值时，对于已经制作完成但尚未附着（含加贴）或者尚未全部附着（含加贴）假冒注册商标标识的产品，如果有确实、充分证据证明该产品将假冒他人注册商标，其价值计入非法经营数额。

根据《刑法》第 213 条的规定，构成假冒注册商标罪的，处 3 年以下有期徒刑，并处或者单处罚金；情节特别严重的，处 3 年以上 10 年以下有期徒刑，并处罚金。

(二) 销售假冒注册商标的商品罪

根据《刑法》第 214 条的规定，销售假冒注册商标的商品，是指违反商标管理法规，销售明知是假冒注册商标的商品，违法所得数额较大或者有其他严重情节的行为。从构成要件来看，销售假冒注册商标的商品罪的主体为一般主体，企业事业单位和个人均可能构成本罪；销售假冒注册商标的商品罪侵犯的客体为复杂客体，即他人合法的注册商标专用权和国家商标管理秩序；销售假冒注册商标的商品罪的主观方面是故意，即明知是假冒注册商标的商品面销售的。如果行为人不知道所销售的商品是假冒他人注册商标商品，不构成本罪；销售假冒注册商标的商品罪的客观方面必须具有销售假冒注册商标的商品，并且销售金额较大的行为。

认定销售假冒注册商标的商品罪最关键的同样是该罪的客观方面，即销售明知是假冒注册商标的商品，销售数额较大的。是否构成假冒注册商标的商品根据上文假冒注册商标罪认定。"销售数额较大"是指销售明知是假冒注册商标的商品，销售金额在 5 万元以上的；"销售数额巨大"是指销售明知是假冒注册商标的商品，销售金额在 25 万元以上的。销售明知是假冒注册商标的商品，具有下列情形之一的，依照《刑法》第 214 条的规定以销售假冒注册商标的商品罪（未遂）定处罚：①假冒注册商标的商品尚未销售，货值金额在 15 万元以上的；②假冒注册商标的商品部分销售，已销售金额不满 5 万元，但与尚未销售的假冒注册商标的商品的货值金额合计在 15 万元以上的。假冒注册商标的商品尚未销售，货值金额分别达到 15 万元以上不满 25 万元、25 万元以上的，分别依《刑法》第 214 条规定的各法定刑幅度定处罚，销售金额和未销售货值金额分别达到不同的法定刑幅度或者均达到同一法定刑幅度的,在处罚较重的法定刑或者同一法定刑幅度内酌情从重处罚。

根据《刑法》第214条的规定,构成销售假冒注商标的商品的,处3年以下有期徒刑,并处或者单处罚金;违法所得数额巨大或者有其他特别严重情节的,处3年以上10年以下有期徒刑,并处罚金。

(三) 非法制造、销售非法制造的注册商标标识罪

根据《刑法》第215条的规定,非法制造、销售非法制造的注商标标识,是指违反商标管理法规,伪造、擅自制造他人注册商标标识或者销售伪造、擅自制造的注册商标标识,情节严重的行为。从构成要件来看,非法制造、销售非法制造的注册商标标识罪的主体为一般主体,企业事业单位和个人均可能构成本罪;非法制造、销售非法制造的注册商标标识罪侵犯的客体为复杂客体,即他人合法的注册商标专用权和国家商标管理秩序;非法制造、销售非法制造的注册商标标识罪的主观方面是故意,即明知是他人的注册商标而伪造、擅自制造他人的注册商标标识或者明知道是伪造、擅自制造的注册商标标识而销售的。如果行为人不知道所制造的标识是他人的注册商标标识或者不知道销售的是伪造、擅自制造的他人的注册商标标识,不构成本罪;非法制造、销售非法制造的注册商标标识罪的客观方面必须是伪造、擅自制造他人注册商标标识或者销售伪造、擅自制造的注册商标标识且情节严重的行为。

客观方面同样是认定非法制造、销售非法制造的注册商标标识罪的关键。根据《刑法》第215条的规定,非法制造、销售非法制造的注册商标标识罪的客观方面的关键有两点：①违反商标印制规定、未经注册商标所有人的许可且无其他合法理由而制造他人注册商标标识。如今,随着复制技术的发展,复制已经变得非常容易,国家对商标印制的管理也有放松趋势。因此,这里的关键主要是未经注册商标所有人的许可且无其他合法理由。需要注意的是无合法理由,因为有时候尽管未经注册商标所有人许可而制造注册商标标识,但只要有合法理由,即便制造了注册商标标识,就连民事商标侵权都不构成。比如,经销合法商标商品的经营者为广告宣传和销售便利而制造含有注册商标标识的宣传品、包装袋等,这些情形本质上属于商标权用尽,不构成商标侵权和刑事犯罪。②"情节严重"。根据相关司法解释的规定,伪造、擅自制造他人注册商标标识或者销售伪造、擅自制造的注册商标标识,具有下列情形之一的,属于《刑法》第215条规定的"情节严重"：①伪造、擅自制造或者销售伪造、擅自制造的注册商标标识数量在2万件以上,或者非法经营数额在5万元以上,或者违法所得数额在3万元以上的;②伪造、擅自制造或者销售伪造、擅自制造两种以上注册商标标识数量在1万件以上,或者非法经营数额在3万元以上,或者违法所得数额在2万元以上的;③其他情节严重的情形。具有下列情形之一的,属于《刑法》第215条规定的"情节特别严重"：①伪造、擅自制造或者销售伪造、擅自制造的注册商标标识数量在10万件以上,或者非法经营数额在25万元以上,或者违法所得数额在15万元以上的;②伪造、擅自制造或者销售伪造、擅自制造两种以上注册商标标识数量在5万件以上,或者非法经营数额在15万元以上,或者违法所得数额在10万元以上的;③其他情节特别严重的情形。

关于销售他人非法制造的注册商标标识犯罪案件中尚未销售或者部分销售情形,具有下列情形之一的,依照《刑法》第215条的规定,以销售非法制造的注册商标标识罪(未遂)定处罚：①尚未销售他人伪造、擅自制造的注册商标标识数量在6万件以上的;②尚未销售他

人伪造、擅自制造的两种以上注册商标标识数量在 3 万件以上的;③部分销售他人伪造、擅自制造的注册商标标识,已销售标识数量不满 2 万件,但与尚未销售标识数量合计在 6 万件以上的;④部分销售他人伪造、擅自制造的两种以上注册商标标识,已销售标识数量不满 1 万件但与尚未销售标识数量合计在 3 万件以上的。根据《刑法》第 215 条的规定,构成非法制造、销售非法制造的注册商标标识罪的处 3 年以下有期徒刑,并处或者单处罚金;情节特别严重的,处 3 年以上 10 年以下有期徒刑,并处罚金。

 本章思考题

1. 简述商标权的权利范围和保护范围。
2. 什么是商标的反向假冒?
3. 简述商标侵权行为的表现形式。

 实训

甲公司在其生产的文具产品上注册了"星光"商标,但是在使用该商标时没有在商标上加注"注册商标"字样,甲公司文具产品的销量很好。乙公司看到甲公司产品的商标上并未标注"注册商标"字样,以为甲公司的这一商标属于未注册商标,故也在自己生产的文具产品上使用了"星光"商标,丙公司和乙公司签订了运输文具产品的协定,负责帮助乙公司运输文具产品。丁文具店将甲公司的文具产品买来,撕掉商标标识,以"月光"牌文具为名在其文具店出售。戊购买了乙公司生产的文具产品,加价后再次出售。请问乙公司、丙公司、丁文具店、戊的行为是否构成商标侵权,为什么?

第八章

商标侵权的抗辩

教学目标

(1) 掌握商标权限制的意义和类型。
(2) 熟悉商标正当使用的条件。
(3) 了解商标的平行进口。

第一节　商标正当使用

商标正当使用(fair use)是对商标权效力的重要限制之一,是保障商业活动中言论自由的重要工具,构成商标侵权的重要抗辩事由。

一、商标正当使用的概念

商标正当使用是指竞争者以其本来意义使用某些已经成为他人商标权的保护对象的标志,来描述他自己的产品而不构成商标侵权的行为。除了那些纯粹臆造的商标外,大部分商标标志在被用作商标之前总是具有一定的初始含义的,这些商标标志原本属于公共领域。商标保护的本质并不是对这种标志的原始含义的保护,也不是对标志本身的保护,而在于对因使用而产生的第二含义,即消费者对有关商品信息的记忆与认识的保护。这种第二含义才是商标权人因使用商标附加给商标标志的,才是商标权人能够独占使用的对象,商标权人不能独占商标标志的原属于公共领域的初始含义。

二、商标正当使用的构成要件

我国 2013 年《商标法》第 59 条第 1 款和第 2 款分别规定:"注册商标中含有的本商品的通用名称、图形、型号,或者直接表示商品的质量、主要原料、功能、用途、重量、数量及其他特点,或者含有的地名,注册商标专用权人无权禁止他人正当使用。""三维标志注册商标中含有的商品自身的性质产生的形状、为获得技术效果而需有的商品形状或者使商品具有实质性价值的形状,注册商标专用权人无权禁止他人正当使用。"

商标正当使用构成要件主要包括以下几个方面。

(1) 主观善意。使用人主观上善意,没有搭便车或侵权的动机,这是认定商标正当使用的主观因素。是否善意,还要根据下面的条件进行判断,即在商业活动中使用者善意使用自己的名称或者地址,主观上没有搭便车或侵权的动机。此处的善意主要是指使用人虽明知他人已注册为商标,但并未以恶意使用,即使用时并不具有不正当竞争的意图,此种主观意图通常要通过一系列的客观行为表现出来,如在自己商品包装的背面或以较小的字体使用他人的注册商标来描述自己的商品,则不认定为恶意;如果在包装正面以放大的特殊字体进行强调,则难以认定为善意。对于主观善意标准应结合个案进行认定。

(2) 客观上正当使用。使用者以善意的、正常的方式说明或表示自己的商品或服务的名称、种类、质量、产地等特点,不可避免地使用注册商标所含的文字、词语等,没有将其作为商标使用,或者在销售商品时,为说明来源、指示用途等在必要范围内使用他人注册商标标识的。

(3)使用者有自己的商标。在善意使用他人的注册商标时,使用者同时也标注了自己的商标。例如,一家位于青岛的啤酒企业在其产品的包装和厂址中含有"青岛"字样,但同时有自己的注册商标,在宣传使用"青岛"一词时并未特意突出,而只是告知消费者产品的来源地。

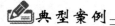典型案例

"茅山"商标案

原告是句容市联友卤制品厂(以下简称联友厂),享有"茅山"注册商标的专用权,核定使用在板鸭、死家禽等商品类别上。被告柏某经管美食饭店,饭店位于句容市茅山风景区内,以"茅山老鹅""茅山草鸡"字样的包装盒或包装袋销售咸鸡、咸鹅等卤制家禽。原告认为被告在用于包装的"茅山老鹅""茅山草鸡"包装盒与包装袋上,使用原告的"茅山"文字商标,侵犯了其注册商标专用权。一审江苏省镇江市中级人民法院认为,原告联友厂合法取得的"茅山"注册商标专用权,应该依法予以保护。被告柏某在同类商品上突出使用"茅山"字样,构成对联友厂注册商标专用权的侵害。二审江苏省高级人民法院认为,"茅山"二字是因地知名,不是因作为商标而知名。上诉人柏某经营的美食饭店位于茅山地区,该店腌制的咸鹅、咸鸡,均来源于当地农家自养的草鹅、草鸡。柏某在自己的商品名称前冠注"茅山"二字,不是将其作为区别其他相同类商品的商业标识使用,只是要标明自己商品的产地。在上诉人联友厂申请注册"茅山"商标之前,柏某就已在自己的商品上使用"茅山"字样,以此表明自己商品与"茅山"这一地方之间的客观联系。"茅山"商标获准后,柏某只是在自己商品的包装上延续使用"茅山"二字。在茅山地区,腌制与出售鹅、鸡食品的商家众多,人们有腌制和品尝此类食品的生活习惯与经验;当地消费者在选择此类食品时,往往会结合生产者及商品上的其他相关标识加以判断,不会因柏某的商品上有"茅山"二字,而将该商品与联友厂的商品混淆、误认。考虑到这些因素,应当认定柏某在其生产、销售的商品包装上使用"茅山"二字,不存在侵犯他人注册商标专用权的主观恶意,不会误导公众,是对注册商标中含有地名的善意使用,因而是正当使用,不构成对联友厂注册商标专用权的侵犯。

本案是2005年第8期《最高人民法院公报》案例,对于理解商标的正当使用问题有所启示。"茅山"文字既是句容市当地地名,又是注册商标,本身是带有地名描述性意义的,故此,"茅山"被注册为商标并不意味着其他所有位于茅山风景区的经营者和生产者都无法再使用"茅山"文字来销售其商品;相反,其他主体依然可以在地名这种描述性的意义上来使用"茅山"文字。本案被告是在地名这种描述性的意义上使用"茅山"文字的,意在表明自己的商品产自句容市茅山风景区,是一种对商标的正当使用行为。

三、商标描述性正当使用

商标描述性正当使用是指对本商品的通用名称、图形、型号,或者直接表示商品质量、

主要原料、功能、用途、数量及其他特点，或者含有地名的使用；商标权人无权禁止他人正当使用。描述性使用是商标侵权抗辩中最常用的一种事由。

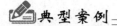典型案例

"片仔癀"商标案

　　片仔癀公司拥有第701403号、第562754号、第358318号、第358317号注册商标，其注册并使用在药品商品上的"片仔癀 PIEN TZE HUANG"商标被国家商标局认定为驰名商标，注册商标"片仔癀"被国家商务部认定为"中华老字号"。宏宁公司未经片仔癀公司同意，在其生产的"片仔癀珍珠霜"等27种化妆品及日化用品上，将与片仔癀公司注册商标相同的标志作为商品名称、商品包装装潢使用，并在其包装装潢上明显突出"片仔癀"的识别效果。片仔癀公司认为此举侵犯了其注册商标专用权，于2007年4月20日向福建省漳州市中级人民法院起诉。一审漳州市中级人民法院认定侵权成立，二审福建省高级人民法院判决驳回上诉，维持原判。宏宁公司向最高人民法院申请再审。最高人民法院认为，《商标法实施条例》（2002年）第49条规定，注册商标中含有的本商品的通用名称、图形、型号，或者直接表示商品的质量、主要原料、功能、用途、重量、数量及其他特点，或者含有地名，注册商标专用权人无权禁止他人正当使用。片仔癀是一种药品的名称，如果被控产品中含有片仔癀成分，生产者出于说明或客观描述商品特点的目的，以善意方式在必要的范围内予以标注，不会导致相关公众将其视为商标而导致来源混淆的，可以认定为正当使用。判断是否属于善意，是否必要，可以参考商业惯例等因素。宏宁公司如果是为了说明其产品中含有片仔癀成分，应当按照商业惯例以适当的方式予以标注。但是本案中，宏宁公司却是在其生产、销售商品的包装装潢显著位置突出标明"片仔癀""PIEN TZE HUANG"字样，该标识明显大于宏宁公司自己的商标及其他标注，并且所采用的字体与片仔癀公司的注册商标基本一致。该种使用方式已经超出说明或客观描述商品而正当使用的界限，其主观上难谓善意，在涉案商标已经具有很高知名度的情况下，客观上可能造成相关公众产生商品来源的混淆，因此宏宁公司关于其使用是正当使用的主张不能成立。裁定驳回宏宁公司的再审申请。①

　　本案中，法院提炼出了判断商标正当使用行为的基本标准，即从被诉行为的主观意图和客观行为两个方面予以考察，主观意图可以从被诉行为本身及商业惯例等因素予以判断。客观行为可以从行为的必要性和合理性角度进行判断。综合这方面的证据，法院认为宏宁公司在主观上难谓善意，在行为上难谓正当，因而不构成正当使用。

四、商标说明性正当使用

　　商标说明性正当使用是指在商业活动中，使用者为了说明有关商品或服务的真实信息，使用他人商标的行为。该行为又称"指示性正当使用"。在商标侵权纠纷中，说明性正当使用也是一种重要的侵权抗辩事由。

　　在实际生活中，说明性正当使用的方式很多，如汽车生产商保留其采购的发动机的原

---

①　最高人民法院（2009）民申字第1310号驳回再审申请裁定书。

有商标,比较广告中用他人的商标来说明被比较的产品,网络链接的标识通常也是商品或服务的商标,等等。例如,DELL公司生产的计算机内置Intel的CPU,并在计算机机身上标注"Intel inside"。这种使用的目的在于说明该电脑使用了Intel的CPU,消费者并不会误认为该计算机是由Intel公司生产的,所以戴尔公司的这种行为就属于说明性正当使用,不会侵犯Intel公司的商标权。

在我国汽车零部件销售行业和一些汽车维修站点,常见一些零售商店和维修点未经商标权人许可,擅自在其门面招牌上使用某些中外汽车的注册商标,如"××专卖""××专营""××专修"等字样,使消费者误认为其和某汽车制造商有某种关联。这种行为就超出了商标说明性正当使用的范围。同时,由于货源、专有技术、经营水平及店堂布局等,其商品的真伪优劣及服务质量等也难以保证。这种行为给商标注册人的商标专用权造成了一定损害。为了解决这个问题,国家工商局在1996年6月10日下发《关于禁止擅自将他人注册商标用作专卖店(专修店)企业名称及营业招牌的通知》。通知指出:①未经商标注册人允许,他人不得将其注册商标作为专卖店、专营店、专修店的企业名称或营业招牌使用;②商品销售网点和提供某种服务的站点,在需说明本店经营商品及提供服务的业务范围时,可使用"本店修理××产品""本店销售××西服"等叙述性文字,且其字体应一致,不得突出其中商标部分。

从上述规定可以看到,汽车零部件销售店和汽车维修商为了说明自己提供对哪些车型的汽车部件销售和维修,可以在店外使用他人的注册商标,这种行为属于商标的说明性使用,不构成侵权。但如果未经商标权人许可,擅自使用"特约维修点""指定专营店"等字眼,就超出了商标说明性使用的范围,因为使用的结果容易使消费者对服务来源产生误认,消费者有可能认为这些店面取得了商标权人同意,与其有业务联系。

商标的说明性正当使用在一些国家的立法中也有规定,如德国的《商标和其他标志保护法(商标法)》第23条第3款规定,"只要不与善良风俗相冲突,商标或商业标志所有人应无权禁止第三方在商业活动中使用;必须用该商标或商业标志表示一个产品或服务的用途,尤其是作为附件或配件加以提示"。《欧洲共同体理事会协调成员国商标立法1988年12月21日第一号指令》也有相似规定:为标指商品或服务的用途,尤其是作为零配件所必需时,使用该商标。

第二节 商标先用权

一、商标先用权及其立法

商标先用权是指那些在他人获得商标权之前已经使用该商标的所有人,享有在原有范围内继续使用该商标的权利。该权利的设置,主要是为保护那些已在市场上建立一定声誉但未注册的商标所有人的利益。商标先用权制度的存在有其一定的合理性。

从商标法的历史发展来看,商标经历了由使用产生权利到注册产生权利的变迁,各国商标法在赋予商标注册权的同时,在一定程度上保留了商标在先使用人的权利。商标先用权制度主要存在于只认可商标权注册产生的国家和地区,如法国、日本和我国台湾地区。根据这些国家和地区的法律规定,商标的使用不会产生商标权,在实践中如果没有商标先用权制度,商标在先使用人使用多年的商标就有可能被他人抢注。可见,商标先用权制度是为克服登记注册制度的缺陷而设计的一种补救措施。因此,为平衡注册商标权人与商标在先使用人之间的利益,一些国家在其《商标法》中规定了商标先用权制度。如果把商标注册原则的适用绝对化,在先使用人仅仅因为自己在先使用的商标与在后注册商标相同或者近似,就不能正常使用,这对在先使用人是不公平的。

《商标法》第 59 条第 3 款规定:"商标注册人申请商标注册前,他人已经在同一种商品或者类似商品上先于商标注册人使用与注册商标相同或者近似并有一定影响的商标的,注册商标专用权人无权禁止该使用人在原使用范围内继续使用该商标,但可以要求其附加适当区别标识。"该规定具有非常重要的意义和价值,宣示了商标先用权规则在我国《商标法》中得到确立,在一定意义上确认了在先使用的未注册商标的法律地位及其相应的权益。该条款的规定,吸纳和借鉴了其他国家的立法内容,不仅完善了我国的商标权限制度,防止权利滥用,也为司法审判提供了依据。

二、商标先用权的构成要件

由于我国实行的是注册确权,对未注册商标的在先使用人主张保护时,根据《商标法》第 59 条第 3 款的规定要满足以下构成要件。

(一) 具有在先使用的客观事实

在他人申请商标注册以前,在先使用人已经连续使用了该商标,这是构成商标先用权的首要条件。如果没有时间上的先用事实,就不会产生相关的权利。另外,在先使用人对该商标的使用应是连续性的,如果无正当理由而中断使用的,在他人注册后则不得继续使用,否则会破坏商标的注册原则,不利于对注册权利人的保护。当然,这里的在先使用的"使用"应是强调商标在商品或服务上的实际使用和投放市场,是连续一定时期的使用,并产生了商标的识别功能,而不是象征性的使用。如果连续 3 年停止使用的,则原使用人不得再继续使用。

(二) 在先使用的商标相同或近似且使用的商品相同或类似

注册商标专用权的保护范围以核准注册的商标和核定使用的商品为限,如果在先使用的商标与注册商标不构成相同或者近似,或者使用的商品不是同类或类似商品,那么商标在先使用人当然有权继续使用,甚至可以申请注册取得商标权。换言之,只有当在先使用的商标与他人注册商标相同或近似,并且使用在同类或类似商品或服务上时,才会产生争议和纠纷,从而产生商标先用权制度。

(三) 在先使用的商标应有一定影响

《商标法》从我国注册确权的原则出发,只有对具有一定知名度的未注册商标才给予特别的关照和保护。

三、商标先用权行使的限制

只有满足了上述构成要件,未注册商标在先使用人才有权继续使用该商标而不构成商标侵权,可见,商标先用权的行使是有诸多限制的。

(一)使用范围的限制

商标先用权制度的设立只是保护商标在先使用人使用的既存状态,所以在他人注册商标后,在先使用人只能在原有范围内继续使用该商标,先用权人使用的范围应有所限制。如何界定原有范围?使用范围的限制可从以下几方面考虑:一是只能在原来的商品或服务上使用,不得扩大使用的类别和范围,如扩大使用在类似的商品或服务上;二是不得改变原来使用的商标的图形、文字、色彩、结构、书写方式等内容,但以同他人注册商标相区别为目的而进行的改变除外;三是借鉴《专利法》中先用权限制的规定,商标先用人只能在原有生产规模和销售区域内使用,不可进一步拓展市场规模和使用地域,从而挤压并侵占商标权人的市场利益。实践中,如何去把握这一规定还需要进一步研究。例如,就服务商标而言,跨不同的区域相对容易控制,如不同航空公司的服务商标覆盖的区域等;但就商品商标而言,由于电子商务和网购的普及和发展,商品流通渠道通畅,对其销售的区域很难加以控制。

(二)附加适当区别标识

为防止商品来源的混淆,保护注册商标权人利益,商标权人可要求先用权人在相同的商品或服务上附加适当区别的标识,以表明该商品来源于不同的生产厂家。适当的标识,可以是不同的包装、企业的字号或者名称、产地等。例如,《关于服务商标继续使用问题的通知》规定,继续使用与注册人的使用发生实际混淆,造成消费者误认的,继续使用人应在使用服务商标时,增加地理名称标志,以便于与注册人使用的服务商标相区别。如果不附加适当区别标识,与他人注册的商标相同或近似的,且使用在同种或类似的商品或服务项目上,造成混淆的,可按侵犯商标专用权行为处理。

(三)在先使用人出于善意

在他人对相同的商标注册取得权利后,在先使用人使用商标主观上应是善意的,不得以不正当竞争为目的的使用,不得和注册商标权人的商品和服务相混淆。如果在先使用人为了争夺市场,突出使用并造成了和注册商标的商品来源产生混淆的,则会由主观善意变为恶意,构成商标侵权。

(四)在先使用商标具有知名度的要求

《商标法》第 59 条第 3 款规定,先用商标必须满足"有一定影响",即知名度的要求,否则不能主张先用权的规定。

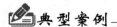典型案例

"狗不理"服务商标纠纷案

狗不理集团的前身于 1994 年 10 月 7 日注册了"狗不理"文字商标,核定服务项目为第 42 类,即餐馆、备办宴席、快餐馆、自助餐馆。1999 年 12 月 29 日该商标被认定为驰名商标。

天丰园饭店于 1973 年开业，主营猪肉灌汤蒸包，并于 1986 年 9 月、11 月增加"狗不理猪肉灌汤包"等经营项目。自 80 年代至今，天丰园饭店一直持续经营"狗不理猪肉灌汤包"。2005 年 4 月，天丰园饭店经营的"狗不理猪肉灌汤包"经济南市贸易服务局、济南市饮食业协会评比，被认定为"济南名优（风味）小吃"。同年，"狗不理猪肉灌汤包"入选济南市消费者协会的《济南消费指南》。1990 年 8 月出版的《济南老字号》一书记载，济南的"狗不理"包子从 40 年代初开始经营，到 1948 年济南解放，一直畅销不衰。特别是济南解放后，天丰园饭店天天顾客盈门。天丰园饭店一直在其门口悬挂经营"狗不理猪肉灌汤包"的牌匾，其主打品牌也是"狗不理猪肉灌汤包"，还曾在一楼楼道口悬挂"狗不理"三个字的黑色牌匾。

2006 年 10 月 16 日，狗不理集团提起诉讼，认为天丰园饭店的行为侵犯其"狗不理"注册商标专用权，请求判令天丰园饭店停止侵权，消除影响并赔偿损失。

山东省济南市中级人民法院一审认为，天丰园饭店在济南这一特定地域经营"狗不理猪肉灌汤包"的历史由来已久，未超出原有地域和服务项目，也未使用狗不理集团对于"狗不理"商标的特定书写方式，其使用"狗不理"介绍和宣传以天丰园饭店名义经营的"狗不理包子"的行为，不构成侵犯"狗不理"服务商标专用权，遂判决驳回狗不理集团的诉讼请求。狗不理集团不服，提起上诉。

山东省高级人民法院二审认为，天丰园饭店使用"狗不理"文字作为其提供的一种菜品的名称，并在济南这一特定地域经营"狗不理猪肉灌汤包"的历史由来已久。天丰园饭店提供"狗不理猪肉灌汤包"这一食品，并非在狗不理集团商标注册并驰名后为争夺市场才故意使用"狗不理"三字，没有违背市场公认的商业道德，也不存在搭便车利用"狗不理"服务商标声誉的主观恶意，属于在先使用。但天丰园饭店将"狗不理"三字用于宣传牌匾、墙体广告和指示牌，并且突出使用"狗不理"三字或将"狗不理"三字与天丰园饭店割裂开来使用的行为，容易使消费者混淆。为规范市场秩序，体现对"狗不理"驰名商标的充分保护，天丰园饭店不得在企业的宣传牌匾、墙体广告中等使用"狗不理"三字，但仍可保留"狗不理猪肉灌汤包"这一菜品。遂判决撤销一审判决，判令天丰园饭店停止在宣传牌匾、墙体广告等其他广告形式中使用"狗不理"三字进行宣传；驳回狗不理集团的其他诉讼请求。

狗不理集团不服二审判决，向最高人民法院申请再审。最高人民法院于 2009 年 2 月 5 日裁定驳回其再审申请。最高人民法院经审查认为，考虑在狗不理集团公司注册"狗不理"服务商标之前，天丰园饭店持续使用"狗不理猪肉灌汤包"这一菜品名称的历史因素，天丰园饭店仍可保留"狗不理猪肉灌汤包"这一菜品名称，但根据公平原则，天丰园饭店不得作其他扩张性使用。①

本案由于其典型意义，被收录在《最高人民法院知识产权案件年度报告（2009）》中。最高人民法院在个案裁决中进一步发展了判断商标正当使用应考虑的因素，并细化了商标正当使用行为的判断标准。商标正当使用不仅是对商标权排斥范围的限制，也是正确划定商标权的权利边界和维护正当的公众利益的关键所在。同时，在判断商标正当使用时，对个案中存在的历史因素应予以考虑。

---

① 最高人民法院（2008）民三监字第 10-1 号民事判决书。

第三节　商标权用尽和平行进口

一、商标权用尽和平行进口的含义

商标权用尽是指经商标所有人同意将带有商标的产品首次投放市场后,任何人使用或销售该产品,商标权人无权禁止。因为商标权人已经行使了其权利,从而导致其权利的穷竭或者用尽。该制度的意义在于促进贸易的顺利发展,保障商品的正常流通,防止商标权人利用商标控制市场,垄断价格。

平行进口又称"灰色市场"(gray market),是指在国外生产的带有本国商标的商品,未经本国商标权人的同意而输入本国的行为。平行进口中的商品是通过合法的渠道进来的"货真价实的正品",由于其不同于一般的假冒产品和走私商品,因此被称为"灰色市场"或"灰色市场产品"。

商标的平行进口是经济全球化发展不平衡所带来的问题,按照经济学的观点,商品总是从低价位国家向高价位国家流动。只要存在价格差异,灰色产品就会有市场。但如果允许平行进口,就可能造成国内市场的混乱,以及生产厂商和商标被独家许可方的重大损失。另外,由于各国的营销方式和广告投入不同,同一商标在各国的声誉也会有很大差别。如果允许平行进口,平行进口商会无偿利用商标所有人在该国的宣传投入和其创建的该商标的声誉,显然这是不公平的。平行进口关系到商标权人和消费者利益如何平衡的问题,从法律角度讲,就是如何解决商标的地域性和全球化贸易的冲突问题。

二、合法平行进口的条件

正由于平行进口涉及不同国家或地区之间的商标权用尽,且不同国家或地区的商标商品可能存在相当大的差异,即便是采用商标权全球用尽的国家或地区的商标法,对于商标商品的平行进口也存在着一定的规制。也就是说,只有符合法定条件的平行进口才是合法平行进口,不符合法定条件的平行进口不是合法平行进口,构成商标侵权行为。结合世界各国商标实践来看,合法平行进口一般需符合以下条件。

（1）商标商品属于平行进口商品。合法平行进口的商品首先必须是平行进口商品,如果仅仅是商标相同而不同国家或地区的商标权归属于不同主体且这些主体之间没有任何经济或法律上的联系,根据商标权的地域性原则,本国商标权人当然有权阻止这些商标商品的进口。因为尽管商标相同,但这些商标商品并非平行进口商品,进口商不能以商标权用尽原则对抗本国商标权人。

（2）平行进口商品和本国商标商品没有实质性差异,即便是承认商标权国际用尽的国家,其商标法也要求平行进口商品和本国商标商品没有实质性差异。国际商标协会认为,任何可能影响消费者购买产品的意愿,或者可能在购买后引起消费者不满的事情都应该被视为是实质的。实质性差异在本质上并不一定是物理上的,因为许多非物质上的差异对消费者来说可能是实质的。

（3）平行进口商品进口人是诚信的，不存在欺骗的故意。平行进口商品进口人不得进行故意欺骗，如故意涂抹产品型号、来源信息等。

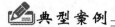典型案例

"米其林"商标案

米其林公司是世界著名的轮胎生产商和全球500强企业之一，早在19世纪末20世纪初，米其林公司就已在相关商品上使用"轮胎人图形"与"MICHELIN"系列商标。在中国，"轮胎人图形"与"MICHELIN"系列商标已经在轮胎与车辆等产品上获得注册。2008年4月，米其林发现胡某经管销售侵犯原告注册商标专用权的产品，遂诉至法院。经查，胡某销售的轮胎为米其林公司在日本的工厂生产的正品轮胎，系在日本购入后再进口至中国销售的产品。但是，该轮胎在中国销售时进行了改动。在未经米其林公司许可的情况下，胡某将米其林同型号低速度级别的轮胎改成Y级轮胎进行销售。湖南省长沙市中级人民法院经审理认为，将不属于Y级轮胎标记为高等级的Y级轮胎，使相关公众误认为该Y级轮胎为原告生产的同级轮胎，破坏商标注册人、注册商标和商品的真实联系。因此，法院认为在本案所涉及的这种改变速度级别的轮胎产品上标注米其林商标，而使相关公众将该轮胎误认为原告生产的Y级轮胎的行为，使消费者对于产品的来源产生混淆，同时也危及了商标注册人对于产品质量保证产生的信誉，构成商标侵权。

本案也是关于商标平行进口的典型案例：在这一案件中，湖南省长沙市中级人民法院认为改胎的行为不仅欺骗了消费者，更重要的是这种行为危害了商标权人的信誉。实际上，湖南省长沙市中级人民法院也是从商标的质量保证功能和商誉积累功能出发来认定平行进口的行为性质的。改胎这种行为不仅使米其林这一商标指示稳定商品质量的功能受到损害，而且在消费者购买了这种改胎轮胎之后，有对商标权人的商标作出负面评价的风险，危害商标权人的信誉。正是考虑这些因素，法院认定商标侵权成立。

本章思考题

1. 什么是商标的正当使用？
2. 什么是平行进口？
3. 什么是商标权用尽？

实训

甲经营一家专门从事BMW宝马汽车修理和维护保养的公司，甲在其公司门店招牌上以显著的字体写明"本店专业修理维护BMW宝马"，请问这种行为是否构成商标侵权？为什么？

第九章

驰名商标的认定和保护

教学目标

(1) 掌握驰名商标的概念。
(2) 熟悉驰名商标的认定机构和认定标准。
(3) 了解对驰名商标的保护规定。

第一节 驰名商标制度概述

一、驰名商标的概念

驰名商标是指经过长期使用,在市场上享有较高声誉,并为公众熟知的商标。它是一个国际通用的法律术语。最早提出这一概念的是《巴黎公约》1925年海牙文本第6条之2。该公约1934年在伦敦、1958年在里斯本分别作过两次修改。但迄今为止,国际社会对驰名商标还没有一个公认的定义。

在市场经济条件下,驰名商标综合反映了企业的经营素质、技术状况、管理水平、营销技能、竞争实力。据联合国工业计划署调查,世界上高信誉商标在整个产品商标中所占的比例不到3%,但其市场份额却占整个世界商品市场份额的40%以上。从某种意义上讲,驰名商标就是重要的生产力,就是市场,就是效益;保护驰名商标就是保护生产力,有利于促进社会经济的发展。正是因为驰名商标所具有的高知名度、高市场占有率易为不正当竞争者所觊觎,一些不法企业和个人为追求高额的不当利益,不择手段,从公然假冒驰名商标发展到以他人驰名商标作为企业字号,抄袭驰名商标,贬低、淡化驰名商标等。我国的驰名商标是中国民族工业的龙头,是中国未来经济发展的希望。因此,对驰名商标进行保护意义重大。

我国1982年颁布的《商标法》中没有关于驰名商标的规定。自1985年加入《巴黎公约》以后,在我国的商标管理实务工作中,商标主管机关对《巴黎公约》成员国的驰名商标给予了应有的保护。从1989年起,国家工商行政管理局开始对国内的驰名商标进行认定。1995年2月,国务院知识产权办公会议制定了《有效保护及实施知识产权的行动计划》,对驰名商标的保护作出了明确的规定。

为了规范驰名商标的认定与保护,国家工商行政管理总局在1996年8月14日发布《驰名商标认定和管理暂行规定》,2001年修正的《商标法》及其实施条例正式在我国立法中确立了对驰名商标认定和保护的规定。为配合《商标法》的实施,2003年4月17日国家工商行政管理总局发布了《驰名商标认定和保护规定》,该规定自2003年6月1日起施行。其中第2条明确了驰名商标是指在中国为相关公众广为知晓并享有较高声誉的商标,相关公众包括与使用商标所标示的某类商品或者服务有关的消费者,生产前述商品或者提供服务的其他经营者以及经销渠道中所涉及的销售者和相关人员等。对驰名商标进行保护的规定还有最高人民法院于 2001 年 7 月 17 日公布的《最高人民法院关于审理涉及计算机网络域名民事纠纷案件适用法律若干问题的解释》(以下简称《域名解释》),2002 年 10 月 12 日公布的《商标纠纷解释》。

驰名商标在我国经过几年的发展,逐渐出现了被"神化"和"异化"的现象。为了依法加强保护符合法定条件的驰名商标,防止不正当地将驰名商标认定当作单纯追逐荣誉称号等消极现象的发生,最高人民法院于 2009 年 4 月 23 日公布《最高人民法院关于审理涉及驰名商标保护的民事纠纷案件应用法律若干问题的解释》(以下简称《驰名商标司法解释》),国家工商行政管理总局也于 2009 年 4 月 21 日公布了《国家工商行政管理总局驰名商标认定工作细则》。2013 年修正的《商标法》对驰名商标的认定和保护作了进一步的修订和完善。2014 年《驰名商标认定和保护规定》第 2 条则将驰名商标概念修改为"驰名商标是在中国为相关公众所熟知的商标"。可见,目前中国驰名商标的保护已步入正常的法制轨道。

二、驰名商标的性质

从性质来看,驰名商标不是一种先定的身份,不是一种固定的商标类型,而只是商标的一种特殊状态,因此准确地讲应该是商标"驰名"而不是驰名商标。商标是动态发展的,会随着商标使用的进行而不断发展变化,商标可以逐渐形成、增强,也可能逐渐减弱、消亡,还可能因通用化而失去商标意义。因此,任何商标均具有成为驰名商标的潜力,均可以通过使用而达到驰名状态,而任何驰名商标也均可能随着使用的减弱而退化逐渐失去其驰名状态。驰名商标有不同的驰名程度,有些商标仅仅在相关公众中达到驰名状态,而有些驰名商标则在全部公众中达到驰名状态。驰名商标不仅是一种事实状态,更是一种法律概念或制度。商标法可以赋予达到某种驰名程度的商标以特殊的效力,商标只要达到法律规定的驰名程度就可以享有某种特殊的保护,而一旦失去其驰名程度相应地也就失去其特殊保护。

三、驰名商标的特征

驰名商标和一般商标相比,其特征主要有以下几点。

1. 驰名商标为公众所熟知

由于驰名商标的所有者经营的商品或提供的服务信誉卓著,其产品或服务质量优异,具有较高的知名度,深得消费者信赖,人们会逐渐了解、熟知该商品的商标,逐渐形成一个相对稳定的消费群体。

2. 驰名商标在市场上享有较高信誉

驰名商标的商品一般是质量稳定和可靠的、消费者认知程度很高的商品。商品的质量高,附着在商品上的商标自然为人们所称颂。例如,"海尔"电器,不仅商品本身质量优异,而且售后服务很及时,有很高的市场占有率。

3. 驰名商标使用的时间比较长

驰名商标不管注册与否,其使用一般都有较长的历史。例如,"可口可乐"商标的使用已有百年;我国的"张小泉"商标也有很长的历史。

4. 驰名商标的构成要素更具有显著性

驰名商标的设计一般比较突出醒目,消费者易认易记,有很强的识别性。例如,用于体育用品的商标"NIKE"(耐克),是希腊神话中胜利女神的意思,在其字母下面有一个对钩,共同组成了耐克的商标,使人印象深刻。

5. 驰名商标的保护有其特殊性

不论驰名商标是否注册,商标所有人都有权禁止他人使用和注册;对已注册的驰名商标实行跨类保护;有些国家还对驰名商标实施反淡化保护。

四、著名商标和驰名商标的区别

(一)著名商标概念解析及优势

著名商标是指具有较高市场声誉和商业价值,为相关公众所熟知,并依法被认定的注册商标。著名商标在一定地域范围内有较高知名度,其认定机构是省级工商行政管理部门。经认定的著名商标可以用在商品及其包装、装潢、说明书、业务函件、业务宣传上,其所指商品将被视为知名商品。

任何人不得将著名商标或其近似商标用于商品名称、包装或装潢上;也不得使用著名商品特有的或与之近似的名称、包装或装潢。在与著名商品不相同或不类似的商品上运用与著名商标相同或近似的商标元素,可能造成相关公众误认的,会被工商行政管理部门予以制止。若有将与著名商标相同或近似的文字作为企业名称、字号使用,会对著名商标的权益造成损害的,工商行政管理部门不予登记。当然,企业名称、字号登记在先的除外。

著名商标会得到更多的保护,也更加容易维权。《反不正当竞争法》中明确指出,经营者不得擅自使用与他人有一定影响的商品名称、包装、装潢等相同或者近似的标识。工商行政管理机关在日常的市场检查中,也经常将著名商标列为重点,开展专项执法活动。著名商标还有益于扩大企业的社会知名度及影响力,能帮助企业获得更多的利润,是企业制定实施商标发展战略的重要推动力。

(二)驰名商标与著名商标的区别

1. 认定机构不同

驰名商标由国家工商总局商标局或人民法院按司法程序认定;著名商标则由省工商部门认定。

2. 认定标准不同

驰名商标必须达到全国相关公众知悉的程度;而著名商标满足本省或本地(市)相关公众知悉的程度即可。

3. 受保护的范围不同

驰名商标不仅能得到不同程度的跨类别保护,还能根据认定部门的不同得到商标局及司法部门的保护;而著名商标受保护的范围和程度明显小于驰名商标。

4. 宣传作用不同

《商标法》明确规定,生产、经营者不得将"驰名商标"字样用于商品、商品包装或者容器上,或者用于广告宣传、展览以及其他商业活动中;而经认定的著名商标可以用在商品及其包装、装潢、说明书、业务函件、业务宣传上。

第二节　驰名商标的认定

不管是未注册驰名商标的注册豁免，还是注册驰名商标的跨类别保护，驰名商标的认定均是其前提，因此驰名商标认定是驰名商标制度的重要内容和基础工作。

一、驰名商标的认定机构

我国《商标法》第 14 条第 2、3、4 款规定，在商标注册审查、工商行政管理部门查处商标违法案件过程中，当事人依照本法第 13 条规定主张权利的，商标局根据审查、处理案件的需要，可以对商标驰名情况作出认定。在商标争议处理过程中，当事人依照本法第 13 条规定主张权利的，商标评审委员会根据处理案件的需要，可以对商标驰名情况作出认定。在商标民事、行政案件审理过程中，当事人依照本标法第 13 条规定主张权利的，最高人民法院指定的人民法院根据审理案件的需要，可以对商标驰名情况作出认定。可见，驰名商标的认定采用被动认定、个案认定及按需认定原则。所以，根据《商标法》规定，商标局、商标评审委员会、人民法院依法在个案中认定商标是否驰名，因此不存在所谓的公示期。由此可见，我国目前对驰名商标的认定机构有：国家知识产权局商标局及其商标评审委员会（这种认定又称"行政认定"）和最高人民法院指定的人民法院（这种认定又称"司法认定"）。其他任何组织和个人不得认定或采取其他变相方式认定驰名商标。通过民间组织或行业主管部门评选出来的"驰名商标"，在我国没有法律效力，也得不到法律的特别保护。

（一）行政认定

我国驰名商标的行政认定机关是国家知识产权局商标局及其商标评审委员会。从 20 世纪 90 年代开始，国家商标局开始认定中国驰名商标。1989 至 1991 年，我国首批认定了 10 个中国驰名商标，分别为：同仁堂（药品）、蝴蝶（缝纫机）、贵州茅台（白酒）、凤凰（自行车）、青岛（啤酒）、海尔（电冰箱）、中华（牙膏）、北极星（钟表）、永久（自行车）、霞飞（化妆品）。根据国家工商行政管理总局 2003 年 4 月 17 日发布的《驰名商标认定和保护规定》的要求，驰名商标称号从 2003 年 6 月 1 日起不再由商标行政主管部门进行"批量"的评比认定，今后企业"驰名商标"称号的唯一作用是按照"个案认定""被动保护"的原则更好地解决商标侵权纠纷。2013 年修正的《商标法》在第 14 条第 1 款对此作了明确：驰名商标应当根据当事人的请求，作为处理涉及商标案件需要认定的事实进行认定。

（二）司法认定

我国的司法认定机构主要是指最高人民法院指定的人民法院。在我国的司法实践中，人民法院对驰名商标的认定问题，是随着计算机网络域名案件的审理而日益凸现出来的。2000 年 6 月 20 日，北京市第二中级人民法院对荷兰英特艾基公司诉北京国网信息有限责任公司商标侵权及不正当竞争纠纷案作出一审判决：判决国网公司注册的域名"ikea.com.cn"无效。这是我国人民法院首次在审判中对驰名商标进行认定和保护的涉外域名和商标纠纷案件。

2001年7月17日,最高人民法院公布了《域名解释》,其中第6条规定:"人民法院审理域名纠纷案件,根据当事人的请求以及案件的具体情况,可以对涉及的注册商标是否驰名依法作出认定。"对驰名商标的认定,实质上是对变化中的案件事实的确认,也是人民法院行使审判权查明案件事实的组成部分。根据最高人民法院2002年10月12日公布的《商标纠纷解释》及2009年4月23日公布的《驰名商标司法解释》,人民法院在审理商标纠纷案件中,根据当事人的请求和案件的具体情况,可以对涉及的注册商标是否驰名依法作出认定。认定驰名商标,应当依照《商标法》第14条的规定进行。当事人对曾经被行政主管机关或者人民法院认定的驰名商标请求保护的,对方当事人对涉及的商标驰名不持异议,人民法院不再审查。提出异议的,人民法院依照《商标法》第14条的规定审查。

二、驰名商标的认定标准

(一)世界知识产权组织对驰名商标的认定标准

随着经济全球化进程的加快,进一步加强对驰名商标的保护受到各国重视。在世界知识产权组织的主持下,保护工业产权巴黎联盟成员国各国专家先后六次专门讨论驰名商标的保护问题。1999年7日至12日,在瑞士日内瓦举行第二次会议第二部分讨论时,形成了一个关于驰名商标保护建议的最终文本,即《关于驰名商标保护规定的联合建议》(以下简称《联合建议》),该《联合建议》于当年9月由保护工业产权巴黎联盟及世界知识产权组织大会通过。该《联合建议》第2条对驰名商标的认定标准提出以下建议:

(1)在认定商标是否驰名时,主管机关尤其应当考虑向其提交的含有能据以推断该商标驰名或不驰名的信息的因素,包括但不限于涉及以下信息的因素:

① 该商标在相关公众中的了解或认知程度;

② 该商标任何使用的持续时间、程度和地理范围;

③ 该商标任何宣传的持续时间、程度和地理范围,包括在交易会或展览会上对使用该商标的商品或服务所做的广告、宣传和展示;

④ 能反映该商标使用或被认知程度的任何注册或任何注册申请的持续时间和地理范围;

⑤ 该商标成功实施商标权的记录,尤其是为主管机关认定驰名的程度;

⑥ 该商标的相关价值。

(2)相关公众应当包括但不限于:

① 使用该商标的那类商品或服务的实际或潜在的消费者;

② 使用该商标的那类商品或服务的营销渠道所涉及的人员;

③ 经营使用该商标的那类商品或服务的商业界人员。

(3)成员国不得将下列因素作为认定驰名商标的条件:

① 该商标已在该成员国中使用,或获得注册,或提出注册申请;

② 该商标在除该成员国以外的任何管辖范围内驰名,或获得注册,或提出注册申请;或该商标在该成员国的全体公众中驰名。

(二) 我国对驰名商标的认定标准

结合国际社会对驰名商标的认定标准及我国多年保护驰名商标的实践。2001年《商标法》修正后,其中的第14条规定了认定驰名商标应当考虑下列因素。

1. 相关公众对该商标的知晓程度

这是构成驰名商标最基本的条件。根据《驰名商标认定和保护规定》(2003),第一,这里的相关公众包括与使用商标所标示的某类商品或者服务有关的消费者,生产前述商品或者提供服务的其他经营者以及经销渠道中所涉及的销售者和相关人员等。第二,这里的驰名商标是指在中国为相关公众广为知晓并享有较高声誉的商标。在外国驰名的商标如果不为中国的相关公众知晓,不能认定为驰名商标。第三,驰名商标要享有较高声誉。一个商标的知名度越高,其信誉越高,该商标便会对消费者产生强大的吸引力,市场占有率也就越高。

2. 该商标使用的持续时间

商标使用的时间越长,证明该商标所标示的商品或服务质量越优异,为广大消费者认可。世界驰名商标的持续使用历史均较长,如"可口可乐""万宝路"等,已使用几十年甚至上百年。

3. 该商标的任何宣传工作的持续时间、程度和地理范围

对商标进行宣传,是广大消费者知晓该商标及商品或服务的有效手段。宣传的力度越大、范围越宽,消费者熟知的程度越高,商品的销售和覆盖面就越广泛,商标的信誉和知名度也就越高。例如,中国的"海尔"电器、德国的"大众"汽车因行销世界多国而闻名,其商标和商品的宣传程度和覆盖的地理范围是生产同类商品的其他企业无法比拟的。

以上因素是构成驰名商标的基本条件,也是评价驰名商标的综合指标。但是,在具体实践中,被评定商标并非必须全部达标才可认定为驰名商标,而是满足其中任一因素即可。总的来说,认定某商标是否为驰名商标,要将商标的广告宣传和宣传的地域范围作为认定驰名商标的条件之一。

4. 该商标作为驰名商标受保护的记录

这也是认定驰名商标的条件之一。曾被国家工商总局认定为驰名商标,或者在诉讼中被人民法院认定为驰名商标而受到保护的,可以作为认定驰名商标的条件之一。

5. 该商标驰名的其他因素,如产品质量、销售量和区域等

通过以上分析可以看到,我国商标局、商标评审委员会以及人民法院在认定驰名商标时,根据《驰名商标认定和保护规定》(2003)第10条的精神,应当综合考虑上述各项因素,但不以该商标必须满足该上述规定的全部因素为前提。换言之,只要具备上述条件中的任一因素,即可认定该商标为驰名商标,并不要求驰名商标的认定必须符合上述所有条件。

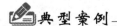

"佐丹奴"商标案

2004年3月,董某提出"佐丹奴 ZUODANNU"商标注册申请,指定使用在第5类:卫生巾、消毒棉、医用保健袋等商品上。威腾国际公司于1992年8月申请注册"佐丹奴"商标,于

1993年9月被核准注册在第25类：夹克衫、牛仔裤、裤子、裙子等商品上。董某申请的"佐丹奴 ZUODANNU"商标通过初审并公告后，威腾国际公司提出异议，认为其"佐丹奴"商标在服装领域内享有较高知名度，已构成驰名商标。董某申请的被异议商标是对其在先驰名商标的抄袭和复制。该异议未获商标局支持。随后，威腾国际公司向商标评审委员会（以下简称商评委）提出异议复审申请。商评委经审理认为，威腾国际公司提交的证据不足以证明引证商标在被异议商标申请日前已达到驰名程度，而且被异议商标指定使用的商品与引证商标核定使用的商品在功能、用途上存在明显区别，不会导致消费者混淆误认。据此，商评委裁定被异议商标予以核准注册。威腾国际公司不服，向北京市第一中级人民法院提起行政诉讼，并向法院提交了"佐丹奴"商标在广州、深圳、上海、北京、武汉等城市的使用、宣传证据，以及威腾国际公司在1993至2010年与各地经销商所签订的特许转卖店合同、商标许可合同等129份。一审法院审理认为，在案证据足以证明在被异议商标申请日前，威腾国际公司使用在服装类商品上的引证商标构成驰名商标，被异议商标构成对该驰名商标的复制和抄袭。据此，一审法院判决撤销商评委相关裁定，并要求其重新作出商标异议复审裁定。商评委不服一审判决，向北京市高级人民法院提起上诉。北京市高级人民法院认为，威腾国际公司提交的证据可以证明在被异议商标申请日前，引证商标在服装类商品上已经构成驰名商标。被异议商标由字母"ZUODANNU"和汉字"佐丹奴"构成，引证商标由汉字"佐丹奴"构成，两者在汉字字形、读音等方面相似，并且二者均无固定含义。被异议商标构成对威腾国际公司上述商标的摹仿。虽然被异议商标指定使用的商品与引证商标核定使用的商品在原料、功能用途等方面存在较大差异，但是二者均系日常生活用品，在销售渠道、消费对象等方面存在较大关联性，容易造成相关消费者的混淆和误认，减弱威腾国际公司驰名商标"佐丹奴"的显著性，致使其利益可能受到损害。综上，法院维持了一审判决。①

依据《商标法》第14条第1款规定，相关公众对商标的知晓程度乃认定驰名商标的核心依据。无论是商标使用的持续时间，还是宣传工作的情况等，都是为了说明相关公众对该商标的知晓程度。故此，向法院提供商标使用的实际情况证据、广告宣传证据，就成为证明其商标是驰名商标的重中之重。本案中，威腾国际公司提供的证据表明了其"佐丹奴"商标的服装类商品已经行销于中国的各主要城市，并进行了广泛的广告宣传，表明相关公众对该商标广为知晓。法院正是基于此证据，认定其商标为驰名商标。

三、驰名商标认定的效力

驰名商标认定的效力包含两层含义：一是驰名商标认定本身的效力；二是被认定为驰名商标的商标享有的保护效力。

（一）驰名商标认定本身的效力

就驰名商标认定本身的效力而言，由于商标具有动态特征，商标的驰名状态是随时处于变动之中的，今天驰名，明天可能变为不驰名；今天不驰名，明天也可能变为驰名。驰名

---

① 北京市高级人民法院（2013）高行终字第26号行政判决书。

商标是否驰名只能基于特定时空进行判定,这就意味着不仅驰名商标在认定上应该个案认定、发生纠纷后进行事后认定,而且认定的效力也仅限于个案。对于驰名商标认定的效力来说,《驰名商标认定和保护规定》与《驰名商标解释》均作了规定,尽管二者均明确驰名商标认定只具有个案效力,但由于二者在举证责任分配上的不同,《驰名商标认定和保护规定》使得驰名商标认定事实上具有普遍效力,这是违反商标法的一般原理的。除此之外,2013 年《商标法》第 14 条第 5 款明确规定,"生产、经营者不得将'驰名商标'字样用于商品、商品包装或者容器上,或者用于广告宣传、展览以及其他商业活动中。"驰名商标的称号不仅不能用于广告宣传,而且都不能被用于商品、商品包装或者容器上。

(二)驰名商标的保护效力

就驰名商标的保护效力而言,驰名商标往往被认为具有特殊效力,对我国商标法面言,驰名商标的特殊效力体现在以下几点。

1. 对未注册的驰名商标在相同或类似商品或服务范围内提供保护

这就是《商标法》第 13 条第 2 款的规定,《商标法》的该规定事实上不过是增加了一种商标权取得途径。因为在我国,《商标法》所规定的商标权取得途径只能是注册,使用并不能取得商标权,即便商标已经具有了第二含义而成为实质上的商标。

2. 注册的驰名商标在商品或服务的范围上的效力扩大到不相同或不相类似的商品或服务上

这是最典型的驰名商标的特殊效力,也是驰名商标保护和传统商标保护的最大区别,已经突破了传统商标法的按类保护或专业性原则。值得注意的是,我国《商标法》第 13 条第 3 款规定的驰名商标保护范围扩大到不相同或者不相类似的商品或服务也是有条件的,即会"误导公众,致使该驰名商标注册人的利益可能受到损害"。

3. 驰名商标所有人享有特别期限的排他权

《商标法》第 45 条第 1 款规定,已经注册的商标,违反本法第 13 条第 2 款和第 3 款、第 15 条、第 16 条第 1 款第 30 条、第 31 条、第 32 条规定的,自商标注册之日起 5 年内,在先权利人或者利害关系人可以请求商标评审委员会宣告该注册商标无效。对恶意注册的,驰名商标所有人不受 5 年的时间限制。对于恶意注册的,只有驰名商标所有人可以不受 5 年的时间限制,其他在先权利(益)人均仍然要受到 5 年时间的限制。

需要注意的是,驰名商标的上述保护效力大多会体现在两个方面,即商标权取得阶段和商标权保护阶段。在商标权取得阶段,未注册的驰名商标在其使用的商品或服务的相同或类似商品或服务范围之内,注册的驰名商标在其注册的商品或服务范围之外,可以阻止他人注册,使他人已经注册的商标无效;而在商标权保护阶段,未注册的驰名商标在其使用的商品或服务的相同或类似商品或服务范围之内,注册的驰名商标在其注册的商品或服务范围之外,可以请求禁止他人使用相同或近似标志,可以请求损害赔偿。

四、驰名商标认定材料

根据《驰名商标认定和保护规定》(2003)第 3 条规定,以下材料可以作为证明商标驰名的证据材料:

(1) 证明相关公众对该商标知晓程度的有关材料;

（2）证明该商标使用持续时间的有关材料，包括该商标使用、注册的历史和范围的有关材料；

（3）证明该商标的任何宣传工作的持续时间、程度和地理范围的有关材料，包括广告宣传和促销活动的方式、地域范围、宣传媒体的种类以及广告投放量等有关材料；

（4）证明该商标作为驰名商标受保护记录的有关材料，包括该商标曾在中国或者其他国家和地区作为驰名商标受保护的有关材料；

（5）证明该商标驰名的其他证据材料，包括使用该商标的主要商品近三年的产量、销售量、销售收入、利税、销售区域等有关材料。

这里的部分材料一般可以通过权威的市场调研来提供。但是，我们通常建议一个企业的知识产权管理要规范化，在使用过程中要注意使用痕迹的留存。所以，对于企业的商标管理而言，应当建立规范的使用管理档案，这样有助于商标在企业成长的过程中留下完整的资料记载，在必要之时提供强有力的证据支持。

五、驰名商标的认定环节

（一）启动驰名商标认定依据

申请驰名商标认定的依据，即《商标法》第13条规定的情形，主要是指：就相同或者类似商品申请注册的商标是复制、摹仿或者翻译他人未在中国注册的驰名商标，容易导致混淆的；就不相同或者不相类似商品申请注册的商标是复制、摹仿或者翻译他人已经在中国注册的驰名商标，误导公众，致使该驰名商标注册人的利益可能受到损害的。

（二）选择正确的途径

在商标异议程序中，当事人认为他人经初步审定并公告的商标违反《商标法》第13条规定的，可以依据《商标法》及《商标法实施条例》的规定向商标局提出异议，并提交证明其商标驰名的有关材料。

在商标争议程序中，当事人认为他人已经注册的商标违反《商标法》第13条规定的，可以依据《商标法》及《商标法实施条例》的规定向商标评审委员会请求裁定撤销该注册商标，并提交证明其商标驰名的有关材料。

在商标管理工作中，当事人认为他人使用的商标属于《商标法》第13条规定的情形请求保护其驰名商标的，可以向案件发生地的市（地、州）以上工商行政管理部门提出禁止使用的书面请求，并提交证明其商标驰名的有关材料。同时，地方工商行政管理部门抄报其所在地省级工商行政管理部门。

对认为符合认定依据情形的案件，市（地、州）工商行政管理部门应当自受理当事人请求之日起15个工作日内，将案件全部材料报送所在地省（自治区、直辖市）工商行政管理部门，并向当事人出具受理案件通知书；省（自治区、直辖市）工商行政管理部门应当对本辖区内市（地、州）工商行政管理部门报送的有关驰名商标保护的案件材料进行审查。

对符合认定依据情形的案件，省（自治区、直辖市）工商行政管理部门应当自受理当事人请求之日起15个工作日内，将案件全部材料报送商标局。当事人所在地省级工商行政管理部门直接受理的案件中，认为所发生的案件属于依据情形的，也应在15日内报送商标局。

(三) 等待认定结果

商标局应当自收到有关案件材料之日起 6 个月内作出认定,并将认定结果通知案件发生地的省(自治区、直辖市)工商行政管理部门,抄送当事人所在地的省(自治区、直辖市)工商行政管理部门。

商标局、商标评审委员会在认定驰名商标时,应当综合考虑《商标法》第 14 条规定的认定驰名商标的因素。根据现行《商标法》规定,国家知识产权局商标局、商标评审委员会、人民法院依法在个案中认定商标是否驰名,因此不存在所谓的公示期。对于未被认定为驰名商标的,自认定结果作出之日起 1 年内,当事人不得以同一商标就相同事实和理由再次提出认定请求。

第三节 驰名商标的保护

对驰名商标的保护是一个比较复杂的问题。当前,国际公约和各国立法都对驰名商标给予特殊的保护,美国等一些国家还采用反淡化法来保护驰名商标。我国对驰名商标的认定、保护制度以及执法水平等方面都有尚待完善的地方。

一、国际公约对驰名商标的保护

(一)《巴黎公约》对驰名商标的保护

(1) 本联盟各国承诺,如本国法律允许,应依职权或依有关当事人的请求,对商标注册或使用国主管机关认为在该国已经驰名,属于有权享受本公约利益的人所有、并且用于相同或类似商品的商标构成复制、仿制或翻译,易于产生混淆的商标,拒绝或撤销注册,并禁止使用。这些规定,在商标的主要部分构成对上述驰名商标的复制或仿制,易于产生混淆时,也应适用。

(2) 自注册之日起至少 5 年的期间内,应允许提出撤销易与驰名商标产生混淆的商标的请求。本联盟各国可以规定一个期间,在这期间内必须提出禁止使用的请求。

(3) 对于依恶意取得注册或使用的商标提出撤销注册或禁止使用的请求,不应规定时间限制。

(二)《与贸易有关的知识产权协议》对驰名商标的保护

与《巴黎公约》相比,《与贸易有关的知识产权协议》对知识产权的保护更加完善主要表现以下几点。

(1) 将驰名商标的保护范围扩大到驰名的服务商标《与贸易有关的知识产权协议》第 16 条之 2 规定:1967《巴黎公约》第 6 条之 2 经过细节作必要修改后应适用于服务。

(2) 拓展了驰名商标权利人的权利范围。《与贸易有关的知识产权协议》第 16 条之 3 规定,1967《巴黎公约》第 6 条之 2 经对细节作必要修改后应适用于与已注册商标的商品或服务不相类似的商品或服务。

（3）对认定驰名商标的标准作了原则规定。《与贸易有关的知识产权协议》第16条之2规定，在确定一个商标是否为知名商标时，各成员应考虑到有关部分的公众对该商标的了解，包括由于该商标的推行而在有关成员方得到的了解。

二、我国对驰名商标的保护

我国《商标法》对驰名商标的保护主要体现以下内容。

（一）对未在中国注册的驰名商标也给予保护

我国对驰名商标的保护已经不局限于注册商标，根据《商标法》第13条第2款，在相同或者类似商品上申请注册的商标，是通过复制、摹仿或者翻译他人未在中国注册的驰名商标，而且容易造成混淆的，商标局将不予注册并禁止其使用。根据《商标纠纷解释》，复制、摹仿、翻译他人未在中国注册的驰名商标或其主要部分，在相同或者类似商品上作为商标使用，容易导致混淆的，应当承担停止侵害的民事法律责任，但并不承担其他民事责任。

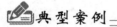
典型案例

"新华字典"未注册驰名商标侵犯商标权及不正当竞争纠纷案

原告商务印书馆1957年至今，已连续出版《新华字典》通行版本至第12版，虽未进行商标注册，但经过近六十年的努力，"新华字典"已经被原告打造成辞书领域的精品驰名品牌。2016年，原告发现被告某出版社擅自生产和销售各类打着"新华字典"名义的辞书，并且其中部分字典与原告在先出版的《新华字典》（第11版，以下简称争议商品）特有的包装装潢高度近似，于是以被告侵害"新华字典"未注册驰名商标、摹仿《新华字典》（第11版）特有的包装装潢构成不正当竞争为由诉至北京知识产权法院，请求判令被告立即停止相关侵权行为。

北京知识产权法院经审理查明，双方的争议焦点为：①"新华字典"是否构成未注册驰名商标，如果构成，被告实施的被诉行为是否构成侵权；②原告出版的争议商品的包装是否构成知名商品的特有包装装潢，如果构成，被告的被诉行为是否构成不正当竞争。

法院认为：虽然"新华字典"具有特定的历史起源和发展过程，但在长达六十年间均由原告作为唯一主体提供，在市场上已经形成了稳定的市场格局，且在相关生产者、经营者及消费者中形成了稳定的认知联系，"新华字典"属于兼具产品和品牌混合属性的商品名称，在市场上已经产生具有指示商品来源的意义和作用。另外，被告辩称"新华字典"属于约定俗成的辞书商品通用名称，但其提供的在案证据不能证明全国范围内相关公众已将"新华字典"认定为辞书商品上约定俗成的通用名称。因此，"新华字典"是具有商标显著特征的、能够识别商品来源的商标。

根据原告提供的证据，从相关公众对"新华字典"的知晓程度、近六十年间在全国范围的销售量，以及原告对该商标的宣传时间、程度和地理范围来看，"新华字典"已经在全国范围被相关公众知晓且销售量大、销售范围广泛、在行业内有较大影响力和较高知名度，因此本案中"新华字典"已经达到驰名商标的程度。本案中，原、被告使用"新华字典"的商品均为第16类辞书，属于相同商品，且被告在其出版的字典上使用了与原告未注册驰名商标"新华字典"完全相同的商标,该行为属于以复制的方式使用原告的未注册驰名商标,在案证据也足以证明相关公众已经对此产生了混淆和误认。

争议商品自 2011 年 6 月出版发行至被诉行为发生时,已经在全国大量出版发行,并取得较高的知名度。同时,由于《新华字典》连续 11 版出版发行,其知名度也随着不同版本而累积。首先,结合商务印书馆在全国范围内宣传和经营《新华字典》的情况,以及《新华字典》辞书获得的系列荣誉和重要奖项,可以认定商务印书馆的争议商品属于知名商品。其次,争议商品使用的装潢是对与其功能性无关的构成要素进行了独特的排列组合,形成了能够与其他经营者的同类商品相区别的整体形象,经过商务印书馆长期的宣传和使用,使得相关公众能够将上述装潢的整体形象与其商品来源联系起来,该装潢所体现的文字、图案、色彩及其排列组合具有识别和区分商品来源的作用,具备特有性。综上,争议商品的装潢属于《反不正当竞争法》第 5 条第 2 项所保护的知名商品的特有装潢。

本案中,原告争议商品的装潢在整体形象上具有独特和显著的特征,具备识别商品来源的作用。被告的被诉侵权产品的装潢与原告的争议商品的装潢在文字结构、图案设计、色彩搭配、排列位置等整体视觉效果上相近似,普通消费者施以一般注意力,容易对原、被告商品的来源发生混淆和误认。此外,从现有证据来看,被诉侵权产品已经在市场上引起了相关消费者的混淆和误认。原、被告面向的消费群体基本一致,存在直接竞争关系,被告上述行为已经构成不正当竞争。

综上所述,法院判决被告立即停止侵权和不正当竞争行为,并且发布声明消除对原告的不良影响、赔偿原告的经济损失和合理费用。[①]

"新华字典"作为辞书名称被给予商标保护的根本原因是,商务印书馆长期大量的使用已经使得"新华字典"与商务印书馆产生了稳定的对应关系,且"新华字典"凝结了其所标识商品的商誉,给予其未注册驰名商标保护符合《商标法》关于未注册驰名商标保护的立法目的,不仅不会损害知识的传播,相反,为了维护"新华字典"良好的品牌商誉,商务印书馆对其出版、发行的标有"新华字典"标识的辞书更会注重提升品质,促进正确知识的广泛传播。

(二)扩大了对注册的驰名商标的保护范围

为了体现对注册的驰名商标的特殊保护,《商标法》第 13 条第 3 款规定对注册的驰名商标的保护范围扩大到"不相同或者不相类似商品"上,只要是复制、摹仿或者翻译他人已在中国注册的驰名商标,误导公众,致使该驰名商标注册人的利益可能受到损害的,不予注册并禁止使用。根据《商标纠纷解释》第 1 条第 2 款,复制、摹仿、翻译他人注册的驰名商标或其主要部分在不相同或者不相类似商品上作为商标使用,误导公众,致使该驰名商标注册人的利益可能受到损害的行为,属于《商标法》第 57 条第 7 项规定的给他人注册商标专用权造成其他损害的行为。对这种侵权行为,侵权人应承担包括赔偿在内的各种民事责任。显然,对已在中国注册的驰名商标的保护力度要大于未注册的驰名商标。这种以是否注册来区分不同责任的规定,不仅符合《巴黎公约》和《TRIPs 协定》对驰名商标保护的基本要求和国际上通行的做法,而且符合中国国情。

---

① 北京知识产权法院(2016)京 73 民初 277 号一审民事判决书。

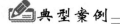典型案例

"宝马"驰名商标案

原告宝马公司成立于1916年,系全球知名的汽车生产商。该公司的"BMW及图""BMW""宝马"商标经中国商标局核准注册,核定在第12类"机动车辆、摩托车及其零件"商品上使用。被告某公司在其生产、销售的服饰产品上使用了"MBWL及图""MBWL"标识,以及含有"宝马"文字的企业名称。湖南省高级人民法院经审理认为:原告的注册商标经过长期使用,广泛宣传,已成为驰名商标。原告作为驰名商标的权利人,其合法权利应当依法受到法律保护。被告某公司使用"MBWL及图""MBWL",以及含有"宝马"文字的企业名称,容易使相关公众对使用驰名商标和被诉标识的商品来源产生混淆和误认。遂判决被告停止侵犯原告注册商标专用权和不正当竞争行为,消除影响,赔偿原告经济损失人民币50万元。本案一审判决后,当事人均未提出上诉。①

本案涉及驰名商标和有较高知名度的企业字号的法律保护,其裁判有效遏制了"傍名牌""搭便车"的不正当竞争行为。在该案中,法院综合考虑原告注册商标的显著性、市场知名度,依法认定原告的注册商标为驰名商标,进而认定被告在服装、服饰商品上使用与原告注册商标相近似的"MBWL及图""MBWL"标识,容易造成相关公众误认为被告生产、销售的商品系经原告授权或与原告具有使用许可、关联企业关系等特定联系,不正当地利用原告驰名商标的市场声誉牟取不法利益,从而对原告合法利益造成损害,构成对原告注册商标专用权的侵犯。

(三)驰名商标所有人享有特殊期限的排他权

《商标法》第45条第1款规定,已经注册的商标,违反本法第13条第2款和第3款、第15条、第16条第1款、第30条、第31条、第32条规定的,自商标注册之日起5年内,在先权利人或者利害关系人可以请求商标评审委员会宣告该注册商标无效。对恶意注册的,驰名商标所有人不受5年的时间限制。

(四)禁止将他人的驰名商标作为企业名称使用

为防止"傍名牌""搭便车"现象,《商标法》第58条规定,将他人注册商标、未注册的驰名商标作为企业名称中的字号使用,误导公众,构成不正当竞争行为的,依照《反不正当竞争法》处理。《驰名商标认定和保护规定》第13条规定:"当事人认为他人将其驰名商标作为企业名称登记,可能欺骗公众或者对公众造成误解的,可以向企业名称登记主管机关申请撤销该企业名称登记,企业名称登记主管机关应当依照《企业名称登记管理规定》处理。"在上述"宝马"商标侵权案中,法院还明确,在明知他人企业字号具有较高知名度的情况下,仍将该文字组合登记为企业名称中的字号进行商业使用,明显违背诚实信用原则和公认商业道德,有意误导公众,属于典型的不正当竞争行为。

(五)运用反淡化规则对驰名商标进行保护

驰名商标的反淡化保护在工业发达国家已经成熟,我国《商标法》对此未加明确,但在

---

① 湖南省高级人民法院(2009)湘高法民三初字第1号民事判决书。

司法实践中,随着2009年4月23日最高人民法院《驰名商标司法解释》的公布,反淡化规则在驰名商标民事案件的判决中得到确认。该解释第9条第2款规定,足以使相关公众为被诉商标与驰名商标具有相当程度的联系,而减弱驰名商标的显著性、贬损驰名商标的市场声誉,或者不正当利用驰名商标的市场声誉的,属于《商标法》第13条第2款规定的"误导公众,致使该驰名商标注册人的利益可能受到损害"。这一司法解释体现了比较完整的淡化含义,虽然该司法解释针对的是民事案件,但鉴于商标民事侵权案件与商标侵权案件中对于驰名商标的保护应适用相同的原则,因此该原则亦应同时适用于商标侵权案件。上述规定也进一步明确了《商标法》第13条第3款的规定,以加强对驰名注册商标的保护。在近几年的司法审判中,已有一些生效的判决书中写入了关于商标淡化的问题。《驰名商标司法解释》的颁布,既借鉴和吸纳了国际社会对驰名商标保护的反淡化规则,又结合我国现实情况作出了规定,可以很好地指导下级法院正确理解和适用反淡化规则。

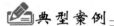
典型案例

"柯达"商标案

伊士曼公司是生产传统和数码影像产品、医疗影像产品、商业摄影产品、光学元器件和显示器的知名跨国公司。早在1888年,伊士曼公司将"KODAK"作为商标使用在照相机上,至今已有117年的悠久历史。作为世界知名企业,伊士曼公司在150多个国家和地区注册了将近1700件"KODAK"商标或以KODAK文字为主体的商标,具有极高的知名度和良好的市场声誉。在中国,伊士曼公司的"KODAK"商标早在1982年就已在第1类"有机化学品和无机化学品"上核准注册,注册号为154121,在此基础上,伊士曼公司又在第1类、第9类商品上注册了多个KODAK商标。2005年6月,伊士曼公司在某家具广场、某商城发现其使用的自动扶梯上带有Kodak标识,经调查,发现该电梯为被告科达电梯公司生产、销售,另外,被告及其北京分公司、广州分公司还在其企业网站、工厂大门、公司门牌、员工名片、产品介绍、宣传资料上使用Kodak标识。同时,被告及其北京分公司还将Kodak商标注册成其网站域名kodaklift.com.cn,kodak-bj.com,并加以使用。伊士曼公司认为,被告的上述使用侵犯了其"Kodak"商标的专用权,向江苏省苏州市中级人民法院提起诉讼。法院经审理认为,原告伊士曼公司所有的KODAK注册商标属在市场上享有较高声誉并为相关公众所熟知的商标,在司法保护中,应认定该注册商标为驰名商标,并依法予以跨商品或服务领域的高水平保护。被告科达电梯公司使用Kodak标识,显然是模仿原告伊士曼公司所有的KODAK驰名商标,并借此攀附该商标的良好商誉,以取得不正当的商业利益。从保护驰名商标专有性的角度看,科达电梯公司使用Kodak标识必会降低伊士曼公司所有的KODAK驰名商标的显著性,损害其商誉价值,给伊士曼公司所有的KODAK驰名商标的专有性及其形象利益造成实质性损害。因此,科达电梯公司未经KODAK驰名商标权利人同意而使用KODAK商业标识的行为,构成商标侵权。①

本案是涉及驰名商标跨类保护的典型案例,2008年入选最高人民法院知识产权司法保

---

① 江苏省苏州市中级人民法院(2005)苏中民三初字第0213号民事判决书。

护典型案例,也是《最高人民法院公报》2008年第5期案例。本案中法院并没有考察消费者的混淆可能性问题,而是运用了反淡化的概念,认为科达电梯公司的行为将会淡化伊士曼公司 KODAK 驰名商标的显著性,从而认定科达电梯公司的行为构成商标侵权。

三、企业自身对驰名商标的保护

尽管对驰名商标的保护已经有了立法依据,人民法院和行政执法机关也提供了相应的司法和行政保护,但对企业而言,更要加强自身对其驰名商标的保护。与上述保护方式相比,这是一种较有效和低成本的保护模式。

(一)了解《商标法》对商标权的保护途径

根据《商标法》的规定,一旦发生侵权纠纷,权利人对商标权的保护途径有多种,如可以协商解决,不愿协商或者协商不成的,还可通过行政和司法途径对驰名商标进行及时的保护。侵权人不仅要承担民事责任、行政责任,情节严重的还要承担刑事责任。

(二)注册联合商标和防御商标

从国外的立法看,允许商标权人注册联合商标和防御商标以保护其驰名商标。例如,日本的"SONY"商标,不仅在电器产品上注册,而且在其他产品和服务项目上申请了注册。同时,索尼公司还将 Suny、Sonny、Sohny 等类似商标申请注册为联合商标,以对其注册商标 SONY 进行保护。我国《商标法》虽未明确规定,但在商标实务和企业的商标保护策略中,不少企业已经注册了联合商标和防御商标,以期对自己的驰名商标进行全方位的保护。联合商标和防御商标的注册可起到积极的防卫作用,使商标侵权者无机可乘。企业通过实施注册联合商标和防御商标策略,不仅保护了驰名商标,维护了消费者的利益,而且可有效地防止他人在不同类别的商品或服务上使用其商标,防止消费者对商品的来源产生误认。

(三)及时行使异议权和撤销权

拥有驰名商标的企业应及时关注商标局发布的商标初审公告和注册公告,对与自己的驰名商标相同或近似的商标应及时行使异议权和撤销权,防止他人对驰名商标造成损害。

(四)将驰名商标在互联网上登记注册为域名

随着计算机的普及和国际互联网的迅速发展,企业之间的电子商务交易越来越多。企业要在这块市场占有一席之地,必须首先在互联网上注册一个域名。多数企业以自己的驰名商标或主商标或企业的名称作为域名登记注册,这样做不仅可以防止他人抢注,而且便于其他企业和消费者识别和记忆,如华为公司的域名为 www.huawei.com.cn、联想公司的域名为 www.lenovo.com.cn 等。

(五)将驰名商标与企业的广告用语以及企业的名称保持一致

注册商标、商务用语和企业名称三位一体,便于企业宣传,提升其整体知名度和认知度。一些驰名商标的企业名称和广告用语均是一致的,如青岛海尔电器公司的商标用语为:"海尔,真诚到永远!";瑞士雀巢公司的广告用语为:"雀巢咖啡,滴滴香浓";四川长虹电视的广告用语为:"天上彩虹,人间长虹";维维豆奶的广告用语为:"维维豆奶,欢乐开怀";等等。这些都是对驰名商标实施保护策略的成功实例。

本章思考题

1. 简述驰名商标和一般商标相比有何特点。
2. 简述我国对驰名商标的认定标准。
3. 论述我国对驰名商标的法律保护。

 实训

查阅《商标法》,详述驰名商标的使用规范。

第十章

其他商业标志的法律保护

 教学目标

（1）掌握未注册商标、地理标志的法律保护。
（2）熟悉商号、域名的法律保护。
（3）了解奥林匹克标志的法律保护。

第一节　未注册商标的法律保护

我国保护未注册商标的法律主要有《商标法》和《反不正当竞争法》，二者均对未注册商标提供一定的保护。不过，尽管《商标法》对未注册商标提供一定的保护，但除驰名的未注册商标之外，《商标法》并不对未注册商标提供侵权救济性的保护，我国对普通未注册商标提供侵权救济性保护的法律是《反不正当竞争法》。可以说，在我国未注册商标和注册商标的法律保护存在相当大的差异，需要我们正确把握，以恰当保护未注册商标。

一、我国保护未注册商标的主要法律及其价值取向

顾名思义，未注册商标是指已经被选定为商标但却没有在商标局注册的商标。就那些已经使用并有一定影响的商标而言，尽管其没有注册，但因已经能够识别商品或服务，事实上已经具有了一定的经济价值，值得法律保护。然而，法律对未注册商标的保护不仅仅取决于未注册商标的影响力和经济价值，还取决于一个国家或地区商标相关法律制度的整体构造，尤其是其商标权取得体制。正由于商标权取得体制不同，不同国家或地区法律对于未注册商标的态度迥然有异，采用使用取得商标权体制的国家几乎保护全部已经实际使用的商标，不管其是否已经注册，而采用注册取得商标权体制的国家则往往主要保护注册商标，对未注册商标仅仅提供相对有限的保护。

我国商标保护的法律主要由《商标法》和《反不正当竞争法》共同构成，其中《商标法》主要保护注册商标，除已经达到驰名状态的未注册商标之外，《商标法》仅仅对注册商标提供侵权救济，换言之，对于除驰名商标之外的未注册商标，《商标法》仅仅提供禁止他人抢注和有条件继续使用的保护，不提供侵权救济的保护。《反不正当竞争法》是未注册商标保护的主要法律，对除驰名商标之外的未注册商标提供侵权救济。同时需要注意的是，在我国商标法律保护制度中，《反不正当竞争法》的未注册商标保护制度仅仅是我国商标法律保护制度的一个补充性的组成部分，是一种为弥补《商标法》不足而对未注册商标进行的有限保护，对未注册商标的保护具有非设权性、补充性和有限性的特点。

就价值取向而言，不管是《商标法》还是《反不正当竞争法》，我国法律对未注册商标的保护体现出一种对未注册商标的适当保护和对注册取得商标权体制的维持。一方面，对未注册商标提供与其影响力相适应的保护，追求法律的正义价值，《商标法》和《反不正当竞争法》对已经使用的具有实际经济价值的未注册商标提供与其影响力和经济价值相适应的保护

强度,影响力越大、价值越大的未注册商标受到的保护越强,影响力越小、价值越小的未注册商标受到的保护越弱。例如,对于具有极大影响力和经济价值的未注册驰名商标提供注册豁免待遇,其保护几乎相当于对注册商标的保护,而对于没有影响力和经济价值的商标原则上不提供保护,只有在双方当事人之间具有代理、代表特殊关系时才予保护。另一方面,维护注册取得商标权体制。我国《商标法》对未注册商标的保护是逐步增强的,普通未注册商标防止他人抢注的效力、未注册驰名商标注册豁免的待遇、普通未注册商标的先用权效力等通过各次《商标法》修正逐步被赋予未注册商标。尽管如此,对未注册商标的保护也不能从根本上冲击注册取得商标权体制。

二、未注册商标的类型及我国法律所提供的保护

根据其影响力的不同,未注册商标大体上可以分为三种类型:已经达到驰名程度的未注册商标;普通未注册商标,即没有达到驰名程度,但已经能够用来识别商品或服务来源的未注册商标;仅仅被选定为商标,因尚未使用或使用的规模和范围很小,还不能够用来识别商品或服务来源的未注册商标。对于不同类型的未注册商标,我国法律提供了不同类型的保护。

(1) 未注册驰名商标的法律保护。未注册驰名商标是一种特殊类型的未注册商标,它不仅能够用来识别商品或服务来源,而且识别商品或服务来源的能力特别强,属于识别力最强的商标类型,甚至已经超过了大多数普通注册商标。对于这种未注册商标,我国《商标法》第 13 条第 2 款给予其注册的权利,即不通过注册而通过驰名就可以取得商标权,除了在请求保护时需要通过证明驰名而不是用注册证证明权利之外,未注册驰名商标在其他方面和注册商标所受到的保护完全相同,甚至还优于注册商标。例如,当以未注册驰名商标作为在先权利无效他人的注册商标时,如果他人为恶意,那么即便他人商标注册已经超过 5 年,只要他人的商标注册时注册人有恶意而且该未注册商标已经驰名,该未注册驰名商标所有人可以不受 5 年时间限制,请求无效他人的注册商标。

(2) 普通未注册商标的法律保护。我国法律保护普通未注册商标的相关规定,共包括《商标法》第 32 条后半段规定的"不得以不正当手段抢先注册他人已经使用并有一定影响的商标"使普通未注册商标可以阻止他人抢注、可以无效他人已经抢注的商标。《商标法》第 59 条第 3 款规定的"商标先用权"使普通未注册商标在他人注册之后,不管他人是否是抢注的,可以附加条件,即附加区别标志地继续使用。《反不正当竞争法》第 6 条规定的"有一定影响的……商业标识"的保护则使普通未注册商标的权益人可以针对未经授权的行为寻求侵权救济。需要注意的是,鉴于我国法律对未注册商标保护的基本价值取向及我国《商标法》与《反不正当竞争法》在未注册商标保护上的分工格局,在无法依据《商标法》第 32 条后半段使他人在后的注册商标无效的情况下,在先商标使用人只能根据《商标法》第 59 条第 3 款的规定享有商标先用权的待遇,而不能根据《反不正当竞争法》第 6 条的规定禁止在后注册人的使用和请求损害赔偿。

(3) 特殊关系下对不能够识别商品或服务来源的未注册商标的法律保护制度。我国法律对于不能够识别商品或服务来源的未注册商标的唯一保护是在代理或代表关系下的保护。只有在代理或代表关系下,在代理人、代表人抢注被代理人、被代表人的未注册商标的

情况下,《商标法》才给予被代理人、被代表人以制止代理人、代表人抢注、使其抢注无效并禁止其使用的权利,被代理人、被代表人的这种制止抢注、使其抢注无效并禁止其使用的权利只能针对代理人、代表人行使,而不能针对其他人行使。因此,可以说,只有在存在代理、代表关系的情况下,我国《商标法》才对不能够识别商品或服务来源的未注册商标提供保护。

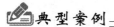

"晨光"商品装潢案

2002年7月19日,中韩晨光公司向国家知识产权局申请了名称为"笔(事务笔)"的外观设计专利。中韩晨光公司生产的晨光牌K-35型按动式中性笔的外观由掀头、笔套夹、装饰圈、笔杆、笔颈、护套、尖套组成。掀头是直径为6毫米、顶部为圆球状的圆柱体空心零件,采用透明塑料制造,可以看到内部按动结构零件的颜色。笔套夹为圆柱体与半圆梯形组合成的三维立体形状,在半圆梯形的最高处连接有一个7毫米宽的笔夹,笔夹面呈弧形曲面向内收敛,笔套夹上部有两条半环形镂空,套身上有大圆强缺口,笔夹与半圆梯形结合处有一个6.5毫米长的腰形孔,笔套夹的颜色与笔芯颜色相同,笔套夹面上印有M&G及产品型号K-35等字样。装饰圈位于笔套夹下方,其弧度与笔套夹和笔杆的曲线相吻合,材质为经过电镀处理的工程塑料。笔杆是直径为11.6毫米的空心圆柱体,由透明塑料制造,在其与笔颈连接处贴有环形不干胶,上面印有注册商标"晨光"、产品型号K-35等字样。笔颈是一个上端与笔杆连接,下端与尖套连接的空心圆柱体状零件。笔颈外套有护套,该护套外形呈中间小两头略大的哑铃形,护套颜色与笔芯墨水颜色相同。尖套为弧形圆锥体状零件,其表面经过电镀,颜色与装饰圈的色泽相同。微亚达制笔公司和微亚达文具公司同样生产文具用品,其生产、销售的一种笔的结构与上述K-35型按动式中性笔相同,笔夹上印有WEIYADA、681等字样,环形不干胶上印有WEIYADA、E681等字样,从整体上看,两者外观基本相同。中韩晨光公司认为其晨光牌K-35型按动式中性笔是知名商品,成硕工贸公司销售的由微亚达制笔公司和微亚达文具公司生产、销售的681型水笔仿冒了K-35型按动式中性笔的特有装潢,构成不正当竞争行为,遂向上海市第二中级人民法院起诉。

上海市第二中级人民法院一审认为K-35型按动式中性笔外观中的笔套夹和装饰图部分构成知名商品的特有装潢,微亚达制笔公司和微亚达文具公司的行为构成不正当竞争。上海市高级人民法院二审维持原判。微亚达制笔公司不服上述判决,向最高人民法院申请再审。最高人民法院再审认为,如果一种外观设计专利因保护期届满或者其他原因而专利权终止,该外观设计就进入了公有领域,任何人都可以自由利用。但是,在知识产权领域内,一种客体可能同时属于多种知识产权的保护对象,其中一种权利的终止并不当然导致其他权利同时也失去效力。同时,《反不正当竞争法》也可以在《知识产权法》之外,在特定条件下对于某些民事权益提供有限的、附加的补充性保护。就获得外观设计专利权的商品外观而言,外观设计专利权终止之后,在使用该外观设计的商品成为知名商品的情况下,如果他人对该外观设计的使用足以导致相关公众对商品的来源产生混淆或者误认,这种在后使用行为就会不正当地利用该外观设计在先使用人的商誉,构成不正当竞争。具体而言,由于商品的外观设计可能同时构成商品的包装或者装潢,因而可以依据《反不正当竞争法》关于知名商品特有包装、装潢的规定而得到制止混淆的保护。此时,该外观设计应当满足以下条件:①使用该设计的商品必须构成知名商品;②该设计已经实际具有区别商品来源的作用,从而可以作为知名商品的特有包装或者装潢;③这种设计既不属于由商品自身的性质所决定的设计,也不属于为实现某种技术效果所必需的设计或者使商品具有实质性价值的设计;④他人对该设计的使用会导致相关公众的混淆或者误认。与此同时,最高人民法院也明确指出,与外在于商品之上的文字图案类装潢相比,内在于商品之中的形状构造类装潢构成知名商品的特有装潢需要满足更严格的条件。这些条件一般至少包括:①该形状构造应该具有区别于一般常见设计的显著特征;②通过在市场上的使用,相关公众已经将该形状构造与特定生产者、提供者联系起来,即该形状构造通过使用获得了第二含义。也就是说,一种形状构造要成为知名商品的特有装潢,其仅仅具有新颖性和独特性,并对消费者产生吸引力是不够的,它还必须能够起到区别商品来源的作用。只要有充分证据证明该形状构造特征起到了区别商品来源的作用,该形状构造就可以作为知名商品的特有装潢获得保护。最终,微亚达制笔公司撤回再审申请,最高人民法院予以准许。①

本案入选最高人民法院公布的 2010 年中国法院知识产权司法保护 50 件典型案例。本案中,中韩晨光公司生产的 K-35 型按动式中性笔外观,被认定为知名商品的特有装潢。2017 年《反不正当竞争法》第 6 条第 1 项规定,"经营者不得实施下列混淆行为,引人误认为是他人商品或者与他人存在特定联系:(一)擅自使用与他人有一定影响的商品名称、包装、装潢等相同或者近似的标识……"可见,这种知名商品的特有装潢具有标示商品来源的功能,本质上是有一定影响的商业标识,受到《反不正当竞争法》的保护。当他人未经许可,在相同或类似的商品类别上使用他人有一定影响的商业标识时,容易导致消费者混淆,商业标识的权益人可以针对未经授权的行为寻求《反不正当竞争法》的救济。

第二节 地理标志的法律保护

地理标志是一种重要的识别性商业标志,尤其是对于那些历史悠久、自然资源优越的国家或地区,地理标志保护是保护其传统文化和自然资源的重要手段。地理标志的认定和保护对促进区域经济发展发挥了重要的作用,已经成为不少地方发展区域特色经济、实施精准脱贫的主要途径之一。

一、地理标志的法律保护概述

自 1883 年签署之时起,地理标志(货源标记)就是《巴黎公约》规定的工业产权的保护对象,1958 年的《保护原产地名称及其国际注册里斯本协定》(以下简称《里斯本协定》)进一步规定了地理标志中最重要的原产地名称的国际注册与保护,1994 年的《TRIPs 协定》同样将

---

① 最高人民法院(2010)民提字第 16 号民事裁定书。

地理标志作为一种重要的知识产权类型。

(一) 地理标志的概念和性质

地理标志(geographical indication)又称地理标识、地理标记等,是用来表示产品或服务的地理来源的名称、标记或符号。广义的地理标志包括货源标记和原产地名称,世界知识产权组织及其管理的知识产权国际公约就是在广义上使用地理标志这一概念的。事实上,货源标记和原产地名称是不同的,主要体现在构成条件上:货源标记几乎没有任何条件,仅仅"标记"与商品的"地理来源"之间的联系即可,通常由名称、标记或符号构成,如"中国制造""Made in U.S.A."等。原产地名称则具有相当严格的条件,《里斯本协定》第2条第1款规定,"在本协定中,原产地名称系指一个国家、地区或地方的地理名称,用于指示一项产品来源于该地,其质量和特征完全或主要取决于地理环境,包括自然和人文因素",如"香槟""波尔多葡萄酒""哈瓦那雪茄""茅台酒"等。货源标记是用于标识产品或服务产于某个国家、某国的某个地区或特定地方的表示或标记;原产地名称除标识产品或服务产于某个国家、某国的某个地区或特定地方之外,还表明其特有的品质完全或基本上取决于该地域的自然的、人文的或两者兼有的因素在内的地理环境。原产地名称要求产品与其出产的地区之间存在质量上的紧密联系,这种质量上的联系包括该产品的特殊品质完全或主要归因于该地理来源的特殊气候、土壤或传统生产方式等因素,而作为货源标记,只要该产品出产于其所标识的地区即可。从某种意义上可以说,原产地名称也是一种特殊的货源标记,但在一般情况下,货源标记仅表示那些不能被当作原产地名称使用的地理来源。需要注意的是,《TRIPS协定》规定的地理标志的概念和《里斯本协定》规定的原产地名称概念是不同的。《TRIPS协定》规定,本协定的地理标志系指下列标志,其标示出某商品来源某成员地域内,或来源该地域中的某地区或某地方,该商品的特定质量、信誉或其他特征,主要与该地理来源相关联。《里斯本协定》强调商品的"质量和特征"完全或主要归因于其包括自然和人文因素的地理环境,而《TRIPS协定》则除商品的质量和特征之外,增加了"信誉"。信誉本质上是一种消费者认知与评价,因此《TRIPS协定》增加的商品的"信誉"要素使地理标志与产地之间的关联性,从客观转向了主观,在一定程度上已经背离了原产地名称保护的初衷。

无论是哪种地理标志,均有三个共同点:①地理标志均与地理名称有关。无论是货源标记还是原产地名称,均与一定的地理名称有关,其差别不过在于,前者仅仅表明该产品生产于某地,而后者不仅要求某产品生产于某地,而且该产品的特殊质量还与该地区的自然或人文环境有关,差别仅仅是信息量上的,原产地名称比货源标记内涵更为丰富;②地理标志均是识别性的工商业标记,而区别于创造性智力成果。知识产权的客体可以被分为创造性智力成果和识别性工商业标记。无论是货源标记还是原产地名称均是一种识别性工商业标记,而不是创造性智力成果。因为各种地理标志均是用来表示某种商品的(或者是其来源,或者是其质量上的地理特色),而不包含什么创造性;③地理标志本质上是一种符号。作为一种符号,地理标志的能指通常是地理名称或包含地理名称的图形,地理标志的所指是指一类具有某种与该地理区域的自然或人文因素有关的产品。

(二) 地理标志与相关概念的关系

地理标志通常也出现在商品或产品之上,与商标具有紧密的联系,但又不同于商标。

地理标志和商标的相同点是均由标志与标志所代表的信息二要素组成,是二者的统一体,是一种符号;其功能相似,均是传递信息,消除信息不对称,减少搜寻成本。

地理标志虽然是一种识别性工商业标记,但却是一种不同于商标的符号。①识别对象不同。商标用来识别在市场中提供某种特定产品或服务的企业,地理标志则用来识别一个或几个使用这种地理标志的产品的企业坐落其中的地理区域。因此,在某人或企业能够排除其他人或企业使用地理标志意义上说,地理标志没有所有人,而坐落在地理标志所指的该地区的任何一个企业由于产品来源于该地区从而均有权使用所说的标记,当然一般需要符合某种特定,如管理原产地名称使用的行政命令所规定的质量要求。因此,当在商务中把地理标志看作一种特殊种类的特征符号而其因此成为知识产权的一个特别种类时,把它们同商标区分开来是很重要的。②地理标志是一种"规约性"符号。在符号学上,符号包括符号内容(所指)与符号形式(能指),二者共同构成了符号。例如,"李世民"这个符号,其能指就是"李世民"这三个字的图形和读音,而所指就是"李世民"这个人所代表的信息或意义(如他是唐朝第二位皇帝、杰出的政治家、战略家、军事家、诗人、"贞观之治"的开启者等)。符号还被分为"规约性的"与"非规约性的"两类,前者如拟声词,能指受所指所制约,而后者则包括大多数符号。由于地理标志必然与地理有某些联系,显然,地理标志就是"规约性"的符号,即地理标志的名称是事先确定下来的,如绍兴黄酒、茅台酒等酒就不能叫其他名字。规约性的符号其"能指"与"所指"的关系比非规约性的符号的"能指"与"所指"的关系密切得多。地理标志与使用地理标志的产品之间不仅有生产地的联系,即该产品是在该地生产的,而且对于传统的原产地名称这种地理标志来说,联系还不仅于此。地理标志所标记的地方实实在在与产品有必然的联系,因为正是地理环境决定了产品的特殊质量。因此,在某种程度上可以说,地理标志本身就是产品的一种要素。在这里,符号的"能指"与"所指"之间的距离更近了,甚至连为了一体。因此,如果把商标这种完全是"以此事物(商标标记)表示被事物(产品或商品)"的最典型的识别性工商业标记作为一端,把产品或商品这种"自身表示自身"的东西作为另一端的话,地理标志就可以说是介于两者之间的一种东西。

二、地理标志的法律保护模式

世界各国或地区对地理标志的国内法保护主要有三种模式:第一种模式是通过商标法保护地理标志,即通过将地理标志注册为证明商标或集体商标的方式加以保护,美国和一些欧洲国家采取的就是这种保护模式;第二种模式是通过专门立法的方式保护地理标志,如法国制定的《原产地名称保护法》;第三种模式是通过反不正当竞争法保护,制止伪造、冒用地理标志的不正当竞争行为。我国法律对地理标志的保护主要是商标法和原产地域产品保护(专门法)模式,反不正当竞争法对地理标志也起着辅助保护作用。

(一) 地理标志的商标法保护

《商标法》第16条规定了地理标志,地理标志成为注册商标的在先权利,该条第2款规定:"前款所称地理标志,是指标示某商品来源于某地区,该商品的特定质量、信誉或者其他特征,主要由该地区的自然因素或者人文因素所决定的标志。"《商标法实施条例》第4条第1款规定:"商标法第十六条规定的地理标志,可以依照商标法和本条例的规定,作为证明商标或者集体商标申请注册。"

1985年我国加入《巴黎公约》，理论上地理标志成为我国法律的保护对象，然而直到1993年《商标法实施细则》修订时规定了集体商标和证明商标之后，我国地理标志的保护才有了具体规则，1994年《集体商标、证明商标注册和管理办法》第2条第2款规定，证明商标可以"用以证明该商品或服务的原产地"，次年3月1日起商标局正式受理国内外地理标志证明商标的注册申请。2001年《商标法》第16条第一次在商标法中明确规定了地理标志，次年的《商标法实施条例》第6条第1款规定，地理标志可以依照商标法和本条例的规定，作为证明商标或者集体商标申请注册，2003年《集体商标、证明商标注册和管理办法》则明确规定了以地理标志作为证明商标或者集体商标注册的具体办法。

用商标法保护地理标志的优点是商标注册审查体制已经非常成熟完善，无须再建立一套独立的体系。同时，用商标注册审查体制审查地理标志在确定地理标志的商品类别、解决商标和地理标志之间的权利冲突等方面都更为简单。不仅如此，将地理标志注册为证明商标或集体商标，还可以通过国际局进行国际注册来完成，给予地理标志更广泛的保护。因此，许多国家都采取商标法保护模式。

（二）地理标志的专门法保护

除商标法对地理标志提供保护之外，地理标志的专门法保护是我国法律保护地理标志的第二种重要模式和制度，目前我国地理标志专门法保护制度由两部分组成：一部分是现有国家知识产权局管理的地理标志产品制度，另一部分是农业农村部管理的农产品地理标志制度。

1999年8月17日，国家质量技术监督局发布《原产地域产品保护规定》，我国开始建立地理标志专门法保护制度，2001年3月5日国家出入境检验检疫局发布的《原产地标记管理规定》《原产地标记管理规定实施办法》，尽管该管理规定及其实施办法主要是从原产地规则角度进行规范的，但却也将地理标志纳入其中，提供一定的保护。2001年4月10日，国家出入境检验检疫局和国家质量技术监督局合并为国家质量监督检验检疫总局，于是出现一个机构两套地理标志管理与保护制度的现象。2005年6月7日，国家质量监督检验检疫总局发布了《地理标志产品保护规定》，取代并统一了《原产地域产品保护规定》《原产地标记管理规定》《原产地标记管理规定实施办法》的地理标志管理与保护制度。鉴于2018年国务院机构改革中国家质量监督检验检疫总局并入新设的国家市场监督管理总局，《地理标志产品保护规定》下的地理标志产品目前由国家知识产权局负责认证、管理与保护。2007年12月25日，农业部发布《农产品地理标志管理办法》，2008年2月1日起施行。从此，我国针对农产品又建立了一套农产品地理标志保护制度。至此，我国存在着两种并行的地理标志专门法保护制度。鉴于2018年国务院机构改革中农业部的职责整合进了农业农村部，农产品地理标志保护制度的运行由农业农村部负责。2019年4月25日，农业农村部修正了《农产品地理标志管理办法》，其第4条规定，农业部负责全国农产品地理标志的登记工作，农业部农产品质量安全中心负责农产品地理标志登记的审查和专家评审工作。省级人民政府农业行政主管部门负责本行政区域内农产品地理标志登记申请的受理和初审工作。农业部设立的农产品地理标志登记专家评审委员会，负责专家评审。农产品地理标志登记专家评审委员会由种植业、畜牧业、渔业和农产品质量安全等方面的专家组成。

（三）地理标志的反不正当竞争法保护

除了前述两种制度外，反不正当竞争法对地理标志也起着辅助保护作用，主要从禁止虚假表示或虚假宣传的角度来保护地理标志。1993年《反不正当竞争法》第5条将"伪造产地，对商品质量作引人误解的虚假表示"作为一种不正当竞争行为加以禁止，2017年《反不正当竞争法》删除了伪造产地的规定，但仍然有禁止"虚假或者引人误解的商业宣传，欺骗、误导消费者"的规定。同时，反不正当竞争法作为知识产权专门法的补充或兜底保护方法，总是能够在商标法和地理标志专门法之外对地理标志提供一定的保护。

（四）地理标志保护制度的特点

由于地理标志具有不同于商标的特征，地理标志法律保护制度具有和普通商标法保护制度不同的制度特点，即便是将地理标志注册为证明商标和集体商标的商标法保护模式，其在制度设计上也和普通商标的法律保护模式有着非常大差别。

1. 权利取得条件

在权利取得条件上，地理标志的非规约性使得地理标志介于商标与产品之间，这就导致地理标志权的取得不仅需要地理标志要有标记的形式条件，更要有对其产品的实质性条件的要求。世界各国的地理标志专门法莫不如此。例如，法国原产地名称监督制对葡萄酒原产地名称取得条件的规定就非常严格，其内容包括：①地理范围——有权获得原产地名称命名的市镇或某一市镇的一个区域；②特别规定的葡萄品种；③每公顷基本的葡萄产量；④酒精含量；⑤葡萄种植的方法和葡萄酒酿造的方法；⑥有关标签的情况。除此之外还要执行严格的检验。这些条件中除了第6项是标签的形式规定，其他则全部是与使用该地理标志的葡萄酒的质量有关的条件。而严格的检验则更是地理标志这种特殊的工商业识别标记的独特之处。即便是注册集体商标和证明商标的地理标志保护模式，对检验的要求也同样严格。我国《集体商标、证明商标注册和管理办法》第4条规定，申请集体商标注册的，应当附送主体资格证明文件，并应当详细说明该集体组织成员的名称和地址；以地理标志作为集体商标申请注册的，应当附送主体资格证明文件并应当详细说明其所具有的或者其委托的机构具有的专业技术人员、专业检测设备等情况，以表明其具有监督使用该地理标志商品的特定品质的能力。第5条规定，申请证明商标注册的，应当附送主体资格证明文件并应当详细说明其所具有的或者其委托的机构具有的专业技术人员、专业检测设备等情况，以表明其具有监督该证明商标所证明的特定商品品质的能力。这两条规定和普通商标的保护显然有着极大的差别。

2. 权利内容

由于地理标志的规约性特征，地理标志与它所标记的产品是一体的，因而地理标志注册人原则上是无法转让其地理标志的，于是地理标志权中一般不包含转让权或处分权，我国《集体商标、证明商标注册和管理办法》尽管规定集体商标和证明商标可以转让，但对转让却有着严格的限定。其第16条规定，申请转让集体商标、证明商标的，受让人应当具备相应的主体资格，并符合商标法、实施条例和本办法的规定。集体商标、证明商标发生移转的，权利继受人应当具备相应的主体资格，并符合商标法、实施条例和本办法的规定。而1994年的《集体商标、证明商标注册和管理办法》第12条曾规定，集体商标不得转让。当然如果注册人连同它的企业和业务一同转让的话,地理标志的使用权当然也发生转让。

3. 权利期限

由于地理标志权的取得不像商标权那样主要是因使用而取得的,它是由于地理特征与产品特性关联的结果,因此只要这种地理特征不发生变化、产品的特性与该地理特征的关系不发生变化,地理标志的使用就没有问题。因此,各国地理标志法律一般并不对地理标志规定保护期限。所以,地理标志就具有了类似于物权一样的自然寿命期限,而不同于其他知识产权的法定期限。

4. 注册取得与使用相分离

地理标志的注册主体和使用主体往往是分离的,注册主体通常仅仅承担管理职责,而使用主体则必须按照使用规则使用。例如,《集体商标、证明商标注册和管理办法》第20条规定:"证明商标的注册人不得在自己提供的商品上使用该证明商标。"这和普通商标注册主体与使用主体往往是同一的是非常不同的。

5. 管理与监督

正是由于地理标志的规约性特征,地理标志象征质量与产品特色的作用比一般商标更为明显,同时地理标志的使用人往往并不像商标使用人那样是特定的某人或企业,而是一定数量的人或企业在使用,于是对地理标志的监督与管理就成为必要。这不仅表现在地理标志权的取得上,更表现在地理标志的存续上。实际上,前述的地理标志与商标相比,公共产品色彩更为浓厚,而公共产品或者由政府提供,或者通过某种方法使其投入与产出内部化。地理标志的保护是对两种方法兼而用之。

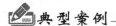典型案例

"金华火腿"商标案

1979年10月,浙江省浦江县食品公司在第33类商品(火腿)上申请注册了注册证号为第130131号商标。商标注册证记载"商标:金华牌",中间是"金华火腿"字样。2000年10月7日,商标注册人变更为原告浙江省食品有限公司。2003年7月,原告发现被告正在销售的火腿使用了原告的注册商标"金华火腿",该火腿的生产单位是永康火腿厂。原告遂发函给永康火腿厂,告知其"金华火腿"是原告的注册商标,要求其停止销售侵权商品。原告认为,原告从未许可永康火腿厂使用"金华火腿"商标,因此永康火腿厂擅自使用"金华火腿"字样,侵犯了原告的注册商标专用权。被告永康火腿厂明知并销售侵犯他人注册商标专有权的商品,也侵犯了原告注册商标专用权,据此,原告食品公司请求法院判令被告停止侵权、赔礼道歉并赔偿原告经济损失。

法院经审理查明,2002年8月28日,国家质检总局通过了对"金华火腿"原产地域产品保护申请的审查,批准自公告日起对金华火腿实施原产地域产品保护。2003年4月21日,永康火腿厂在核定使用的第29类商品(火腿、肉等)上申请注册了"真方宗"注册商标。2003年9月24日,国家质检总局通过了对永康火腿厂等55家企业提出的金华火腿原产地域产品专用标志使用申请的审查,自该日起,上述55家企业可以按照有关规定在其产品上使用"金华火腿"原产地域产品专用标志,获得原产地域产品保护。法院认为,原告注册商标专用权

保护范围的核心是金华火腿,其专用权受法律保护。侵犯原告注册商标专用权的,应依法承担法律责任。但是,原告无权禁止他人正当使用。金华火腿经国家质检总局批准实施原产地域产品保护,被告永康火腿厂获准使用金华火腿原产地域专用标志。同时,被告在其火腿外包装显著位置标明了自己的注册商标"真方宗",同时也标明了企业名称、厂址、联系方式等信息。被告在火腿腿皮上标注的"金华火腿"字样下端标明了"原产地管委会认定",在腿皮上端还标有"真方宗"注册商标。因此,从上述使用方式可以认定,永康火腿厂标注"金华火腿"目的是表明原产地域产品。因此,永康火腿厂的上述行为属于正当使用。但是,被告永康火腿厂今后应当规范使用原产地域产品标志。原、被告之间均应相互尊重对方的知识产权,依法行使自己的权利。原告指控被告侵犯其注册商标专用权的依据不足,法院不予支持。

本案是《最高人民法院公报》2007第11期案例,是关于商标权与地理标志权相互冲突的典型案例。我国《商标法》明确禁止注册县级以上行政区划地名。本案中,原告享有商标专用权的"金华火腿"商标含有"金华"字样,正属于县级以上行政区划。那么,这一注册商标是否有效呢?实际上,原告的这一商标注册于1979年,先于我国1983年《商标法》,在当时的《商标法》里,并未有禁止注册地名的规定,因而这一商标得以注册。同时,我国现行《商标法》也明确规定,已经注册的使用地名的商标继续有效。故此,原告的这一注册商标是有效的。但是,原告商标有效并不代表在金华市这一地域范围内只有原告能够使用"金华火腿"名称。金华火腿是浙江省金华市的著名传统特产,距今已经有800多年的历史。很多金华本地生产火腿的厂商有着合法使用"金华火腿"这一地理名称的需求,如果原告仅因"金华火腿"商标是有效商标,就有权禁止本地其他厂商使用金华火腿这一名称,则无疑将给金华市这一传统特产行业带来毁灭性打击。本案中,"金华火腿"经国家质检总局批准实施原产地域产品保护,被告永康火腿厂获准使用"金华火腿"原产地域专用标志。这表明,永康火腿厂可以在地理标志的意义上使用"金华火腿"名称,不构成商标侵权。

第三节　商号的法律保护

商号(称"字号")是商主体名称中的核心部分,是一种重要的识别性商业标志,它不仅是商主体的名称的组成部分,具有人身性,而且具有重要的财产价值,具有财产性。

一、商号的概念与法律性质

商号是将一个企业及其经营活动与另一个企业及其经营活动区别开来的标志。商号是企业名称中独具的有识别性的核心部分。在我国法律中,企业名称是比商号出现频率更高的一个词,我国最早涉及法人人身权的法条——《中华人民共和国民法通则》第99条所用的词语就是"名称权",而相关的企业登记条例或办法所用的词语基本上都是"企业名称",如《企业法人登记管理条例》《公司登记管理条例》《企业名称登记管理规定》等。根据《企业名称登记管理规定》(1991年)第7条的规定,企业名称应当由以下部分依次组成:字号(或者商号,下同)、行业或者经营特点、组织形式。由于企业通常还要登记所属的行政区划,因此企业名称通常由行政区划、字号(商号)、行业或经营特点、组织形式四个基本部分构成。其中行政区划、行业或经营特点、组织形式均属于通用称谓,可以将不同地区、不同行业和不同组织形式的企业区别开来,但不能作为特定企业之间的区别标志,将特定企业区别开来的标志主要是商号或者字号。因此,商号是企业名称的核心要素,是一个企业区别于其他企业的重要标志。在企业名称中,也只有商号才是可以由企业自主选择并专有使用的部分。商号具有人身和财产的双重属性:一方面,商号是企业名称的重要组成部分,是企业名称中独有的识别性的部分,是企业名称的核心,对于识别商主体的身份具有重要的作用,因此商号具有一定的人身性;另一方面,商号是商主体商誉的主要载体,本身具有非常重要的财产价值。不仅如此,当商号出现在商品上时,也可以发挥商标的作用。例如"阿司匹林(Aspirin)"曾是著名的拜耳(Bayer)公司的商标,拜耳公司在生产的阿司匹林上不仅使用Aspirin,还一直同时使用着"Bayer",而在 Aspirin 因通用化而失去商标保护之后,Bayer 事实上一直发挥着商标的作用。

二、商号权的取得和法律效力

《巴黎公约》第 8 条规定:"商号应在本同盟一切成员国内受到保护,无须申请或注册,也不论其是否为商标的组成部分。"这表明商号应当受到保护,且无须申请或注册就受到保护,也就是说,商号权可以因使用而取得。我国法律规定的商号权的取得体制是登记生效主义,即商号只有经过登记才可以使用,才具有排他性的专有权。《企业名称登记管理规定》(1991 年)第 3 条规定,企业名称经核准登记注册后方可使用,在规定的范围内享有专用权。第 26 条第 1 项规定,使用未经核准登记注册的企业名称从事生产经营活动的,责令停止经营活动,没收非法所得或者处以两千元以上、两万元以下罚款,情节严重的,可以并处。

商号登记的主管机关是国家市场监督管理总局和地方各级市场监督管理局,不同规模的企业分别在国家市场监督管理总局、省级市场监督管理局、市级市场监督管理局和县级市场监督管理局进行登记,取得企业名称权,并从而对在后申请登记的相同或近似的商号产生一定的对抗效力,根据《企业名称登记管理规定》的规定,在先登记的商号仅可在登记主管机关的辖区内、在与其登记注册行业相同的行业范围内起到阻止相同或近似商号登记注册的效力。这就意味着商号的对抗效力是非常有限的。

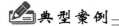
典型案例

"星巴克"商标案

星源公司创立于 1971 年,1976 年在美国西雅图开设了第一家 STARBUCKS 咖啡店,经过 30 多年的发展,星源公司已成为全球著名的咖啡连锁经营企业,STARBUCKS 已经是全球闻名的咖啡品牌。STARBUCKS 商标在全球享有较高的知名度及良好的声誉,是广大消费者认可和熟知的驰名商标。星源公司作为 STARBUCKS 商标权人,在全球许多国家及地区注册了 STARBUCKS 商标。1999 年,原告星源公司进入中国大陆市场,1999 至 2000 年,星源公司在中国大陆注册了"星巴克"商标,核定使用于 5 个商品及服务类别。2000 年 3 月 2 日,经星源公司授权原告统一星巴克成立了。统一星巴克成立后,陆续在上海、杭州、宁波等城市的黄金地段开设了多家星巴克咖啡连锁店。STARBUCKS星巴克和STARBUCKS文字及图形商标在中国同样具有极高的知名度。星源公司、统一星巴克发现,被告上海星巴克于2000年3月9日设立,公司名称以"星巴克"为字号。被告上海星巴克分公司于2003年7月1日设立,隶属于上海星巴克。上海星巴克、上海星巴克分公司在仙霞店和南京路分店的咖啡经营中,在店内的移动灯箱、灯箱、座位隔离板、咖啡菜单、发票、收银条、名片等处均使用了与STARBUCKS星巴克和STARBUCKS文字及图形商标相同或近似的标识。星源公司统一星巴克认为这种行为构成侵权,遂诉至法院。一审上海市第二中级人民法院认为,原告星源公司对"星巴克"文字在先使用。被告上海星巴克将"星巴克"文字作为企业名称中的字号进行登记,具有攀附他人驰名商标的主观恶意。最高人民法院《商标纠纷解释》第1条规定:"下列行为属于商标法第五十七条第(七)项规定的给他人注册商标专用权造成其他损害的行为:(一)将与他人注册商标相同或者相近的文字作为企业的字号在相同或者类似商品上突出使用,容易使相关公众产生误认的……"故被告上海星巴克的行为属于《商标法》第57条第7项规定"给他人的注册商标专用权造成其他损害的"的行为,违背了民事活动应当遵循公平、诚实信用的原则,侵犯了原告星源公司STARBUCKS星巴克驰名商标(均为第42类)专用权,经管者在市场交易中,应当遵循自愿、平等、公平、诚实信用的原则,遵守公认的商业道德。被告上海星巴克系经营咖啡馆、提供咖啡服务的企业,与原告星源公司存在同业竞争关系。上海星巴克登记的"星巴克"字号是其企业名称中的核心部分,与星源公司享有并许可原告统一星巴克使用的"星巴克"商标在文字上完全相同,其登记行为具有攀附他人驰名商标的明显恶意,并已造成相关公众对商标注册人与企业名称所有人的误认或者误解,构成对星源公司的不正当竞争。上海星巴克依法应承担停止侵害、消除影响、赔礼道歉、赔偿损失的民事责任。二审上海市高级人民法院驳回被告的上诉,维持原判。①

本案是《最高人民法院公报》2007年第6期案例,是关于商号权与商标权冲突的典型案例。

商号是重要的识别性商业标志。在市场经营中,商号不仅是企业名称中的核心部分,同时也可能发挥着标示商品或服务来源的功能。在保护模式上,商号权和商标权本为各自独立的权利类型,分别有着各自的权利范围和效力。但是,注册和使用商号不得侵犯他人在先的注册商标权。同理,注册和使用商标也不得侵犯他人在先的商号权。法院认定本案中被告的做法是在主观恶意的支配之下,使用与他人注册商标相同或者相近似的文字作为企业的字号在相同或者类似商品上突出使用。这种行为是对他人注册商标的"搭便车"行为,容易使消费者产生混淆,属于商标侵权和不正当竞争行为。

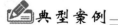典型案例

"正野"商号商标案

广东伟雄集团的前身顺德市伟雄集团公司于1996年获准注册"正野GENUIN"商标,在第6、7、9、11、28、32、39、42类商品上使用,且许可高明正野公司、广东正野公司作商标和

---

① 上海市第二中级人民法院(2004)沪二中民五(知)初字第1号民事判决书。

企业名称中的字号使用。顺德市伟雄集团公司、高明正野公司、广东正野公司通过长期、大量的宣传，使"正野"商标及其产品在市场上具有较高的知名度、信誉度、美誉度。本案的第一被告顺德正野公司明知"正野"是前述三公司创立的知名商标和商号，在原告下属顺德市正野电器实业公司于1998年5月14日从顺德市搬迁到高明市时，成立了与原告原顺德市正野电器实业公司名称完全相同的公司。第二被告顺德光大集团公司于1997年6月在开关插座等商品上申请注册"正野 ZHENGYE"商标，并许可第一被告使用。第一被告自1999年起一直在其产品、包装、宣传资料、广告等方面使用正野电器有限公司（中日合资）商标，引起相关公众的误认。顺德市伟雄集团公司、高明正野公司、广东正野公司遂诉至法院。本案历经一审、二审，在最高人民法院再审审理中，最高人民法院认为，受《反不正当竞争法》保护的企业名称，特别是字号，不同于一般意义上的人身权，是区别不同市场主体的商业标识，本质上属于一种财产权益。根据原审法院查明的事实，1994年5月，原顺德市正野电器实业公司开始使用正野字号，高明正野公司于1996年5月成立。1998年4月30日，原顺德市正野电器实业公司并入高明正野公司，其债权债务均由高明正野公司承继，字号所产生的相关权益也可由高明正野公司承继。原顺德市正野电器实业公司于1994年5月即开始使用"正野"字号，且于1995年1月获得顺德市伟雄集团公司的授权，使用"正野GENUIN"商标。高明正野公司成立后，也根据与顺德市伟雄集团公司的商标许可合同，使用"正野GENUIN"商标。通过原顺德市正野电器实业公司和高明正野公司的广告宣传和相关商品的销售，"正野"字号及相关产品已具有一定的市场知名度，为相关公众所知悉。1999年2月，顺德光大集团公司将"正野 ZHENGYE"注册商标许可顺德正野公司使用，生产经营家用电风扇、插头插座、空调器等。顺德正野公司在其开关插座的宣传资料、宣传报刊、经销场所、价目表、包装盒、包装袋等的显著位置上使用"正野 ZHENGYE"字样。顺德光大集团公司、顺德正野公司使用"正野 ZHENGYE"商标的行为，足以使相关公众对商品的来源产生误认，侵犯高明正野公司在先"正野"字号权益，构成不正当竞争。不仅如此，顺德正野公司与顺德市伟雄集团公司、原顺德市正野电器实业公司均在同一地区，知道"正野"商标和"正野"字号的知名度，却使用与高明正野公司企业名称字号相同的"正野"字号，生产经营电风扇、插头插座、空调器等，足以使相关公众对商品或者服务的来源产生混淆，构成不正当竞争行为。最高人民法院最终判决顺德光大集团、顺德正野公司立即停止使用侵犯高明正野公司"正野"字号权益的"正野 ZHENGYE"商标和在其企业名称中使用"正野"字号，并赔偿相应损失。①

本案中，被告的行为涉嫌侵犯原告的两种权利，即原告的"正野"商号权和"正野GENUIN"的商标权。就"正野"商号权而言，我国现行《反不正当竞争法》第6条规定，"经营者不得实施下列混淆行为，引人误认为是他人商品或者与他人存在特定联系：（二）擅自使用他人有一定影响的企业名称（包括简称、字号等）、社会组织名称（包括简称等）、姓名（包括笔名、艺名、译名等）"。据此，被告的行为是典型的不正当竞争行为，容易导致消费者发生混淆。就"正野GENUIN"商标权而言，《商标纠纷解释》第1条规定，"下列行为属于商标法第五十七条第（七）项规定的给他人注册商标专用权造成其他损害的行为：（一）将与他

---

① 最高人民法院（2008）民提字第36号民事判决书。

人注册商标相同或者相近似的文字作为企业的字号在相同或者类似商品上突出使用,容易使相关公众产生误认的"。现行《商标法》第 58 条规定:"将他人注册商标、未注册的驰名商标作为企业名称中的字号使用,误导公众,构成不正当竞争行为的,依照《中华人民共和国反不正当竞争法》处理。"可见,被告的行为既属于侵犯商标权的行为,也属于不正当竞争行为。

第四节 奥林匹克标志的法律保护

竞技运动是体育运动的主体,而奥林匹克运动是竞技运动的核心。奥林匹克运动不仅具有重要的经济价值,而且具有重要的文化价值,对于社会进步具有重要的影响。奥林匹克标志是奥林匹克运动的重要组成部分,对于奥林匹克运动的正常开展具有重要的影响,具有重要的经济价值。因此,奥林匹克标志逐渐成为知识产权的保护对象。《奥林匹克宪章》即涉及奥林匹克标志的保护,国际上更制定了专门保护奥林匹克标志的《保护奥林匹克会徽内罗毕公约》,世界各国也多通过传统知识产权法或者建立奥林匹克标志专门保护制度来保护奥林匹克标志。因 2001 年获得 29 届北京夏季奥运会主办权,我国于 2002 年制定了《奥林匹克标志保护条例》,因 2015 年获得 2022 年北京冬季奥运会,我国于 2018 年修正了《奥林匹克标志保护条例》,确立了我国奥林匹克标志专门保护制度。

一、奥林匹克标志概念与范围

奥林匹克标志有广义和狭义两种定义,狭义上的奥林匹克标志就是《奥林匹克宪章》所指的奥林匹克五环图案标志,而广义上的奥林匹克标志则不仅包括了《奥林匹克宪章》的相关描述,还包括了同各国家奥委会、各届奥运会有关的标志、专有名称及简称。我国《奥林匹克标志保护条例》采用广义定义,其第 2 条规定,本条例所称奥林匹克标志,是指:①国际奥林匹克委员会的奥林匹克五环图案标志、奥林匹克旗、奥林匹克格言、奥林匹克徽记、奥林匹克会歌;②奥林匹克、奥林匹亚、奥林匹克运动会及其简称等专有名称;③中国奥林匹克委员会的名称、徽记、标志;④中国境内申请承办奥林匹克运动会的机构的名称、徽记、标志;⑤在中国境内举办的奥林匹克运动会的名称及其简称、吉祥物、会歌、火炬造型、口号、"主办城市名称+举办年份"等标志,以及其组织机构的名称、徽记;⑥《奥林匹克宪章》和相关奥林匹克运动会主办城市合同中规定的其他与在中国境内举办的奥林匹克运动会有关的标志。可以说,我国《奥林匹克标志保护条例》规定的奥林匹克标志的范围是相当宽泛的,甚至连会歌都被列入了奥林匹克标志。

二、奥林匹克标志的权利人及其权利

《奥林匹克标志保护条例》第 3 条规定,本条例所称奥林匹克标志权利人,是指国际奥林匹克委员会、中国奥林匹克委员会和中国境内申请承办奥林匹克运动会的机构、在中国境内举办的奥林匹克运动会的组织机构。奥林匹克标志的权利人主要是国际和中国奥林匹

克委员会，也包括申请承办和举办机构，如奥林匹克运动会申办委员会、奥林匹克运动会组织委员会等机构。

《奥林匹克标志保护条例》第4条规定："奥林匹克标志权利人依照本条例对奥林匹克标志享有专有权。未经奥林匹克标志权利人许可，任何人不得为商业目的使用奥林匹克标志。"这里的"为商业目的使用""是指以营利为目的，以下列方式利用奥林匹克标志：①将奥林匹克标志用于商品、商品包装或者容器以及商品交易文书上；②将奥林匹克标志用于服务项目中；③将奥林匹克标志用于广告宣传、商业展览、营业性演出以及其他商业活动中；④销售、进口、出口含有奥林匹克标志的商品；⑤制造或者销售奥林匹克标志；⑥其他以营利为目的利用奥林匹克标志的行为"。这里的"使用"的规定类似于《商标法》第48条规定的"商标的使用"，但其范围明显更宽，包括了销售、进口、出口含有奥林匹克标志的商品以及制造或者销售奥林匹克标志等行为。当然，由于奥林匹克标志和商标作用的差异，奥林匹克标志的使用不需要识别商品来源的要素。根据《奥林匹克标志保护条例》第6条的规定，除本条例第五条规定外，利用与奥林匹克运动有关的元素开展活动，足以引人误认为与奥林匹克标志权利人之间有赞助或者其他支持关系，构成不正当竞争行为的，依照《反不正当竞争法》处理。

奥林匹克标志权利究竟是何种性质的权利？《奥林匹克标志保护条例》第16条规定，奥林匹克标志除依照本条例受到保护外，还可以依照《著作权法》《商标法》《专利法》《特殊标志管理条例》等法律、行政法规的规定获得保护。的确，从《奥林匹克标志保护条例》规定的保护对象范围来看，其中某些保护对象可能用《商标法》保护，有些保护对象可能用《著作权法》保护，甚至可能用《专利法》保护。从世界各国法律来看，商标法是保护奥林匹克标志的最主要的法律，也多有通过专门法创设专门权利的做法。综上，奥林匹克标志权利是一种特殊的商业标志权，它类似于《商标法》第13条第3款规定的注册驰名商标的反淡化保护，但却不需要认定驰名商标。商品化权的观点并不可取，因为至少在目前，我国法律上并没有明确规定商品化权，用一种法律上并不确定的权利来解释奥林匹克标志权利，达不到明确这种权利性的目的。

《奥林匹克标志保护条例》第8条规定，奥林匹克标志权利人应当将奥林匹克标志提交国务院知识产权主管部门，由国务院知识产权主管部门公告。这意味着奥林匹克标志权利的取得既不同于著作权的自动取得，也不同于注册商标专用权的注册取得，注册商标专用权的注册尚需要申请和审查，而取得奥林匹克标志权利仅仅需要权利人的提交和国务院知识产权主管部门的公告，似乎采用一种备案取得制度。《奥林匹克标志保护条例》第9条规定，奥林匹克标志有效期为10年，自公告之日起计算。奥林匹克标志权利人可以在有效期满前12个月内办理续展手续，每次续展的有效期为10年，自该奥林匹克标志上一届有效期满次日起计算。国务院知识产权主管部门应当对续展的奥林匹克标志予以公告。从其可以续展且续展并无次数限制来看，奥林匹克标志权利类似于商标权，实质上可以无限期存续。

三、奥林匹克标志侵权的构成与法律救济

《奥林匹克标志保护条例》第4条第2款规定："未经奥林匹克标志权利人许可，任何人

不得为商业目的使用奥林匹克标志。"依此规定,未经许可商业使用奥林匹克标志即构成侵权。然而,《奥林匹克标志保护条例》第 12 条又规定:"未经奥林匹克标志权利人许可,为商业目的擅自使用奥林匹克标志,或者使用足以引人误认的近似标志,即侵犯奥林匹克标志专有权。"从而,奥林匹克标志权的禁止权扩大到近似标志,商业使用足以引人误认的近似标志同样构成侵权。根据这些规定,构成奥林标志侵权需要具备两个条件:①未经授权使用,这一点和普通商标侵权相同;②商业性使用奥林匹克标志或者商业性使用足以引人误认的与奥林匹克标志近似的标志。鉴于奥林匹克标志权利人的特殊性质,这里的引人误认和传统商标侵权判断标准中的来源混淆是不同的,而只是引人误认为与奥林匹克标志权利人有许可、认可等关联关系,更类似于驰名商标淡化中的"搭便车"行为。由于奥林匹克标志权利不像普通商标权一样有商品或服务类别限制,甚至不像注册的驰名商标一样可以跨类到某些不相同、不相类似商品或服务范围,而是可以覆盖全部 45 类商品或服务类别,因此可以说奥林匹克标志的权利是非常强的。尽管如此,奥林匹克标志的权利也会受到某种类型的限制,以维护公共利益。我国《奥林匹克标志保护条例》第 11 条规定,本条例施行前已经依法使用奥林匹克标志的,可以在原有范围内继续使用。第 15 条第 2 款规定,销售不知道是侵犯奥林匹克标志专有权的商品,能证明该商品是自己合法取得并说明提供者的,不承担赔偿责任。国家工商行政管理总局商标局也曾在 2003 年 10 月 9 日复函新闻出版总署政策法规司时指出:国际数学奥林匹克、国际物理奥林匹克和国际化学奥林匹克是世界上规模和影响较大的中学生学科竞赛活动,该名称经过长期使用,与奥林匹克运动会及奥林匹克标志有明显的区别。因此,在书籍上把"奥林匹克"或 OLYMPIC 等字样与"数学""物理""化学"(含英文)连用,不构成侵犯奥林匹克标志专用权的行为。同样,根据前述奥林匹克标志侵权的构成条件,非商业性使用奥林匹克标志显然同样也不构成奥林匹克标志侵权。

构成奥林匹克标志侵权的,要承担民事、行政甚至刑事责任。根据《奥林匹克标志保护条例》的规定,侵犯奥林匹克标志专有权,引起纠纷的,由当事人协商解决;不愿协商或者协商不成的,奥林匹克标志权利人或者利害关系人可以向人民法院提起诉讼,也可以请求市场监督管理部门处理。市场监督管理部门处理时,认定侵权行为成立的,责令立即停止侵权行为,没收、销毁侵权商品和主要用于制造侵权商品或者为商业目的擅自制造奥林匹克标志的工具。违法经营额 5 万元以上的,可以并处违法经营额 5 倍以下的罚款,没有违法经营额或者违法经营额不足 5 万元的,可以并处 25 万元以下的罚款。利用奥林匹克标志进行诈骗等活动,构成犯罪的,依法追究刑事责任。对侵犯奥林匹克标志专有权的行为,市场监督管理部门有权依法查处。进出口货物涉嫌侵犯奥林匹克标志专有权的,由海关参照《海关法》和《知识产权海关保护条例》规定的权限和程序查处。侵犯奥林匹克标志专有权的赔偿数额,按照权利人因被侵权所受到的损失或者侵权人因侵权所获得的利益确定,包括为制止侵权行为所支付的合理开支;被侵权人的损失或者侵权人获得的利益难以确定的,参照该奥林匹克标志许可使用费合理确定。

第五节　域名的法律保护

域名或域名地址是网络时代出现的特有的标记，本为门牌号码性质的技术地址，但因其对信息传递的巨大影响而成为具有实质经济价值的商业标志，成为法律的调整对象。当然，和传统商业标志不同的是，域名的法律保护同样体现出网络时代的鲜明的技术特征。

一、域名的概念和性质

因特网上有成千上万台主机，这些主机是通过具有唯一性的网络地址来标记自己的，这就是 IP 地址。所谓 IP 地址就是 IP 协定为标识主机所使用的地址，它是由 32 位二进制数所构成的数值，分为四个字节，以 X.X.X.X 表示，每个 X 为 8 位，对应的十进制取值为 0～255，如 202.96.0.132。这种编址方法使得因特网可以容纳 40 亿台计算机，每一部连上因特网的主机的 IP 地址都是唯一的。尽管 IP 地址能够唯一地标记网络上的计算机，但 IP 地址是一长串数字，不直观，用户记忆十分不便，于是人们又发明了另一套便于记忆的字符型的地址方案，即域名地址。IP 地址和域名是一一对应的，这份域名地址的信息存放在一个提供 IP 地址和域名之间的转换服务的叫作域名服务器的主机内，使用者只需了解易记的域名地址，其对应转换工作是由域名服务器承担的。域名是指互联网上识别和定位计算机的层次结构式的字符标识，与该计算机的 IP 地址相对应。

作为一种计算机主机地址，域名的功能和 IP 地址的功能完全相同，可以使人们找到域名所代表的主机或网络。同时，域名和 IP 地址不仅是一一对应的，而且对于计算机来说是无差别的，不会因为地址的不同就导致计算机识别的差异。因此，域名本质上是技术性的。然而，网络用户却不像计算机那样，其不仅记忆力有限，而且识别精度不高，往往根据其对现实世界的原有认知来利用网络。而为了便于人们的记忆与查找，网站常常选择与网站主办者的商号、商标等识别性标志相关的域名。于是，域名的选择就不再仅仅是技术性的，而是成为人们获得网站信息的重要途径与中介。可以说，时至今日，没有网络，人们将寸步难行；而没有域名，人们将无法查找网络信息，无法利用网络，因此域名在很大程度上成为经济活动和经济行为的重要环节。因此，在网络时代的今天，不管怎样强调域名的重要性均不过分。不过尽管域名有重要的价值，但目前还很难说域名本身已经形成了独立的权利，我国法律也并没有明确确立域名权。

二、域名纠纷的类型及其处理

（一）域名纠纷的类型

基于域名涉及的相关利益，域名纠纷大体可以分为以下两种类型。

1. 域名注册或使用时侵犯他人在先商标、商号、姓名等在先权利而引发的纠纷

这种类型的纠纷又可以分为两种：一种是域名注册或使用时侵犯他人在先的商标或服务标记权利的纠纷，主要是指域名注册人或者持有人在申请注册或者使用域名时所选择注

册域名中的自身代码可能侵犯他人在先的商标或服务标记权利而产生的纠纷；另一种是侵犯商标或服务标记权利之外的他人的其他在先权利的纠纷，主要是指域名注册人或者持有人在申请注册或者使用域名时所选择注册域名中的自身代码可能侵犯他人的商标或服务标记之外的其他在先权利而产生的纠纷，如侵犯他人在先的商号权、姓名权等权利的纠纷。这两种类型的纠纷除了侵犯的在先权利的内容不同外，纠纷本身并无根本性质上的差异。这种类型的域名纠纷之所以分成两种，主要是因为《统一域名争议解决政策》将这两种纠纷中的前一种纠纷规定为强制性行政程序解决的争议类型，这种争议将由《统一域名争议解决政策》规定的一个争议解决机构来处理，而后一种纠纷则并不适用强制性行政程序解决的争议类型。

2. 他人侵害域名相关权益面产生的纠纷

域名本身即有一定的经济价值，使用与他人域名相同或近似的域名可能因影响域名注册人或持有人的利益而构成侵权。同时，域名经过一定时间的使用之后也会产生类似于商标的识别性，他人未经许可使用也可能侵害域名注册人或使用人对于域名的权益。

（二）域名纠纷的强制解决

1. 提起域名争议的条件

《统一域名争议解决政策》第 4 条第 a 款规定，在一个第三方（投诉方）依据程序规则，向一个适格的争议解决机构对域名注册人提起指控之时，域名注册人即应被要求加入这种强制性的域名争议解决程序，同时，还应满足以下三个条件：①被提起争议的域名与投诉人所持有的商标或服务标记相同或具有误导性的相似；且②域名注册人对该域名本身并不享有正当的权利或合法的利益；且③域名注册人对域名的注册和使用均为恶意。目前，互联网名称与数字地址分配机构（The Internet Corporation for Assigned Names and Numbers，ICANN）规定的适格争议解决机构有阿拉伯域名争议解决中心、亚洲域名争议解决中心、加拿大国际互联网争议解决中心、捷克仲裁法院互联网争议仲裁中心、美国国家仲裁论坛、世界知识产权组织，主要适用于解决".com"".net"".org"结尾的域名，以及某些国家顶级域名（如".nu"".iv"".ws"等）的争议，中国互联网络信息中心规定的适格争议解决机构有世界知识产权组织仲裁与调解中心、中国国际经济贸易仲裁委员会、中国香港国际仲裁中心，主要适用于解决由中国互联网络信息中心负责管理的".cn"".中国"域名的争议。

2. 争议的提起及裁决

符合争议提起的条件的，投诉人可以依据《统一域名争议解决政策》及其程序规则向经 ICANN 认可的任一争议处理机构提出投诉，启动行政程序，投诉书及所有附件应以电子形式提交，争议处理机构在收到投诉后应该向注册商提交一份验证请求，其中包括请注册商对相关域名进行锁定的要求，注册商应在收到争议处理机构验证请求的 2 个工作日内向争议处理机构提供验证请求中要求的信息，并确认已锁定相关域名，注册商应在执行锁定操作后再通知被投诉方行政程序的事实。在域名争议解决办法程序未决期间，应确保争议域名始终处于锁定状态，域名争议处理机构应立即通知投诉方、被投诉方、相关注册商和 ICANN 行政程序的开始日期。被投诉方应在自行政程序开始之日起 20 日内向争议处理机构提交回应，回应文件及所有附件同样应以电子形式提交，如被投诉方在无特殊情形的情况下未能提交回应，专家组应依据投诉书裁决争议。争议解决机构受理投诉后，应当按照程序规则的规定组成专家组,并由专家组根据争议解决政策或办法及程序规则,遵循"独立、中立、便捷"的原则,在专家组成立之日起 14 日内对争议作出裁决。当投诉人和域名注册人之间存在多个域名争议时,投诉人和域名注册人均有权向一个单独的专家组申请合并解决争议,并由最初任命的专家组负责域名争议的裁定,只要争议适用《统一域名争议解决政策》或者《域名争议解决程序》。投诉人通过专家组的裁定可以获得的救助仅限于将被诉域名注册人的域名予以撤销或将其转让给投诉人。

3. 司法程序

《统一域名争议解决政策》第 4 条第 k 款规定,无论是在强制性的域名争议解决行政程序发起之前,还是在已经依据这一程序作出裁定以后,域名争议当事人均可以就同一域名争议提起司法诉讼,这一诉讼将具有独立的法律效力。对于专家组作出域名的撤销或转让裁定,域名注册机构在接到争议解决机构通知之日起 10 个工作日(以域名注册机构主要办公所在地时间为准)后对其加以执行。其间,如果域名注册机构收到域名注册人提起司法诉讼的正式文件(如盖有法院公章的起诉书复印件)时,域名注册机构将暂停执行该裁定直至:①域名注册机构确信争议在双方之间得以圆满解决;②域名注册机构确信起诉已被法院驳回或被撤回;③域名注册机构收到法院驳回起诉的判定通知或法院判定域名注册人无权继续使用域名的通知的复印件。

本章思考题

1. 为什么要保护未注册商标?
2. 地理标志与商标的区别是什么?
3. 如何认定在后商标权侵犯在先商号权?
4. 我国是如何对奥林匹克标志进行保护的?
5. 域名与商标权发生冲突应如何处理?

第十一章

商标权的国际保护

教学目标

(1) 掌握在商标的国际注册中常用的英文词汇。
(2) 熟悉《马德里议定书》内容。
(3) 了解其他国家商标法律制度的规定。

第一节　关于商标的国际公约

商标权不同于传统物质财产权，并非自然权利，既不能自然地在其他国家获得保护，也难以像其他国家国民一样通过法定程序而获得保护，除非国家与国家之间有保护对方国民商标权的国际公约。因此，无论是在其他国家通过法定程序获得商标权，还是通过国际注册程序获得商标权，国与国之间的商标权国际公约总是不可或缺的。

商标保护的国际公约共有三类：一是规定商标保护的实体制度的国际公约，主要有《巴黎公约》《TRIPs 协定》；二是规定商标保护的程序制度的国际公约，主要有《马德里协定》、《商标国际注册马德里协定有关议定书》（以下简称《马德里议定书》）、《商标法条约》、《商标法新加坡条约》；三是规定商标注册用商品分类法的国际公约，主要有《尼斯协定》。

一、《巴黎公约》

《巴黎公约》是第一个知识产权国际公约，于1883年3月20日在法国巴黎签订，1884年7月7日生效，后经布鲁塞尔、华盛顿、海牙、伦敦、里斯本、斯德哥尔摩、日内瓦等多次修订，公约保护范围包括了与工业产权相关的权利，涉及发明专利、实用新型工业品外观设计、商标、服务商标、厂商名称、产地标记或原产地名称，以及制止不正当竞争等。至2019年12月，公约有177个成员。我国于1985年3月19日加入《巴黎公约》，成为该公约的成员国。

《巴黎公约》规定了包括商标保护在内的工业产权保护的三项基本原则：国民待遇原则、优先权原则和商标独立保护原则。其中，国民待遇原则是指，在商标保护方面，公约各成员国必须在法律上给予公约其他成员国相同于该国国民的待遇；即使是非成员国国民，只要他在公约某一成员国内有住所，或有真实有效的工商营业所，亦应当给予相同于该国国民的待遇。优先权原则，是指凡在一个缔约国申请注册的商标，可以享受自初次申请之日起为期6个月的优先权，即在这6个月的优先权期限内，如申请人再向其他成员国提出同样的申请，可以将首次申请日期（优先权日）作为在另一成员国提出的在后申请的申请日。商标独立保护原则是指申请和注册商标的条件由每个成员国的法律决定，各自独立，当一缔约国对某一商标的申请予以驳回，或对某一已注册的商标予以无效宣告或撤销，或对保护期已届满的注册商标不予以续展时，不能要求公约的其他成员国也按该缔约国的要求对该商标的申请予以驳回，或对某一已注册的商标予以无效宣告或撤销，或对保护期已届满的商标不予以续展。对一个公约成员国商标注册申请人提出的申请,不能以未在所属国申请、注册或续展为理由加以拒绝或使其注册无效。

关于商标保护的具体规则,《巴黎公约》主要就以下方面做了规定:第一,已注册商标在其他同盟成员国享受与商标原籍国同等保护规则(同等或者原样保护规则)。《巴黎公约》第 6 条之 5 第 1 项规定,在原属国正规注册的每一商标,除应受本条规定的保留条件的约束外,本联盟其他国家也应按照原属国注册原样接受申请和给予保护。第二,国徽等官方标记禁止。《巴黎公约》第 6 条之第 3 项规定,未经主管机关许可,而将各成员国的国徽、国旗和其他国家徽记,各成员国用以表明监督和保证的官方符号和检验印章,各成员国参加的政府间国际组织的徽章、旗帜,其他徽记、缩写和名称用作商标或商标的组成部分,或将上述标记的仿制标记用作商标或商标的组成部分,成员国应拒绝其注册或宣告注册无效。如果将上述标记用作商标不致引起对商品原产地发生误解或经主管当局批准而使用,不在禁止之列。第三,驰名商标的特殊保护。《巴黎公约》在 1925 年海牙修订时增加了对驰名商标的保护,驰名商标可以阻止他人的商标注册或者使他人的商标注册无效。第四,商标转让。《巴黎公约》第 6 条之第 4 项规定,当依照一个成员国的法律,商标转让只有连同该商标所属厂商或牌号同时转让方为有效时,则只需将该厂商或牌号在该国的部分连同带有被转让商标的商品在该国制造或销售的独占权一起转让给受让人,就足以承认其转让为有效。在某一商标转让后,即使受让人使用该商标将在事实上,特别在使用商标的商品的原产地、性质或主要品质方面,迷惑公众时,仍须承认其转让为有效。第五,代理人、代表人的抢注。《巴黎公约》第 6 条之第 7 项规定,如果成员国的商标所有人的代理人或代表人,未经该所有人同意,而以自己名义向本联盟一个或一个以上的成员国申请商标注册,该所有人有权反对进行注册或要求取消注册,如该国法律允许时商标所有人可要求将该项注册转让给自己,除非该代理人或代表人能证明其行为是正当的。除此之外,《巴黎公约》还对服务商标、集体商标、商标共有等作了规定。

二、《TRIPs 协定》

《TRIPs 协定》是关贸总协定乌拉圭回合谈判的最后文件之一,于 1994 年 4 月 15 日由关贸总协定各成员签订,成为世界贸易组织的三大支柱之一,至 2016 年 7 月 29 日,世界贸易组织共有 164 个成员,我国于 2001 年加入世界贸易组织,成为世界贸易组织的成员。《TRIPs 协定》的出现是经济全球化、一体化发展的需求,知识产权在国际贸易中的地位日益突出,其他已经存在的知识产权保护多边国际公约不能适应和满足,特别是发达国家的保护其与贸易有关知识产权的要求,以及发达国家推动共同作用的结果。《TRIPs 协定》是世界贸易组织而不是世界知识产权组织管理的知识产权国际公约,和世界知识产权组织下的知识产权国际体制不同的是,《TRIPs 协定》下的知识产权国际体制尤其在以下方面引人注目:第一,将贸易和知识产权问题挂起钩来;第二,引入最惠国待遇原则,推动知识产权国际保护水平逐步提高;第三,规定了最低保护水平;第四,规定了有效的执行机制;第五,也是最重要的是建立了有效的争端解决机制。《TRIPs 协定》将世界贸易组织的争端解决机制适用于知识产权冲突,从而使得从前难以实施的知识产权国际立法变得更具有可实施性。

《TRIPs协定》建立在《巴黎公约》的基础之上,而又强化了《巴黎公约》的规定。《TRIPs协定》第2条第2款特别规定"本协定第一部分至第四部分的任何规定不得背离各成员可能在《巴黎公约》《伯尔尼公约》《罗马公约》和《关于集成电路知识产权条约》项下相互承担的现有义务"。在基本原则方面,《TRIPs协定》新规定了《巴黎公约》未曾规定的最惠国待遇原则。《TRIPs协定》是世界上第一个引入最惠国待遇原则的知识产权国际公约,最惠国待遇原则的引入对知识产权国际立法产生了极大的影响,推动着国际知识产权保护水平不断提高。

在具体规则方面,《TRIPs协定》不仅比《巴黎公约》规定得更具体,保护水平也更高。《巴黎公约》没有具体规定商标定义和某些具体条件,而《TRIPs协定》则明确规定了商标定义,明确成员国可以规定商标的"可视性"条件。《巴黎公约》仅仅规定了未注册驰名商标的注册豁免,且并没有强制要求保护驰名的未注册服务商标,而《TRIPs协定》则不仅将注册的驰名商标的效力扩大到不相同、不相类似商品,而且强制要求保护服务驰名商标等。

三、《马德里协定》和《马德里议定书》

《马德里协定》和《马德里议定书》是关于商标国际注册程序问题的国际公约。《马德里协定》于1891年4月14日在西班牙马德里签订,至2019年年底共有成员国55个,中国于1989年7月4日加入。《马德里议定书》于1989年6月27日在马德里签订,1995年12月1日生效,旨在让马德里体系更加灵活,并与尚无法加入《马德里协定》的某些国家或政府间组织的国内法更加协调,至2019年年底共有成员国106个,中国于1995年9月1日加入。

《马德里协定》和《马德里议定书》旨在解决商标的国际注册问题,通过马德里体系只要取得在每一被指定缔约方均有效力的国际注册,即可在数量众多的国家中保护商标。

根据《马德里协定》的规定,凡成员国的国民,须在本国注册商标后,才可以向设在日内瓦的世界知识产权国际局申请国际注册。注册经批准后,由该国际局公布,并通知申请人要求保护的那些成员国,这些成员国可以在1年内声明对该商标不予保护,但需要说明理由;申请人就此可向该国主管机关或法院提出申诉,如果1年内该国未作出上述声明,则国际注册就在该国具有国内注册的效力,期限为20年。在国际注册5年内,原属国内注册如予撤销即可导致国际注册的撤销。《马德里议定书》与《马德里协定》区别在于:①原属国注册由为国际注册前提改为不为国际注册前提;②延伸国异议期由1年延长至18个月或更长;③收费更为合理;④因国际注册之日起5年内基础申请被回或者基础注册被宣告无效等,国际注册应原属局的要求被注销或无效宣告的,可以在国际注册曾经有效的各缔约方申请转变为在国家(或地区)申请,这些申请均可享受国际注册日期,适用时还享受优先权日期;⑤语言由法语扩展到法语、英语、西班牙语。

四、《商标法条约》和《商标法新加坡条约》

《商标法条约》于1994年10月27日在日内瓦签订,并于1996年8月1日生效。该条约对商标注册程序进行了原则规定,主要包括主管机关不得要求申请人提供商业注册证明,申请人可以在一份申请书上申请多个类别的注册以及变更、转让,注册及续展注册的有效期统一为10年,不必就每一份申请提交一份代理人委托书,不得对签字要求进行公证、认证、证明、确认。这一系列的规定极大地简化了商标申请人在各成员国之间进行申请注册和保护的程序和手续。至 2019 年年底该条约有 54 个成员，中国尚未加入该条约（是签字国）。

《商标法新加坡条约》于 2006 年 3 月 28 日在新加坡签订，并于 2009 年 3 月 16 日生效。该条约的目标是，为协调商标注册的行政程序创建一个现代化的能动国际框架。它以《商标法条约》为基础，但适用范围更广，还处理通信技术领域出现的一些新问题。《商标法新加坡条约》可以适用于某一具体缔约方法律规定可以注册的一切类型的商标，缔约方可以自由选择与主管局之间的通信手段。该条约增加了期限方面的救济措施和关于商标使用许可备案的规定，设立了缔约方大会。《商标法条约》和《商标法新加坡条约》两部条约相互独立，可以分别批准或加入。至 2019 年年底《商标法新加坡条约》共有 50 个成员，《商标法条约》共有 54 个成员，中国尚未加入这两个条约。

五、《尼斯协定》

《尼斯协定》于 1957 年 6 月 15 日在法国尼斯签订，于 1961 年 4 月 8 日生效，后经斯德哥尔摩、日内瓦（两次）共三次修订。《尼斯协定》主要规定的是商标注册用商品与服务分类法，它将商品分为 34 大类，服务项目分为 11 大类，该分类为商标检索、商标管理提供了很大方便。尼斯分类的第一版于 1963 年发布，至 2011 年发布第十版，自 2013 年以来，每版每年都发布新文本，目前的版本是第十二版，于 2024 年 1 月 1 日生效。我国于 1994 年 5 月 5 日加入该协定。

第二节　商标权的国际获得与保护

尽管关于商标的国际公约为在其他国家取得和保护商标权提供了基本的法律基础，甚至还为在其他国家或地区取得商标权提供了具体途径，但关于商标的国际公约并不能使商标权人的商标权自动在其他国家或地区获得保护，要在其他国家或地区保护自己的商标权，商标所有人还必须通过一定的途径在其他国家或地区取得商标权。

一、在其他国家（地区）获得商标权的方式

在其他国家或地区取得商标权的方式主要有两种，一是直接在一个国家或地区取得商标权；二是通过马德里体系的国际注册制度较为便捷地在多个国家或地区取得商标权。

（一）直接在一个国家或地区取得商标权

《巴黎公约》和《TRIPs 协定》的国民待遇原则为在其他国家或地区取得商标权提供了基本的法律基础。《巴黎公约》第 2 条规定，本同盟任何成员国的国民，在保护工业产权方面，应在本同盟其他成员国内享有各该国法律现在或今后给予各该国国民的各种利益；本公约所特别规定的权利不得受到任何侵害。从而，他们只要遵守各该国国民应遵守的条件和手续，即应受到与各该国国民同样的保护，并在他们的权利遭到任何侵害时，同样依法律

纠正。第3条规定，非本同盟成员国的国民，在本同盟一个成员国的领土内有住所或有真实、有效的工商企业的，都应享有与本同盟成员国国民同样的待遇。《TRIPs协定》第3条规定，在知识产权保护方面，在遵守《巴黎公约》(1967)、《伯尔尼公约》(1971)、《罗马公约》或《关于集成电路的知识产权条约》中各自规定的例外的前提下，每一成员给予其他成员国民的待遇不得低于给予本国国民的待遇。由于我国已经是《巴黎公约》和《TRIPs协定》成员国，而世界上大多数国家或地区同样是《巴黎公约》和《TRIPs协定》成员国，这就意味着我国公民和企业可以在世界大多数国家或地区享有国民待遇，可以直接在这些国家或地区取得商标权。

由于世界各国或地区商标法的规定不同，我国公民和企业在这些国家或地区取得商标权时要遵循其法律规定。例如，美国商标法采用使用取得商标权体制，在美国取得商标权必须实际使用，日本商标法采用注册取得商标权体制，在日本取得商标权必须进行注册。同时，由于有些地区具有区域性知识产权组织，在这些区域的相关国家取得商标权时，可以取得区域商标权而在区域内相关国家得到保护。目前世界上主要有两个区域性知识产权组织提供区域性商标权。一个是非洲知识产权组织提供的非洲知识产权组织商标权。非洲知识产权组织各成员国均放弃了自主审查商标的权利，没有自己的商标审查部门，所有成员国的法院都适用统一的商标法律制度，因此若希望商标在这些国家获得保护，申请人需要在非洲知识产权组织申请商标注册。另一个是《欧盟商标条例》提供的欧盟商标权。《欧盟商标条例》创立了统一适用于欧盟成员国的欧盟商标。在欧盟，要在各成员国取得商标权有两种途径，一是直接到各成员国取得该国的商标权，二是通过取得欧盟商标权而在成员国获得保护。

显然，不管是通过注册还是使用，直接在一国或地区取得商标权的成本都是较高的，程序是较复杂的，花费的时间可能也是较多的，因为要一一在相关国家或地区缴纳规费，要符合相关国家的语言要求而需要翻译，要了解不同国家的不同的商标权取得程序。当然，如果仅仅在少数国家或地区取得商标权，直接在一国或地区取得商标权的成本和程序的复杂性就不会很高，时间也不会很长，还是可以采用的。

（二）通过马德里体系在其他国家或地区取得商标权

通过马德里体系在其他国家或地区取得商标权是在其他国家或地区取得商标权的另一种途径，如前所述，马德里体系旨在解决商标的国际注册问题，通过该体系，只要取得在每一被指定缔约方均有效力的国际注册，即可在数量众多的国家中保护商标。马德里体系为商标所有人提供了诸多好处，取得国际注册就无须再向每个有关国家按照不同的国家或地区的程序规则、使用多种不同的语言，分别提交国家申请并缴纳数种不同的且往往更高的规费，而只需通过本国主管局以一种语言（英语或法语）向国际局提交一项申请，并缴纳一套规费即可。同样，如果向第三方转让国际注册或进行诸如更改名称和/或地址之类的其他变更，可以通过单一的程序步骤进行登记，并对所有被指定的缔约方具有效力。为便利马德里体系用户的工作，世界知识产权组织出版了《马德里协定和马德里议定书商标国际注册指南》（以下简称《马德里注册指南》）。

二、马德里商标国际注册的程序

根据《商标法实施条例》第34条的规定,商标法第二十一条规定的商标国际注册,是指根据《马德里协定》《马德里议定书》及《商标国际注册马德里协定及该协定有关议定书的共同实施细则》的规定办理的马德里商标国际注册。马德里商标国际注册申请包括以中国为原属国的商标国际注册申请、指定中国的领土延伸申请及其他有关的申请。

(一)以中国为原属国的马德里商标国际注册申请

以中国为原属国的商标国际注册申请是《商标法实施条例》规定的最重要的一种马德里商标国际注册申请,主要是中国企业和公民使用的马德里商标国际注册申请,其他国家企业和公民进行马德里商标国际注册申请时同样要运用这一程序,当然,他们运用的是他们各自国家商标法规定的程序,其程序和我国《商标法实施条例》规定的这种程序类似但也会有一些细微的差异。

1. 以中国为原属国申请商标国际注册的主体资格

《商标法实施条例》第35条规定,以中国为原属国申请商标国际注册的,应当在中国设有真实有效的营业所,或者在中国有住所,或者拥有中国国籍。除此之外,《马德里注册指南》规定的主体还包括在《马德里议定书》成员国的一个政府间组织的领土上有真实有效的工商营业所或者有住所的人,或者是该组织一个成员国的国民,这是《马德里议定书》第2条第1款第2项的要求,我国为《马德里议定书》成员国,当然应该适用该规定。

2. 以中国为原属国申请商标国际注册的条件

《商标法实施条例》第36条规定,符合本条例第35条规定的申请人,其商标已在商标局获得注册的,既可以根据《马德里协定》申请办理该商标的国际注册,也可以根据《马德里议定书》申请办理该商标的国际注册;而已向商标局提出商标注册申请并被受理的,只可以根据《马德里议定书》申请办理该商标的国际注册。这正是《马德里议定书》相对于《马德里协定》的优越之处之一。

3. 以中国为原属国申请商标国际注册的具体程序

(1)申请。根据《商标法实施条例》的规定,以中国为原属国申请商标国际注册的应当通过商标局向世界知识产权组织国际局(以下简称国际局)申请办理。以中国为原属国的,与《马德里协定》有关的商标国际注册的后期指定、放弃、注销,应当通过商标局向国际局申请办理,与《马德里协定》有关的商标国际注册的转让、删减、变更、续展,可以通过商标局向国际局申请办理,也可以直接向国际局申请办理。以中国为原属国的,与《马德里议定书》有关的商标国际注册的后期指定、转让、删减、放弃、注销、变更、续展,可以通过商标局向国际局申请办理,也可以直接向国际局申请办理。通过商标局向国际局申请商标国际注册及办理其他有关申请的,应当提交符合国际局和商标局要求的申请书和相关材料。商标国际注册申请指定的商品或者服务不得超出国内基础申请或者基础注册的商品或者服务的范围。通过商标局申请商标国际注册及办理其他有关事宜的,可以使用国际局提供的英文或者法文书式填写,也可以使用商标局制定的中文书式填写,但需向商标局缴纳翻译费。

(2)受理。根据《商标法实施条例》的规定,商标国际注册申请手续不齐备或者未按照规定填写申请书的,商标局不予受理,申请日不予保留。申请手续基本齐备或者申请书基本符合规定,但需要补正的,申请人应当自收到补正通知书之日起30日内予以补正,逾期未补正的,商标局不予受理,书面通知申请人。通过商标局向国际局申请商标国际注册及办理其他有关申请的,应当按照规定缴纳费用。申请商标国际注册及办理其他有关事宜的,除按共同实施细则缴纳规定的费用外,还应当向商标局缴纳手续费。申请人应当自收到商标局缴费通知单之日起15日内,向商标局缴纳费用。期满未缴纳的,商标局不受理其申请,书面通知申请人。

(3) 转交申请与国际注册。商标局在收到如数的款项后,向国际局递交国际申请。国际局认为国际申请符合有关要求时,将把商标在国际注册簿上注册。国际注册的日期为原属国收到国际申请的日期,条件是国际局在该日起两个月内收到国际申请。国际局还将把国际注册通知各个被指定缔约方的主管局,告知原属局,并向注册人发出注册证。国际注册证由国际局直接寄送给商标局国际注册处,再由商标局国际注册处转交给申请人或商标代理机构。需要注意的是,国际注册证仅仅表示该申请已在国际注册簿上登记,并不代表在各指定缔约方已注册成功。各指定缔约方的商标主管机关在收到国际局通知之后,将会依据本国商标法律规定进行审查,核准注册或驳回申请都会在驳回期限内向国际局发相应通知,由国际局登记后转发申请人。

(4) 后期指定。仅仅将商标在国际注册簿上进行注册并不能使商标注册人取得在某些缔约方的实际保护,在缔约方取得实际保护是通过领土延伸申请进行的。领土延伸申请可以在递交国际申请时同时进行,即递交商标国际注册申请的同时,指定某些缔约方进行领土延伸申请,也可以在国际注册之后的任何时间指定缔约方进行领土延伸申请。由于后一种情况是在商标获得了国际注册后进行的,因而也称为后期指定或者后期领土延伸申请。

不管是与国际注册申请同时进行的领土延伸申请还是后期领土延伸申请,相关被指定缔约方主管局可以在《马德里协定》或《马德里议定书》规定的1年时限或者18个月时限内声明对该商标不予保护,但需要说明理由,申请人就此可向该国主管机关或法院提出申诉,如果1年内或者18个月内该国未作出上述声明,则国际注册就在该国具有国内注册的效力。根据《马德里协定》注册商标的有效期为20年,根据《马德里议定书》注册商标的有效期为10年。

(二) 指定中国的领土延伸申请

指定中国的领土延伸申请是《商标法实施条例》规定的第二种马德里商标国际注册申请,它是指非以中国为原属国的马德里商标国际注册申请已经成功进行了马德里商标国际注册,在进行马德里商标国际注册申请同时或其后,为在中国获得商标保护而指定中国进行领土延伸申请所适用的程序。以中国为原属国的马德里商标国际注册申请在成功进行了马德里商标国际注册之后,在进行马德里商标国际注册申请同时或其后要在其他国家或地区获得商标保护同样要经过这一程序。当然,这些商标国际注册申请运用的是其他国家或地区商标法规定的程序,其程序和我国《商标法实施条例》规定的这种领土延伸申请程序类似,但也有一些细微差异。

非以中国为原属国的马德里商标国际注册申请在国际注册申请的同时或其后指定中国进行领土延伸的,国际局将把国际注册通知中国商标局。根据《商标法实施条例》第42条规定,商标局在《马德里协定》或者《马德里议定书》规定的驳回期限(以下简称驳回期限)

内,依照《商标法》和本条例的有关规定对指定中国的领土延伸申请进行审查,作出决定,并通知国际局。商标局在驳回期限内未发出驳回或者部分驳回通知的,该领土延伸申请视为核准。商标局对指定中国的领土延伸申请的审查类似于国内的商标注册申请的审查,只是根据《商标法实施条例》第 50 条的规定,其办理不适用《商标法》第 28 条、第 35 条第 1 款关于审查和审理期限的规定,也不适用本条例第 22 条和第 30 条第 2 款的规定。另外,根据《商标法实施条例》第 43 条的规定,指定中国的领土延伸申请人,要求将三维标志、颜色组合、声音标志作为商标保护或者要求保护集体商标、证明商标的,自该商标在国际局国际注册簿登记之日起 3 个月内,应当通过依法设立的商标代理机构,向商标局提交本条例第 13 条规定的相关材料。未在上述期限内提交相关材料的,商标局驳回该领土延伸申请。

对指定中国的领土延伸申请,自世界知识产权组织《国际商标公告》出版的次月 1 日起 3 个月内,符合《商标法》第 33 条规定条件的异议人,可以向商标局提出异议申请。商标局在驳回期限内将异议申请的有关情况以驳回决定的形式通知国际局。被异议人可以自收到国际局转发的驳回通知书之日起 30 日内进行答辩,答辩书及相关证据材料应当通过依法设立的商标代理机构向商标局提交。其后的异议、评审、无效程序类似于国内商标注册的相应程序。

在中国获得保护的国际注册商标,有效期自国际注册日或者后期指定日起算。在有效期届满前,注册人可以向国际局申请续展,在有效期内未申请续展的,可以给予 6 个月的宽展期。商标局收到国际局的续展通知后,依法进行审查。国际局通知未续展的,注销该国际注册商标。

(三) 其他有关的申请

除了以上两种马德里商标国际注册程序外,还可以将指定中国的领土延伸进行转让、办理删减、撤销国际注册商标、宣告国际注册商标无效。根据《商标法实施条例》第 47 条规定,指定中国的领土延伸申请办理转让的,受让人应当在缔约方境内有真实有效的营业所,或者在缔约方境内有住所,或者是缔约方国民。转让人未将其在相同或者类似商品或者服务上的相同或者近似商标一并转让的,商标局通知注册人自发出通知之日起 3 个月内改正;期满未改正或者转让容易引起混淆或者有其他不良影响的,商标局作出该转让在中国无效的决定,并向国际局作出声明。指定中国的领土延伸申请办理转让不适用商标转让由转让人和受让人共同申请并办理手续的规定。指定中国的领土延伸申请办理删减,删减后的商品或者服务不符合中国有关商品或者服务分类要求或者超出原指定商品或者服务范围的,商标局作出该删减在中国无效的决定,并向国际局作出声明。依照《商标法》第 49 条第 2 款规定申请撤销国际注册商标,应当自该商标国际注册申请的驳回期限届满之日起满 3 年后向商标局提出申请;驳回期限届满时仍处在驳回复审或者异议相关程序的,应当自商标局或者商标评审委员会作出的准予注册决定生效之日起满 3 年后向商标局提出申请。依照《商标法》第 44 条第 1 款规定申请宣告国际注册商标无效的,应当自该商标国际注册申请的驳回期限届满后向商标评审委员会提出申请;驳回期限届满时仍处在驳回复审或者异议相关程序的,应当自商标局或者商标评审委员会作出的准予注册决定生效后向商标评审委员会提出申请。依照《商标法》第 45 条第 1 款规定申请宣告国际注册商标无效的,应当自该商标国际注册申请的驳回期限届满之日起 5 年内向商标评审委员会提出申请；驳回期限届满时仍处在驳回复审或者异议相关程序的，应当自商标局或者商标评审委员会作出的准予注册决定生效之日起 5 年内向商标评审委员会提出申请。对恶意注册的，驰名商标所有人不受 5 年的时间限制。

 本章思考题

1. 如何在其他国家或地区取得商标权？
2. 商标国际注册的基本程序是什么？

请登录商标局官网，下载马德里国际商标注册申请表的英文版本。阅读表格内容，自拟背景，以小组形式完成表格内容的翻译和填写工作。

附录一

2013年和2019年《商标法》对照表

商标法（2013年）修订前	商标法（2019年）修订后
第四条第一款　自然人、法人或者其他组织在生产经营活动中，对其商品或者服务需要取得商标专用权的，应当向商标局申请商标注册。	第四条第一款　自然人、法人或者其他组织在生产经营活动中，对其商品或者服务需要取得商标专用权的，应当向商标局申请商标注册。不以使用为目的的恶意商标注册申请，应当予以驳回。
第十九条第三款　商标代理机构知道或者应当知道委托人申请注册的商标属于本法第十五条和第三十二条规定情形的，不得接受其委托。	第十九条第三款　商标代理机构知道或者应当知道委托人申请注册的商标属于本法第四条、第十五条和第三十二条规定情形的，不得接受其委托。
第三十三条　对初步审定公告的商标，自公告之日起三个月内，在先权利人、利害关系人认为违反本法第十三条第二款和第三款、第十五条、第十六条第一款、第三十条、第三十一条、第三十二条规定的，或者任何人认为违反本法第十条、第十一条、第十二条规定的，可以向商标局提出异议。公告期满无异议的，予以核准注册，发给商标注册证，并予公告。	第三十三条　对初步审定公告的商标，自公告之日起三个月内，在先权利人、利害关系人认为违反本法第十三条第二款和第三款、第十五条、第十六条第一款、第三十条、第三十一条、第三十二条规定的，或者任何人认为违反本法第四条、第十条、第十一条、第十二条、第十九条第四款规定的，可以向商标局提出异议。公告期满无异议的，予以核准注册，发给商标注册证，并予公告。
第四十四条　已经注册的商标，违反本法第十条、第十一条、第十二条规定的，或者是以欺骗手段或者其他不正当手段取得注册的，由商标局宣告该注册商标无效；其他单位或者个人可以请求商标评审委员会宣告该注册商标无效。	第四十四条第一款　已经注册的商标，违反本法第四条、第十条、第十一条、第十二条、第十九条第四章规定的，或者是以欺骗手段或者其他不正当手段取得注册的，由商标局宣告该注册商标无效；其他单位或者个人可以请求商标评审委员会宣告该注册商标无效。
第六十三条　侵犯商标专用权的赔偿数额，按照权利人因被侵权所受到的实际损失确定；实际损失难以确定的，可以按照侵权人因侵权所获得的利益确定；权利人的损失或者侵权人获得的利益难以确定的，参照该商标许可使用费的倍数合理确定。对恶意侵犯商标专用权，情节严重的，可以在按照上述方法确定数额的一倍以上三倍以下确定赔偿数额。赔偿数额应当包括权利人为制止侵权行为所支付的合理开支。 　　人民法院为确定赔偿数额，在权利人已经尽力举证，而与侵权行为相关的账簿、资料主要由侵权人掌握的情况下，可以责令侵权人提供与侵权行为相关的账簿、资料；侵权人不提供或者提供虚假的账簿、资料的，人民法院可以参考权利人的主张和提供的证据判定赔偿数额。 　　权利人因被侵权所受到的实际损失、侵权人因侵权所获得的利益、注册商标许可使用费难以确定的，由人民法院根据侵权行为的情节判决给予三百万元以下的赔偿。	第六十三条　侵犯商标专用权的赔偿数额，按照权利人因被侵权所受到的实际损失确定；实际损失难以确定的，可以按照侵权人因侵权所获得的利益确定；权利人的损失或者侵权人获得的利益难以确定的，参照该商标许可使用费的倍数合理确定。对恶意侵犯商标专用权，情节严重的，可以在按照上述方法确定数额的一倍以上五倍以下确定赔偿数额。赔偿数额应当包括权利人为制止侵权行为所支付的合理开支。 　　人民法院为确定赔偿数额，在权利人已经尽力举证，而与侵权行为相关的账簿、资料主要由侵权人掌握的情况下，可以责令侵权人提供与侵权行为相关的账簿、资料；侵权人不提供或者提供虚假的账簿、资料的，人民法院可以参考权利人的主张和提供的证据判定赔偿数额。 　　权利人因被侵权所受到的实际损失、侵权人因侵权所获得的利益、注册商标许可使用费难以确定的，由人民法院根据侵权行为的情节判决给予五百万元以下的赔偿。

续表

商标法(2013年) 修订前	商标法(2019年) 修订后
	人民法院审理商标纠纷案件,应权利人请求,对属于假冒注册商标的商品,除特殊情况外,责令销毁;对主要用于制造假冒注册商标的商品的材料、工具,责令销毁,且不予补偿;或者在特殊情况下,责令禁止前述材料、工具进入商业渠道,且不予补偿。 假冒注册商标的商品不得在仅去除假冒注册商标后进入商业渠道。
第六十八条第一款第三项　违反本法第十九条第三款、第四款规定的。	第六十八条第一款第三项　违反本法第四条、第十九条第三款和第四款规定的。
	第六十八条第四款　对恶意申请商标注册的,根据情节给予警告、罚款等行政处罚;对恶意提起商标诉讼的,由人民法院依法给予处罚。

附录二

《类似商品和服务区分表——基于尼斯分类第十二版(2023文本)》精简版

第一类

用于工业、科学、摄影、农业、园艺和林业的化学品;未加工人造合成树脂,未加工塑料物质;灭火和防火用合成物;淬火和焊接用制剂;鞣制动物皮毛用物质;工业用黏合剂;油灰及其他膏状填料;堆肥,肥料,化肥;工业和科学用生物制剂。

第二类

颜料,清漆,漆;防锈剂和木材防腐剂;着色剂,染料;印刷、标记和雕刻用油墨;未加工的天然树脂;绘画、装饰、印刷和艺术用金属箔及金属粉。

第三类

不含药物的化妆品和梳洗用制剂;不含药物的牙膏;香料,香精油;洗衣用漂白剂及其他物料;清洁、擦亮、去渍及研磨用制剂。

第四类

工业用油和油脂,蜡;润滑剂;吸收、润湿和黏结灰尘用合成物;燃料和照明材料;照明用蜡烛和灯芯。

第五类

药品,医用和兽医用制剂;医用卫生制剂;医用或兽医用营养食物和物质,婴儿食品;人用和动物用膳食补充剂;膏药,绷敷材料;填塞牙孔用料,牙科用蜡;消毒剂;消灭有害动物制剂;杀真菌剂,除莠剂。

第六类

普通金属及其合金,金属矿石;金属建筑材料;可移动金属建筑物;普通金属制非电气用缆线;金属小五金具;存储和运输用金属容器;保险箱。

第七类

机器,机床,电动工具;马达和引擎(陆地车辆用的除外);机器联结器和传动机件(陆地车辆用的除外);除手动手工具以外的农业器具;孵化器;自动售货机。

第八类

手工具和器具(手动的);刀、叉和匙餐具;除火器外的随身武器;剃刀。

第九类

科学、研究、导航、测量、摄影、电影、视听、光学、衡具、量具、信号、侦测、测试、检验、救生和教学用装置及仪器;处理、开关、转换、积累、调节或控制电的配送或使用的装置和仪器;录制、传送、重放或处理声音、影像或数据的装置和仪器;已录制和可下载的媒体,计算机软件,录制和存储用空白的数字或模拟介质;投币启动设备用机械装置;收银机,计算设备;计算机和计算机外围设备;潜水服,潜水面罩,潜水用耳塞,潜水和游泳用鼻夹,潜水员手套,潜水呼吸器;灭火设备。

第十类

外科、医疗、牙科和兽医用仪器及器械;假肢,假眼和假牙;矫形用物品;缝合材料;残疾人专用治疗装置;按摩器械;婴儿护理用器械、器具及用品;性生活用器械、器具及用品。

第十一类

照明、加热、冷却、蒸汽发生、烹饪、干燥、通风、供水以及卫生用装置和设备。

第十二类

运载工具；陆、空、海用运载装置。

第十三类

火器；军火及弹药；炸药；焰火。

第十四类

贵金属及其合金；首饰，宝石和半宝石；钟表和计时仪器。

第十五类

乐器；乐谱架和乐器架；指挥棒。

第十六类

纸和纸板；印刷品；书籍装订材料；照片；文具和办公用品（家具除外）；文具用或家庭用黏合剂；绘画材料和艺术家用材料；画笔；教育或教学用品；包装和打包用塑料纸、塑料膜和塑料袋；印刷铅字，印版。

第十七类

未加工和半加工的橡胶、古塔胶、树胶、石棉、云母及这些材料的代用品；生产用成型塑料和树脂制品；包装、填充和绝缘用材料；非金属软管和非金属柔性管。

第十八类

皮革和人造皮革；动物皮；行李箱和背包；雨伞和阳伞；手杖；鞭，马具和鞍具；动物用项圈、皮带和衣服。

第十九类

非金属的建筑材料；建筑用非金属硬管；柏油，沥青；可移动非金属建筑物；非金属纪念碑。

第二十类

家具，镜子，相框；存储或运输用非金属容器；未加工或半加工的骨、角、鲸骨或珍珠母；贝壳；海泡石；黄琥珀。

第二十一类

家用或厨房用器具和容器；烹饪用具和餐具（刀、叉、匙除外）；梳子和海绵；刷子（画笔除外）；制刷原料；清洁用具；未加工或半加工玻璃（建筑用玻璃除外）；玻璃器皿、瓷器和陶器。

第二十二类

绳索和细绳；网；帐篷和防水遮布；纺织品或合成材料制遮篷；帆；运输和贮存散装物用麻袋；衬垫和填充材料（纸或纸板、橡胶、塑料制除外）；纺织用纤维原料及其替代品。

第二十三类

纺织用纱和线。

第二十四类

织物及其替代品；家庭日用纺织品；纺织品制或塑料制帘。

第二十五类

服装，鞋，帽。

第二十六类
花边,编带和刺绣品,缝纫用饰带和蝴蝶结;纽扣,领钩扣,饰针和缝针;人造花;发饰;假发。

第二十七类
地毯,地席,亚麻油地毡及其他铺在已建成地板上的材料;非纺织品制壁挂。

第二十八类
游戏器具和玩具;视频游戏装置;体育和运动用品;圣诞树用装饰品。

第二十九类
肉,鱼,家禽和野味;肉汁;腌渍、冷冻、干制及煮熟的水果和蔬菜;果冻,果酱,蜜饯;蛋;奶,奶酪,黄油,酸奶和其他奶制品;食用油和油脂。

第三十类
咖啡、茶、可可及其代用品;米,意式面食,面条;食用淀粉和西米;面粉和谷类制品;面包、糕点和甜食;巧克力;冰淇淋,果汁刨冰和其他食用冰;糖,蜂蜜,糖浆;鲜酵母,发酵粉;食盐,调味料,香辛料,腌制香草;醋,调味酱汁和其他调味品;冰(冻结的水)。

第三十一类
未加工的农业、水产养殖业、园艺、林业产品;未加工的谷物和种子;新鲜水果和蔬菜,新鲜芳香草本植物;草木和花卉;种植用球茎、幼苗和种子;活动物;动物的饮食;麦芽。

第三十二类
啤酒;无酒精饮料;矿泉水和汽水;水果饮料及果汁;糖浆及其他用于制作无酒精饮料的制剂。

第三十三类
酒精饮料(啤酒除外);制饮料用酒精制剂。

第三十四类
烟草和烟草代用品;香烟和雪茄;电子香烟和吸烟者用口腔雾化器;烟具;火柴。

第三十五类
广告;商业经营、组织和管理;办公事务。

第三十六类
金融、货币和银行服务;保险服务;不动产服务。

第三十七类
建筑服务;安装和修理服务;采矿,石油和天然气钻探。

第三十八类
电信服务。

第三十九类
运输;商品包装和贮藏;旅行安排。

第四十类
材料处理;废物和垃圾的回收利用;空气净化和水处理;印刷服务;食物和饮料的防腐处理。

第四十一类

教育;提供培训;娱乐;文体活动。

第四十二类

科学技术服务和与之相关的研究与设计服务;工业分析、工业研究和工业品外观设计服务;质量控制和质量认证服务;计算机硬件与软件的设计与开发。

第四十三类

提供食物和饮料服务;临时住宿。

第四十四类

医疗服务;兽医服务;人或动物的卫生和美容服务;农业、水产养殖、园艺和林业服务。

第四十五类

法律服务;为有形财产和个人提供实体保护的安全服务;交友服务,在线社交网络服务;殡仪服务;临时照看婴孩。

参 考 文 献

[1] 王莲峰.商标法学[M].4版.北京:北京大学出版社,2023.
[2] 黄晖.商标法[M].3版.北京:法律出版社,2023.
[3] 王太平,姚鹤徽.商标法[M].3版.北京:中国人民大学出版社,2020.
[4] 吴汉东.知识产权法[M].7版.北京:法律出版社,2019.
[5] 王迁.知识产权法教程[M].6版.北京:中国人民大学出版社,2019.